公路勘测设计

主　编　郝晓红
副主编　张晓鹏　韩鹏飞
参　编　韩青松　刘　畅

华中科技大学出版社
中国·武汉

内 容 简 介

本书根据高等职业教育道路运输类专业人才的培养目标及最新的有关国家标准和行业标准,以现行设计规范《公路路线设计规范》(JTG D20—2017)为依据,以实际工程项目为支撑,以适用任务驱动教学法组织课程的教学要求编写而成。全书分为基本认知模块、外业勘测模块、路线设计模块、数字化应用模块四大模块,系统介绍了"聚焦交通强国,初识中国公路""巧思匠心精选,探索选线真谛""精雕细琢点绘,寻求定线之理""宏观把握全局,细化平面设计""运筹帷幄控点,深化纵断设计""力求经济平衡,优化横断设计""公路工程设计 BIM 系统应用"7 个项目,包含"精准研析地形,掌握地形图应用""初测定测阶段,明确任务分工""合理规划布局,公路交叉设计""宏观熟知公路勘测设计新技术"4 个拓展项目。

本书可以作为高职高专院校道路与桥梁工程技术专业、工程造价专业、工程监理专业、道路养护与管理专业教材,也可供从事公路工程设计与施工的有关工程技术人员学习参考。

图书在版编目(CIP)数据

公路勘测设计 / 郝晓红主编. -- 武汉:华中科技大学出版社,2025.1. -- ISBN 978-7-5772-1423-8
Ⅰ. U412
中国国家版本馆 CIP 数据核字第 202575KX26 号

公路勘测设计 郝晓红 主编
Gonglu Kance Sheji

策划编辑:金　紫
责任编辑:刘　静
封面设计:原色设计
责任监印:朱　玢
出版发行:华中科技大学出版社(中国·武汉)　　电话:(027)81321913
　　　　　武汉市东湖新技术开发区华工科技园　　邮编:430223
录　　排:华中科技大学惠友文印中心
印　　刷:武汉市洪林印务有限公司
开　　本:787mm×1092mm　1/16
印　　张:16
字　　数:410 千字
版　　次:2025 年 1 月第 1 版第 1 次印刷
定　　价:55.00 元

本书若有印装质量问题,请向出版社营销中心调换
全国免费服务热线:400-6679-118　竭诚为您服务
版权所有　侵权必究

本书数字资源二维码索引

项目1：

把握设计依据，
熟知勘测程序

合理择选
设计参数

项目测试
及参考答案

项目2：

平原区选线
动画

探索沿溪
线选线

探索越岭
线选线

探索丘陵区
选线

路线方案
比选

项目测试
及参考答案

项目3：

实地定线
的方法

纸上移线的条件、
方法和步骤

纸上定线原理
和方法

项目测试
及参考答案

项目4：

×××公路路线平面图

圆曲线设计

缓和曲线

平曲线超高加宽设计动画

平曲线加宽设计

直线、曲线及转角一览表和计算

项目测试及参考答案

项目5：

×××公路纵断面图

纵断面纵坡及坡长设计

竖曲线指标选取和应用

竖曲线最小半径动画

纵断面图绘制动画

纵断面设计成果

道路纵断面
外业勘测

项目测试
及参考答案

项目 6：

横断面组成

公路横断面
组成动画

横断面设计图
的绘制动画

土石方数量
计算

路基土石方量
调配动画

项目测试
及参考答案

项目 7：

公路工程设计 BIM
系统基本功能认知
和地模构建

数字智能平面
智能设计

数字智能纵断面
智能设计

数字智能横断面
智能设计

项目测试
及参考答案

拓展项目1：

精准研析地形，
掌握地形图应用

数字化测图

数字化测图-CASS
内业操作-草图法
成图的基本操作

数字化地
形图应用

项目测试
及参考答案

拓展项目2：

初测定测阶段，
明确任务分工

项目测试
及参考答案

拓展项目3：

合理规划布局，
公路交叉设计

拓展项目4：

宏观熟知公路勘测
设计新技术

前言
Preface

  党的二十大报告指出:"培养造就大批德才兼备的高素质人才,是国家和民族长远发展大计。"同时,交通作为中国式现代化的开路先锋,是"兴国之要、强国之基",党的二十大报告提出要加快建设交通强国。作为服务区域经济发展的高等职业院校交通类道路与桥梁工程技术专业,一方面要深入开展校企合作、产教融合;另一方面要密切关注时代变化,将行业发展的最新趋势与前瞻性内容融入教育教学,以保证专业教育与社会人才需求相契合。更重要的是,要落实立德树人根本任务,培养建设社会主义现代化强国所需的专业人才。

  理念是先导,设计是龙头,交通强国建设需求无疑对公路勘测设计工作提出了新标准,对岗位技能人才提出了新要求。落实立德树人根本任务,坚持德技并修,侧重于学生能够扎实掌握公路勘测设计理论,能够遵循标准、规范完成公路勘测设计,在职业技能的学习和实践中能够弘扬"两路"精神、工匠精神、劳动精神,能够践行习近平生态文明思想,匠心筑路,服务人民,已是道路运输类专业育人的主方向。

  本书落实立德树人根本任务,坚持精准、实用的原则,通过自然流畅的项目引领、任务驱动式教学方式组织内容,兼顾案例教学与实践教学,突出内容的针对性和实用性,同时强化新技术的应用,培养学生将理论与实践融合的能力、处理工程实际问题的能力。

  本书主要特色如下。

  1. 落实立德树人,体现价值塑造

  本书积极践行立德树人的理念,将交通战略、道路发展、工程建设与专业发展融合,培养职业认同;选线设计时将工程标准规范、安全意识、质量意识、以人为本、生态文明、绿色设计贯通设计理念、贯穿课程全线,强化工程伦理责任;融典型工程攻坚克难和先进人物榜样力量,激发家国情怀及科技报国的责任和使命,培育工匠精神和践行"两路"精神;深剖工程事故、社会痛点,培养学生良好的职业道德,旨在实现知识传授、能力培养和价值引领的统一,将学生培养成德才兼备、全面发展的高技术技能人才。

2. 校企协同育人，突出职业特点

本书从满足道路运输类专业人才培养要求和企业用人需求出发，以现行设计规范《公路路线设计规范》(JTG D20—2017)、《公路工程技术标准》(JTG B01—2014)为依据，由一线教师联合企业工程师共同编写而成。本书着重将公路勘测设计行业的新技术、新手段融入其中，提高内容的先进性，同时引入了"工程案例"，以丰富充实教学内容，突出职业特点。

3. 项目教学引导，任务驱动实施

本书采用项目任务式体例编写，全书分成若干项目，每个项目分成若干任务，每个任务按照任务引入→学习引导→相关知识的结构安排内容。

(1) 任务引入或项目导读。通过相关典型案例、交通政策等引出工作任务，以激发学生的学习兴趣，让学生对任务有一个整体的认识和规划。

(2) 学习引导中的任务工单让学生在进行任务实施的过程中学习相关知识，并在实践操作中进一步融会贯通，以落实"做中学，学中做"的一体化教学思想，最大限度地培养学生的自主学习能力和分析、解决实际问题的能力。

(3) 相关知识作为任务实施的理论支撑，侧重介绍相关公路选线设计原理、方法、设计指标选取以及知识的综合应用。

此外，本书还在每个项目的最后以二维码的形式安排了"项目测试"，学生可以通过解答习题来巩固所学知识。

4. 数字资源丰富，教学自学相宜

本书结合在线开放课程，配有丰富的数字资源，读者可借助手机或其他移动设备扫描二维码观看微课视频，获取重难点讲解视频、拓展知识和工程示例等形式多样的数字资源，可以丰富课程知识的内涵并拓展外延，提高课堂教学和自主学习的融合度。

本书由内蒙古交通职业技术学院郝晓红担任主编，内蒙古交通职业技术学院张晓鹏、呼和浩特城市交通投资建设集团有限公司公路勘察设计院企业人员韩鹏飞担任副主编，内蒙古交通职业技术学院韩青松、刘畅参与编写。具体的编写分工如下：项目1、项目3、项目2中任务2.4和任务2.5由张晓鹏编写；项目4和项目7中任务7.1、任务7.2、任务7.3、任务7.4由郝晓红编写；项目5、项目2中任务2.3由韩青松编写；项目6和项目2中任务2.1、任务2.2由刘畅编写；项目7中任务7.5、任务7.6、任务7.7、任务7.8、任务7.9由韩鹏飞编写；拓展内容"精准研析地形，掌握地形图应用"由韩青松编写，"初测定测阶段，明确任务分工"由张晓鹏编写，"合理规划布局，公路交叉设计"由刘畅编写，"宏观熟知公路勘测设计新技术"由韩鹏飞、郝晓红编写。全书由郝晓红统稿审定。

本书在编写"公路工程设计BIM系统应用"项目过程中得到上海同豪土木工程咨询有限公司区域负责人和工作人员的大力帮助，在此表示衷心感谢。由于编者的水平有限，书中难免存在不足之处，敬请广大读者批评指正。

编　者
2024年10月

目录 Contents

模块一 基本认知模块

项目1 聚焦交通强国,初识中国公路 ……………………………………………… (2)
    任务1.1 依据技术标准,明确公路等级 …………………………………… (4)
    任务1.2 把握设计依据,熟知勘测程序 …………………………………… (9)
    任务1.3 研读规范文件,择选设计参数 …………………………………… (15)

模块二 外业勘测模块

项目2 巧思匠心精选,探索选线真谛 ……………………………………………… (20)
    任务2.1 认知公路选线必备知识 …………………………………………… (22)
    任务2.2 平原区选线——平面主导 ………………………………………… (28)
    任务2.3 山岭区选线——纵断主导 ………………………………………… (34)
    任务2.4 丘陵区选线——三断结合 ………………………………………… (49)
    任务2.5 精挑细选,优化方案比选 ………………………………………… (56)

项目3 精雕细琢点绘,寻求定线之理 ……………………………………………… (62)
    任务3.1 实地定线与纸上移线 ……………………………………………… (65)
    任务3.2 纸上定线与实地放线 ……………………………………………… (72)

模块三　路线设计模块

项目 4　宏观把握全局,细化平面设计 ·············· (80)
　任务 4.1　认知平面线形组成分析 ·············· (83)
　任务 4.2　设计直线 ·············· (87)
　任务 4.3　设计圆曲线 ·············· (93)
　任务 4.4　设计缓和曲线 ·············· (101)
　任务 4.5　设计平曲线超高 ·············· (111)
　任务 4.6　设计平曲线加宽 ·············· (120)
　任务 4.7　保证路线平面视距 ·············· (126)
　任务 4.8　把握路线平面设计要点 ·············· (132)
　任务 4.9　编制平面线形设计成果 ·············· (138)

项目 5　运筹帷幄控点,深化纵断设计 ·············· (146)
　任务 5.1　纵坡及坡长设计 ·············· (149)
　任务 5.2　竖曲线设计与计算 ·············· (156)
　任务 5.3　路线平纵面线形组合 ·············· (163)
　任务 5.4　公路纵断面综合设计与成果 ·············· (172)

项目 6　力求经济平衡,优化横断设计 ·············· (181)
　任务 6.1　认知路基横断面 ·············· (183)
　任务 6.2　认知路基典型横断面 ·············· (191)
　任务 6.3　绘制路基横断面地面线 ·············· (196)
　任务 6.4　绘制路基横断面设计线 ·············· (201)
　任务 6.5　编制路基设计表 ·············· (205)
　任务 6.6　编制路基土石方数量计算表 ·············· (207)

模块四　数字化应用模块

项目 7　公路工程设计 BIM 系统应用 ·············· (218)
　任务 7.1　公路工程设计 BIM 系统安装 ·············· (220)
　任务 7.2　主要功能菜单介绍 ·············· (221)
　任务 7.3　地模构建 ·············· (224)
　任务 7.4　新建路线 ·············· (226)
　任务 7.5　一般路线设计 ·············· (227)
　任务 7.6　纵断面设计 ·············· (235)
　任务 7.7　横断面设计 ·············· (240)
　任务 7.8　实施漫游 ·············· (241)
　任务 7.9　图册输出 ·············· (243)

参考文献 ·············· (246)

模块一
基本认知模块

项目 1　聚焦交通强国，初识中国公路

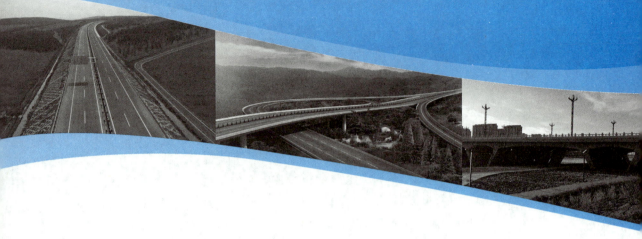

学习目标

【知识目标】

1. 了解国内外道路发展简史。
2. 了解我国道路建设现状。
3. 了解我国国道主干线的总体布局。

【能力目标】

1. 掌握公路的等级及选用的基本原则。
2. 掌握各级公路的主要技术指标、设计要素。
3. 掌握路线设计的基本线形。

【素质目标】

1. 使学生具备认真学习的态度和自主学习的能力。
2. 使学生具备安全、法治、环保、创新意识。
3. 使学生具备良好的团队合作意识和良好的批判性思维能力。

思维导图

任务驱动

(1) 结合有关国内外道路发展简史及文献等资料,认知道路的发展。学生分组讨论,认真学习本项目相关知识,每组讲一个有关公路设计、建设的故事。

(2) 学生以分组的形式了解公路等级、技术指标、设计要素及基本线形的组成等,各组派代表进行汇报,教师点评。

思政故事

川藏、青藏公路

北京天安门广场南端,正阳门下,中国公路"零公里"路标从祖国心脏辐射到四面八方。沿着路标指向,跨过高山大河来到拉萨,同样能看到一个路标——川藏、青藏公路纪念碑。它屹立于拉萨河畔,在雪山白云的映衬下圣洁而庄严。1954 年川藏、青藏公路在此会合,创造了世界公路史上的奇迹,结束了西藏没有公路的历史。两个路标连接起首都和西藏,让党中央和边疆各族群众时刻同呼吸、共命运、心连心。

怒江 72 拐

2014 年,习近平总书记就川藏、青藏公路建成通车 60 周年作出重要批示,指出 60 年来,在建设和养护公路的过程中,形成和发扬了一不怕苦、二不怕死,顽强拼搏、甘当路石,军民一家、民族团结的"两路"精神;强调新形势下,要继续弘扬"两路"精神,养好两路,保障畅通,使川藏、青藏公路始终成为民族团结之路、西藏文明进步之路、西藏各族同胞共同富裕之路。

任务1.1 依据技术标准,明确公路等级

任务引入

"五纵七横""7918网""71118网",这一系列的数字,大家知道它们代表的含义吗?

学习引导

任务布置—课堂教学(教师引导—小组讨论—动手实践)—课后拓展与总结—分组讨论并整理,完成任务工单—形成"我国公路发展现状分析报告"。

任务工单 认识中国公路

模块名称		项目名称		
任务名称		学生姓名和学号		
学习目标	1. 全面了解中国公路的发展史。 2. 了解公路的等级、组成。 3. 了解公路设计的规范、标准			
	学习资源/方式	学生任务		要求
课前自主探究	1. 在线课程任务点学习。 2. 教材预习	通过各种途径,查找关于中国公路设计、建设的故事		完成任务工单
课中合作共研	研讨	学生分组讲故事,教师点评,完成以下任务。 1. 讲关于中国公路设计、建设的故事。 2. 思考什么是"两路"精神		完成任务工单
	规范学习	1. 道路的技术标准都有哪些?师生共同查规范进行学习。 2. 我国公路等级的划分		完成任务工单

续表

评分	学生1 小组1	学生2 小组2	学生3 小组3	学生4 小组4	学生5 小组5	学生6 小组6	平均分	总分
组内评分 （30分）								
组间评分 （30分）								
教师评分 （40分）								
课后知识拓展	查找一张公路设计图,体会公路设计的线形之美,并提升对线条艺术的感知力,为以后的公路选线设计打下良好的基础						拓展能力	
反思与收获								

注：1. 任务工单要求同学们认真完成,字迹清楚、整洁并认真保存。

2. 任务工单将作为学期末成果上交资料,其完成质量和数量将计入技能考核成绩。

相关知识

一、公路运输的特征

作为我国传统的五大运输方式之一,公路运输具有以下特征。

1. 机动灵活,适应性强

由于公路运输网一般比铁路网、水路网的密度要大十几倍,分布面也广,因此公路运输车辆可以"无处不到、无时不有"。公路运输在时间方面的机动性也比较大,车辆可随时调度、装运,各环节之间的衔接时间较短。

2. 可实现"门到门"直达运输

汽车体积较小,中途一般也不需要转换,除了可沿分布较广的路网运行外,还可离开路网深入工厂企业、农村田间、城市居民住宅等地,即可以把旅客和货物从始发地门口直接运送到目的地,实现"门到门"直达运输。这是其他运输方式无法与公路运输相比拟的特点。

3. 在中、短途运输中,运送速度较快

由于公路运输可以实现"门到门"直达运输,途中不需要倒运、转乘就可以直接将客、货运达目的地,因此公路运输在中、短途运输中客、货在途时间较短,运送速度较快。

4. 原始投资少,资金周转快

与铁路运输、水路运输、航空运输方式相比,公路运输所需固定设施简单,车辆购置费用一般比较低,因此,公路运输的投资兴办容易,投资回收期短。

5. 运量较小,运输成本较高

由于汽车载重量小,行驶阻力比铁路运输工具大9～14倍,加之部分汽车所消耗的燃料又是价格较高的液体汽油或柴油,因此,汽车运输成本比航空运输低,而比其他运输方式高。

6. 运行持续性较差,运行速度相对较低

有关统计资料表明,在各种现代运输方式中,公路的平均运行速度是较低的,运行持续性较差。各种运输方式的速度范围为:公路,50~100 km/h;铁路,100~300 km/h;航空,500~1 000 km/h。

7. 安全性较低,环境污染较大

公路运输的事故发生率较高。汽车所排出的尾气和引起的噪声也严重地威胁着人类的健康,是城市环境的最大污染源之一。

二、公路的发展简史及现状

我国是一个历史悠久的文明古国,道路业发展很早。相传公元前 2000 多年就有轩辕氏造舟车。到周朝又有"周道如砥,其直如矢"的记载,并有战车、田车、乘车,还有专管道路的官职"司空"。秦始皇统一六国后,为巩固政权,便利通商,大修驰道,把"车同轨"与"书同文"列为统一天下之大政,基本形成了以咸阳为中心,向四面八方辐射的全国性道路网。《汉书·贾山传》载"(秦)为驰道于天下,东穷燕、齐,南极吴、楚,江湖之上,濒海之观毕至",描述了当时道路发达的状况。筑路技术在秦代也有很大进步,《汉书·贾山传》载当时的道路是"道广五十步,三丈而树,厚筑其外,隐以金椎,树以青松",可见道路之雄伟。到唐代,国力强盛,修建道路也因此盛行,全国共建驿路 24585 km,每隔 15 km 设 1 个驿站,并建立了完善的"驿制"。

我国近代汽车道路始于 20 世纪初。从 1901 年上海进口 2 辆汽车开始,我国道路进入汽车时代,从此汽车运输代替了驿道运输。1906 年修建的那坎—镇南关—龙州公路为我国第一条汽车公路,长 55 km。随后,1913—1921 年湖南省用新式筑路法修建了长沙—湘潭军用公路,成为我国新式筑路法之始,该路长 50.11 km,路基宽 7~9 m,路面宽 4.57 m,路面为铺砂路面,厚 15 cm。

新中国成立后,我国公路建设成绩巨大,质量和数量迅速地提高。特别是 1984 年 6 月 27 日开工,1990 年 8 月 20 日全线建成,北起沈阳,南至大连,全长 375 km 的沈大高速公路,成为我国最早开工建设的高速公路。沪嘉高速公路于 1984 年 12 月 12 日动工,1988 年 10 月 31 日全线通车,南起上海市区祁连山路,北至嘉定,主线长 15.9 km。2 条高速公路先后建成,实现了我国高速公路从无到有,具有里程碑意义。

在"十三五"期间,我国公路总里程接近 5200000 km,高速公路通车里程达到 161000 km,通达 99% 的城镇人口 20 万以上城市及地级行政中心,二级及以上公路通达 97.6% 的县城,农村公路总里程达到 4380000 km。覆盖广泛、互联成网、质量优良、运行良好的公路网络已基本形成。

我国《公路"十四五"发展规划》指出:"到 2025 年,安全、便捷、高效、绿色、经济的现代化公路交通运输体系建设取得重大进展,高质量发展迈出坚实步伐,设施供给更优质、运输服务更高效、路网运行更安全、转型发展更有力、行业治理更完善,有力支撑交通强国建设,高水平适应经济高质量发展要求,满足人民美好生活需要。

"设施供给更优质。高速公路通达城区人口 10 万以上市县,基本实现'71118'国家高速公路主线贯通,普通国道等外及待贯通路段基本消除,东中部地区普通国道基本达到二级及以上公路标准,西部地区普通国道二级及以上公路比重达70%,沿边沿海国道技术等级结构显著改善,乡镇通三级及以上公路、较大人口规模自然村(组)通硬化路比例均达到85%以上,路网结构进一步优化,网络覆盖更加广泛。"

三、我国公路网建设规划(2013—2030年)

国家公路网规划方案由普通国道和国家高速公路两个路网层次构成,总规模401000 km。

1. 普通国道网

普通国道网由12条首都放射线、47条北南纵线、60条东西横线和81条联络线组成,总规模约265000 km。

2. 国家高速公路网

2004年,国务院发布了《国家高速公路网规划》,指出国家高速公路网由7条首都放射线、9条北南纵线和18条东西横线组成,简称为7918网,总规模约85000 km,其中主线68000 km,地区环线、联络线等其他路线约17000 km。

2013年,《国家公路网规划(2013年—2030年)》中,西部地区增加2条北南纵线,调整后国家高速公路由7条首都放射线、11条北南纵线、18条东西横线,以及地区环线、并行线、联络线等组成,约118000 km,另规划远期展望线约18000 km,即71118网,规划里程136000 km。

2022年发布的《国家公路网规划》提出:到2035年,国家高速公路网由7条首都放射线、11条北南纵线、18条东西横线,以及6条地区环线、12条都市圈环线、30条城市绕城环线、31条并行线、163条联络线组成,总里程162000 km。

> **知识贴吧**
>
> 2022年7月,国家发展改革委、交通运输部发布《关于印发〈国家公路网规划〉的通知》。《国家公路网规划》指出:"到2035年,基本建成覆盖广泛、功能完备、集约高效、绿色智能、安全可靠的现代化高质量国家公路网,形成多中心网络化路网格局,实现国际省际互联互通、城市群间多路连通、城市群城际便捷畅通、地级城市高速畅达、县级节点全面覆盖、沿边沿海公路连续贯通。"

3. 农村公路

2005年国务院审议通过《农村公路建设规划》,目标是到2020年,具备条件的乡(镇)和建制村通沥青(水泥)路,全国农村公路里程达3700000 km。

四、公路等级划分

1. 公路功能分类

公路按功能划分为干线公路、集散公路和支线公路三类。干线公路分为主要干线公路和次要干线公路,集散公路分为主要集散公路和次要集散公路。

干线公路主要满足可通性(快速性)的要求,交通流不间断,交通质量高,可以节省运行时间,降低运行成本,保证足够的交通安全。

集散公路主要是汇集和分流交通,为公路周围的区域提供交通便利。集散公路既强调可通性(快速性),又要求有一定的可达性(方便性),在设计时应慎重进行功能平衡。

支线公路主要是为了满足居民的活动、行走、购物需求等,对速度没有特别高的要求,主要强调可达性。

2. 技术等级分类

公路根据交通特性及控制干扰的能力分为高速公路、一级公路、二级公路、三级公路及四级公路等五个等级。

(1) 高速公路为专供汽车分方向、分车道行驶,全部控制出入的多车道公路。高速公路的设计交通量宜在 15000 辆小客车/日以上。

(2) 一级公路为供汽车分方向、分车道行驶,可根据需要控制出入的多车道公路。一级公路的设计交通量宜在 15000 辆小客车/日以上。

(3) 二级公路为供汽车行驶的双车道公路。二级公路的设计交通量宜为 5000~15000 辆小客车/日。

(4) 三级公路为供汽车、非汽车交通混合行驶的双车道公路。三级公路的设计交通量宜为 2000~6000 辆小客车/日。

(5) 四级公路为供汽车、非汽车交通混合行驶的双车道或单车道公路。双车道四级公路的设计交通量宜在 2000 辆小客车/日以下,单车道四级公路的设计交通量宜在 400 辆小客车/日以下。

3. 公路设计交通量预测

公路设计交通量预测应符合下列规定。

(1) 高速公路和一级公路设计交通量预测年限为 20 年;二级公路、三级公路设计交通量预测年限为 15 年;四级公路设计交通量可根据实际情况确定。

(2) 设计交通量预测年限的起算年为该项目可行性研究报告中的计划通车年。

(3) 设计交通量的预测应充分考虑走廊带范围内远期社会、经济的发展规划和综合运输体系的影响。

4. 公路技术等级选用

公路技术等级选用应在论证确定公路功能的基础上,结合项目所在地区的综合运输体系、远景发展规划及设计交通量论证确定,并应遵循下列原则。

(1) 主要干线公路作为公路网中结构层次最高的主通道,应选用高速公路。

(2) 次要干线公路作为主要干线公路的补充,应选用二级及二级以上公路。

①设计交通量达到 15000 辆小客车/日时,宜选用一级及一级以上公路。

②设计交通量达到 10000 辆小客车/日时,且沿线纵向干扰较大,宜选用一级公路。

③设计交通量低于 10000 辆小客车/日时,可选用二级公路;当货车混入率较高时,宜间隔设置超车车道,减小纵向干扰。

(3) 主要集散公路连接干线公路与支线公路,宜选用一级公路、二级公路。

①设计交通量达到 15000 辆小客车/日时,可选用一级公路。

②设计交通量为 5000~15000 辆小客车/日时,可选用二级公路;设计交通量达到 10000 辆小客车/日时,且沿线纵横向干扰较大时,宜选用一级公路。

③设计交通量低于5000辆小客车/日时,宜选用二级公路。

(4)次要集散公路服务于县乡区域交通,宜选用二级公路、三级公路。

①设计交通量达到5000辆小客车/日时,宜选用二级公路。

②设计交通量低于5000辆小客车/日时,宜选用三级公路。

③支线公路宜选用三级公路、四级公路。当设计交通量达到5000辆小客车/日时,宜选用二级公路。

任务1.2 把握设计依据,熟知勘测程序

任务引入

"十三五"期间,我国公路总里程接近5200000 km,高速公路通车里程达到1610000 km,农村公路总里程达到4380000 km,覆盖广泛、互联成网、质量优良、运行良好的公路网络已基本形成。那么,公路设计的依据是什么?设计流程又是怎样的呢?

学习引导

任务布置—课堂教学(教师引导—小组讨论—动手实践)—课后拓展与总结—分组讨论并整理,完成任务工单—形成"我国公路勘测设计流程图"。

任务工单 公路设计依据和设计流程

模块名称		项目名称	
任务名称		学生姓名和学号	
学习目标	1. 了解公路设计的规范、标准。 2. 掌握公路设计的依据。 3. 了解公路勘测设计的流程		
	学习资源/方式	学生任务	要求
课前自主探究	1. 在线课程任务点学习。 2. 教材预习	通过各种途径,查找关于中国公路设计、建设的故事	完成任务工单

续表

	学习资源/方式	学生任务	要求
课中合作共研	研讨	学生分组讲故事,教师点评,完成以下任务。 1. 什么是设计车辆? 2. 什么是设计速度?它与实际运行速度的区别是什么? 3. 什么是交通量?它有何作用?如何测得公路的年平均日交通量? 4. 简述公路勘测设计的流程	完成任务工单
	规范学习	1. 公路的技术标准都有哪些?师生共同查规范并进行学习。 2. 我国各级公路等级的交通量是如何规定的?	完成任务工单

评分	学生1 小组1	学生2 小组2	学生3 小组3	学生4 小组4	学生5 小组5	学生6 小组6	平均分	总分
组内评分 (30分)								
组间评分 (30分)								
教师评分 (40分)								

课后知识拓展	查找一张公路设计图,体会公路设计的线形之美,并提升为对线条艺术的感知力,为以后的公路选线设计打下良好的基础	拓展能力
反思与收获		

注:1. 任务工单要求同学们认真完成,字迹清楚、整洁并认真保存。
2. 任务工单将作为学期末成果上交资料,其完成质量和数量将计入技能考核成绩。

相关知识

把握设计依据，
熟知勘测程序

一、公路设计基本依据

1. 设计车辆

公路几何设计所采用的代表车型，以其外廓尺寸、重量和动力性能作为公路几何设计的依据。设计车辆的几何尺寸、重量、性能等直接关系到行车道宽度、弯道加宽、公路纵坡、行车视距、公路净空、路面及桥涵荷载，因此，设计车辆的规定及采用对决定公路几何尺寸和结构具有极其重要的意义。

我国公路设计车辆外廓尺寸见表1-2-1。

表1-2-1 我国公路设计车辆外廓尺寸 单位：m

车辆类型	项目					
	总长	总宽	总高	前悬	轴距	后悬
小客车	6	1.8	2	0.8	3.8	1.4
大型客车	13.7	2.55	4	2.6	6.5+1.5	3.1
铰接客车	18	2.5	4	1.7	5.8+6.7	3.8
载重汽车	12	2.5	4	1.5	6.5	4
铰接列车	18.1	2.55	4	1.5	3.3+11	2.3

2. 设计速度

设计速度又称为计算行车速度，是指公路几何设计所采用的车速，即具有控制性的路段(如急弯、陡坡等路段)上，具有中等驾驶水平的驾驶员，在天气良好、低交通密度条件下，安全行驶所能维持的最大速度。设计速度是公路几何设计(如确定平曲线半径、超高、纵坡坡度、坡长、视距等)的基本依据。作为技术指标，设计速度直接决定了公路的线形几何要素，同时又与公路的重要性、经济性有关，是用来体现公路等级的一项重要指标。

按照设计速度的规定，影响设计速度的因素有很多，主要有地形、地区、设计交通量、汽车的技术性能、驾驶员的适应性、行车的安全性和经济性等。由于各国设计车辆和地形条件存在差异，因此设计速度的规定方法各不相同。目前，设计速度的规定方法主要有行政法和统计法两种。各级公路设计速度见表1-2-2。

表1-2-2 各级公路设计速度

公路等级	高速公路			一级公路			二级公路		三级公路		四级公路
设计速度/(km/h)	120	100	80	100	80	60	80	60	40	30	30	20

设计速度的选用应根据公路功能与技术等级，结合地形、工程经济、预期运行速度和沿线土地利用性质等因素综合论证确定，并应符合下列规定。

(1) 高速公路设计速度不宜低于 100 km/h,受地形、地质等条件限制时可选用 80 km/h。

(2) 作为干线公路的一级公路,设计速度宜采用 100 km/h,受地形、地质等条件限制时可采用 80 km/h。作为集散公路的一级公路,设计速度宜采用 80 km/h,受地形、地质等条件限制时可采用 60 km/h。

(3) 高速公路和作为干线公路的一级公路的局部特殊困难路段,因新建工程可能诱发工程地质病害时,经论证,该局部特殊困难路段的设计速度可采用 60 km/h,但长度不宜大于 15 km,或仅限于相邻两互通式立体交叉之间的路段。

(4) 作为干线公路的二级公路,设计速度宜采用 80 km/h,受地形、地质等条件限制时可采用 60 km/h。作为集散公路的二级公路,设计速度宜采用 60 km/h,受地形、地质等条件限制时,可采用 40 km/h。

(5) 三级公路设计速度宜采用 40 km/h,受地形、地质等条件限制时可采用 30 km/h。

(6) 四级公路设计速度宜采用 30 km/h,受地形、地质等条件限制时可采用 20 km/h。

3. 交通量

(1) 交通量。交通量指单位时间内通过公路某一断面的车辆数,又称为交通流量。交通量可以年、日或小时计。车辆数量按各种交通车辆不同折算系数换算成载货汽车的总和。交通量的单位为辆/日或辆/h。

(2) 年平均日交通量 N(双向)。年平均日交通量指一年(365 天)内观测交通量总和的平均值,即

$$N = 一年内交通量总和/365$$

年平均日交通量是一条公路普遍采用的设计依据,它是决定路线等级及拟建公路修建次序的主要依据(不能直接作为路线几何设计之用)。

(3) 最大日交通量 N_i(双向)。最大日交通量指一年中 365 个交通量中的最大值,用来研究公路交通不均匀情况。

(4) 高峰小时交通量。高峰小时交通量指一年中(或一日内)的最大小时交通量,用来研究公路交通不均衡状况。

(5) 日平均小时交通量。日平均小时交通量指一日内,从早晨 5 时到晚上 9 时 16 h 内通过车辆数按小时的平均值。

(6) 设计交通量。设计交通量为预期到设计年限末,用以作为公路设计依据而确定的交通量。设计交通量有设计小时交通量和年平均日设计交通量两种。

①设计小时交通量。设计小时交通量是根据交通量预测所选定的作为高速公路、一级公路设计依据的小时交通量。

小时交通量(辆/h)是以小时为计算时段的交通量,是确定车道数和车道宽度或评价服务水平时的依据。大量的公路交通量变化图式表明,在一天及全年期间,每小时交通量的变化是相当大的。用一年中的高峰小时交通量作为设计依据,必然造成浪费,但采用日平均小时交通量作为设计依据则不能满足实际需要,造成交通拥挤甚至阻塞。为了确保设计交通量的取值既保证交通安全畅通,又使工程造价经济、合理,借助一年中每小时交通量的变化曲线来指导确定最合乎设计使用的小时交通量,方法如下。

将一年中所有每小时交通量按其与年平均日交通量的百分数的大小顺序排列起来并画成如图 1-2-1 所示的曲线。从图 1-2-1 可以看出,在第 30~50 位小时交通量范围附近,曲线急剧变化,大于第 50 位曲线明显变缓,小于第 30 位曲线坡度则急剧加大。根据上述曲线规

律,设计小时交通量的合理取值显然应选在第 30~50 位小时的范围以内。例如以第 30 位小时交通量作为设计依据,意味着在一年中有 29 个小时超过设计值,将发生拥挤,占全年小时数的 0.33%,也就是说,能顺利通过的保证率达 99.67%。目前世界许多国家包括我国均采用第 30 位小时交通量作为设计依据。也可根据公路功能采用当地的第 20~40 位小时之间最为经济合理时位的小时交通量。

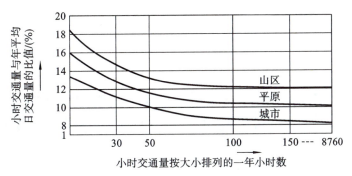

图 1-2-1 年平均日交通量与小时交通量关系曲线

第 30 位小时交通量与年平均日交通量的比值 k 称为设计小时交通量(系数)。该比值比较稳定,一般约为 15%。

②年平均日设计交通量。一条公路交通量普遍采用的计量单位是年平均日交通量(简写为 ADDT),用全年总交通量除以 365 得出。设计交通量是指拟建公路到达交通预测年限时能达到的年平均日交通量(辆/d)。它在确定公路等级、论证公路的计划费用或各项结构设计等时都有重要作用,但直接用于几何设计却不适宜。因为一年中的每月、每日、每小时交通量都会发生变化,某些季节某些时段的交通量可能会高出年平均日交通量数倍,所以年平均日交通量不宜作为具体设计的依据。远景设计年平均日交通量基于公路使用任务及性质,根据历年交通观测资料推算求得,一般按年平均增长率累计计算确定。

③交通量换算。

在确定设计交通量时,应将在公路上行驶的各辆车辆,按规定折算为标准车型。进行公路设计时,以小客车为标准车型。确定公路等级的各汽车代表车型和车辆折算系数见表 1-2-3。

表 1-2-3 确定公路等级的各汽车代表车型与车辆折算系数表

汽车代表车型	车辆折算系数	说明
小客车	1.0	座位≤19 座的客车和载重量≤2 t 的货车
中型车	1.5	座位>19 座的客车 2 t<载重量≤7 t 的货车
大型车	2.5	7 t<载重量≤20 t 的货车
汽车列车	4.0	载重量>20 t 的货车

4. 通行能力和服务水平

通行能力是指在一定公路、环境和交通条件下,单位时间内公路某个断面上所能通过的最大车辆数。通行能力是特定条件下公路能承担车辆数的极限值,用辆/时(pcu/h)表示。通行能力反映公路的容量。

服务水平:公路上交通量少,行车自由度就大,反之行车就会受到限制。以交通流状态为划分条件,定性地描述交通流从自由流、稳定流到饱和流和强制流的变化阶段,通常用平均行驶速度、行驶时间、驾驶自由度和交通延误等指标表征。我国将服务水平划分为六级,对不同等级公路服务水平的要求见表 1-2-4。

表 1-2-4　各级公路设计服务水平

公路等级	高速公路	一级公路	二级公路	三级公路	四级公路
服务水平	三级	三级	四级	四级	—

注:各级公路的服务水平分级与服务交通量规定可查询设计规范。

知识贴吧

公路勘测设计应以可持续性为基础,全面了解当地的自然生态条件,考虑生态保护与有效的资源利用。同时,在确定路线方案和土地使用时,应做好生态评估,确保不对自然环境造成破坏,并注重建筑物与自然环境的和谐共存。公路勘测设计需要重视地质灾害可能带来的影响。在选择勘测合适的路线之前,需要对地质情况进行细致的调查研究,才能确定出不会出现重大地质灾害的路线。在路线设计、建设和监督过程中,还需要严格遵守地质环境监测与预警制度,并制定应急预案,保证公路建设的安全性和稳定性。

二、公路勘测设计程序

1. 公路勘测设计的程序

我国公路基本建设程序大致如下。

(1)根据中长期规划或项目建议书的规定,进行现场踏勘,编制可行性研究报告文件。

(2)根据可行性研究报告,编制初步设计计划任务书。

(3)根据批准的初步设计计划任务书,进行现场踏勘,编制初步设计原则、初步设计文件和设计概算。

(4)根据批准的初步设计文件,编制施工图设计原则,绘制施工图,编制施工图预算文件。

(5)根据批准的施工图设计原则,与业主单位签订供图协议,开展施工图设计,按计划供图。

2. 工程可行性研究

公路可行性研究是指对投资项目在投资决策前进行技术、经济论证的科学方法,是一种在投资前通过调查、分析、研究、推算和比较,选择最小的耗费,取得最佳经济效果的手段。可行性研究按工作深度可分为两大类,即工程预可行性研究和工程可行性研究。

公路建设项目可行性研究报告的主要内容包括:说明公路建设项目的依据、背景,公路在交通运输网的地位,原路的状况,预测交通量及发展水平;论述公路建设项目地理位置和自然特征、筑路材料来源及运输条件;论证不同方案的特点,提出推荐意见;测算主要工程量和估算投资,进行经济评价;对推荐方案进行评价,提出存在的问题和有关建议。

3. 设计任务书

公路勘测设计工作是根据批准的设计任务书进行的。设计任务书一般由提出计划的主管部门下达或由下级单位编制后报批。设计任务书应包括下列内容。

(1) 建设的依据和意义。
(2) 路线的建设规模和修建性质。
(3) 路线的基本走向和主要控制点。
(4) 工程技术等级和主要技术标准。
(5) 勘测设计的阶段划分及各阶段完成的时间。
(6) 建设期限,投资估算,需要钢、木、水泥的数量。
(7) 施工力量的安排原则。
(8) 路线示意图。

在按计划任务书实施过程中,建设规模、期限、技术等级标准及路线走向等主要内容有变更时,应报原批准机关审批同意。

4. 勘测设计阶段及任务

公路勘测设计根据路线的设计和要求,可分为一阶段设计、两阶段设计和三阶段设计。

(1) 一阶段设计:适用于技术简单、方案明确的小型公路工程,即根据批准的设计任务书,进行一次详细定测,编制施工图设计文件和工程预算。

(2) 两阶段设计:公路勘测设计一般采用的勘测设计程序。具体步骤为:先进行初测、编制初步设计文件和工程概算;上级批准初步设计文件后,再进行定测、绘制施工图和编制工程预算。也可直接进行定测、编制初步设计文件,然后根据批准的初步设计文件,通过补充测量编制施工图。

(3) 三阶段设计:对于技术上复杂而又缺乏经验的建设项目或建设项目中的个别路段、特殊大桥、互通式立体交叉、隧道等,必要时应采用三阶段设计。三阶段即初步设计、技术设计和施工图设计三个阶段。技术设计阶段主要是对重大、复杂的技术问题,落实技术方案,计算工程数量,提出修正的施工方案,修正设计概算。技术设计的深度和要求介于初步设计和施工图设计之间。

不论采用一阶段设计、二阶段设计,还是三阶段设计,在勘测前都要进行实地调查。实地调查是勘测前不可缺少的步骤,也可与可行性研究结合在一起,但不作为一个阶段。

5. 设计文件编制

设计文件是公路勘测设计的最后成果,经审查批准后是公路施工的依据。设计文件的组成、内容和要求随设计阶段不同而异。

设计文件由总说明书、总体设计(高速公路、一级公路)、路线、路基、路面、桥梁、涵洞、隧道、路线交叉、交通工程及沿线设施、环境保护与景观设计、其他工程、筑路材料、施工方案、设计概算组成。设计文件的表达形式有文字说明、设计图、表格三种。

任务1.3 研读规范文件,择选设计参数

任务引入

建设安全、便捷、高效、绿色、经济的高质量公路,一直是我们公路建设的目标。这其中线形指标参数是公路设计的重中之重,你知道公路线形设计需要哪些技术指标吗?

学习引导

任务布置—课堂教学(教师引导—小组讨论—动手实践)—课后拓展与总结—分组讨论并整理,完成任务工单。

任务工单　公路线形设计指标参数规范要求

教学任务	掌握公路线形设计的指标参数	
教学目的	1. 要求学生掌握公路勘测的指标参数要求。 2. 要求学生具备对规范、标准的合理运用能力	
任务描述	欲设计一条二级公路,设计速度为 60 km/h,最大超高为 6%,路拱为 1.5%,学生查阅《公路路线设计规范》(JTG D20—2017),选定相应的指标参数	
参考依据	标准《公路路线设计规范》(JTG D20—2017)	
道路等级	二级公路	
设计速度	60 km/h	
设计交通量范围		
平面线形设计	最大直线长度(建议值)	数据按照任务描述要求填写
	同向圆曲线最小长度	
	反向圆曲线最小长度	
	圆曲线一般最小半径	
	圆曲线极限最小半径	最大超高为 6%
	圆曲线不设超高最小半径	路拱为 1.5%
	圆曲线最大半径	
	缓和曲线最小长度	
	平曲线最大超高	
	平曲线采取的超高方式	

续表

纵断面坡度及坡长设计	公路的最小纵坡		
	公路的最大纵坡		
	纵坡最短坡长		
	纵坡最大坡长		坡度为5%
	合成坡度值		
	凸形竖曲线半径一般值		
纵断面竖曲线设计	凸形竖曲线半径极限值		
	凹形竖曲线半径一般值		
	凹形竖曲线半径极限值		
	竖曲线长度一般值		
	竖曲线长度极限值		
横断面设计	是否设置中间分隔带		在任务工单上完成，写清楚单位
	行车道数		
	行车道宽度		
	路缘带宽度		
	右侧硬路肩宽度一般值		
	右侧硬路肩宽度最小值		
	土路肩宽度一般值		
	土路肩宽度最小值		
学生反馈			

注：1. 任务工单要求同学们认真完成，字迹清楚、整洁并认真保存。

2. 任务工单将作为学期末成果上交资料，其完成质量和数量将计入技能考核成绩。

相关知识

合理择选
设计参数

一、规范文件的基础认知

1. 规范文件的定义与作用

规范文件是公路设计领域的指导性文件，由国家或行业权威机构制定并发布，旨在统一设计标准、保障设计质量、促进技术进步。它们为设计人员提供了明确的技术要求、设计原则、计算方法以及设计参数的取值范围等关键信息，是公路勘测设计工作的基础。规范文件的作用主要体现在以下几个方面。

（1）技术指导：为设计人员提供科学、合理的技术指导，确保设计工作的顺利进行。

（2）质量控制：通过规范设计流程和设计参数的取值范围，有效控制设计质量，保障公路的安全性、经济性和耐久性。

（3）法律合规：确保设计成果符合国家法律法规和行业标准的要求，避免法律风险。

2. 公路设计遵守的技术要求

（1）《公路工程技术标准》(JTG B01—2014，以下简称《标准》)：我国公路建设的技术方针，是指导性文件，设计时必须遵守。

（2）《公路路线设计规范》(JTG D20—2017，以下简称《规范》)：为指导设计者正确运用《标准》而制定，可创造性运用。

（3）《公路项目安全性评价规范》(JTG B05—2015，以下简称《安规》)：为指导公路项目各阶段安全性评价工作而制定的规范。

（4）《城市道路工程设计规范（2016 年版）》(CJJ 37—2012，以下简称《城规》)：为规范城市道路工程设计统一技术指标而制定的规范。

二、择选设计参数的原则与步骤

1. 明确设计条件与目标

在择选设计参数之前，需要明确项目的设计条件与目标。这包括项目的地理位置、自然环境、交通量预测、设计速度、设计年限等基本信息以及项目的功能定位、使用要求等目标信息。明确设计条件与目标有助于为后续择选设计参数提供明确的方向和依据。

2. 遵循规范文件要求

在择选设计参数时，应严格遵循规范文件的要求。这包括理解规范文件中的设计原则、计算方法以及参数的取值范围等关键信息。遵循规范文件要求可以确保设计成果的法律合规性和技术合理性。

3. 综合考虑多种因素

设计参数的择选是一个综合考虑多种因素的过程，需要充分考虑项目的实际情况和需求以及规范文件的指导原则和要求。在择选过程中，可以运用系统工程的思想和方法进行多方案比选。

项目测试
及参考答案

模块二
外业勘测模块

项目 2　巧思匠心精选，探索选线真谛

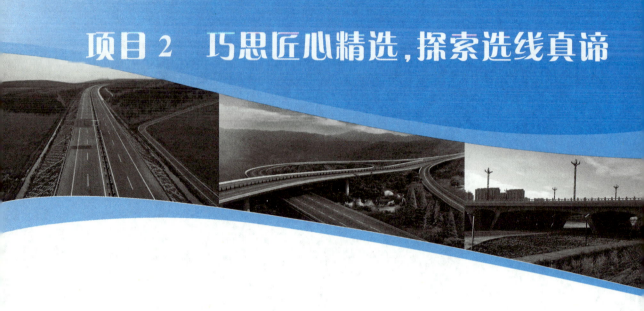

学习目标

【知识目标】

1. 知道公路选线的概念、目的、任务、方法和步骤。
2. 了解我国公路的地形分类和特征。
3. 在了解地形的基础上，知道各类地形（平原区、山岭区、丘陵区）的选线要点。
4. 知道进行方案比选的原则和方法。

【能力目标】

1. 学生能够看懂地形图，并能根据《规范》《标准》合理选线（确定路线走向，并最终定出道路中线）。
2. 学生能够根据比选原则和方法，进行一般公路路线方案比选，确定最优方案。

【素质目标】

1. 使学生具备严谨的科学态度和精益求精的工匠精神。
2. 使学生传承"两路"精神，具备较好的工程伦理责任感。
3. 使学生具备安全、法治、环保、创新意识。
4. 使学生具备良好的团队合作意识。

思维导图

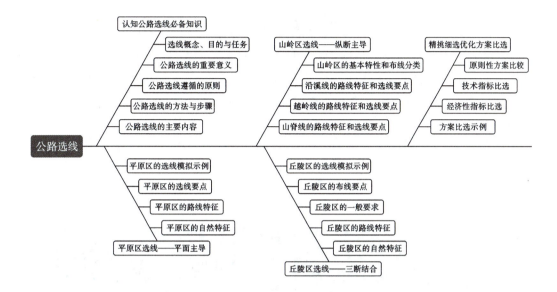

任务驱动

国道306线某公路是××市地区的路网主骨架,是×××地方高等级公路网的重要组成,是该区域的重要出口,是国家高速公路网的重要补充。该路线起点位于××区,起点桩号为K180+200,终点位于××地,终点桩号为K266+700,路线全长86.253 km,路线走向基本为北南方向。路线所经主要控制点包含20多个村镇,沿线途径2条河流。

任务描述

(1)教师准备地形图(平原区、山岭区、丘陵区3张数字地形图)。
(2)教师初步拟定设计要求(包括公路等级、设计速度等)。
(3)学生分组(视班级总人数可以5~6人为1组),组长负责任务的组织与实施。
(4)各组在接到任务后,认真学习本课程相关知识,最终以组为单位上交路线方案比较分析报告。

思政故事

景婺黄高速公路

景婺黄高速公路起于"千年瓷都"景德镇,途经"中国最美乡村"婺源,最后抵达世界自然文化遗产地黄山。它好似一条玉带,穿行于青山绿水之间,盘旋在古韵遗风之中。公路全长约 152 km,沿线半径 200 km 内有着庐山、鄱阳湖、景德镇等"六山三湖四城"热门景区。从 2004 年建设伊始,以"多保护、少破坏、不留伤痕"作为景婺黄高速公路的筑路标准。

工程师们在设计时绕开了古老的村庄、河流及珍稀鸟类栖息地,而且沿途数百棵百年老樟树没有因施工而遭到任何破坏。2010 年 9 月,景婺黄高速公路通过竣工验收。景婺黄高速公路是中国首批生态环保典型示范高速公路,也因此获得了中国土木工程最高奖——詹天佑奖。

景婺黄高速公路

任务 2.1 认知公路选线必备知识

任务引入

众所周知,中国公路在祖国大地上交织成一张密布的巨网,首尾相连足以绕行地球 100 多圈,这千万条公路、千万种风景,究竟如何得来的?每条公路都由哪些线形组成?

学习引导

任务布置—课堂教学(教师引导—小组讨论—动手实践)—课后拓展与总结—分组讨论并整理,完成任务工单。

任务工单　认知公路选线必备知识

模块名称		项目名称		
任务名称		学生姓名和学号		
学习目标	1. 选线概念、目的与任务、意义。 2. 公路选线遵循的原则。 3. 公路选线的方法与步骤。 4. 公路选线的主要内容			
	学习资源/方式	学生任务		要求
课前自主探究	1. 在线课程任务点学习。 2. 教材预习。 3. 工程图纸	1. 自主学习什么是公路选线。 2. 梳理如何进行公路选线		完成任务工单
课中合作共研	研讨	师生讨论,完成以下任务。 1. 影响公路选线的影响因素有哪些? 2. 头脑风暴:地形对公路选线有何影响?		完成任务工单
	案例解析	资源:1. 318川藏线三维地形全展现,还原一个真实的川藏线地貌特征(视频)。 2. 318川藏线建设史(网络资源)。 任务实施: 1. 解析公路选线的原则。 2. 简述选线步骤。 3. 思政:如此凶险的路是如何修建的?		完成任务工单

续表

课后知识拓展	学习资源/方式	学生任务						要求
	网络资源	通过网络资源,观看《最美公路》纪录片,了解典型公路选线及公路建设背后故事						拓展能力
评分	学生1小组1	学生2小组2	学生3小组3	学生4小组4	学生5小组5	学生6小组6	平均分	总分
组内评分（30分）								
组间评分（30分）								
教师评分（40分）								
反思与收获								

注：1. 任务工单要求同学们认真完成,字迹清楚、整洁并认真保存。
2. 任务工单将作为学期末成果上交资料,其完成质量和数量将计入技能考核成绩。

相关知识

一、公路选线的概念、目的、任务与意义

1. 概念

公路选线是根据路线的基本走向和技术标准的要求,结合当地的地形、地质、地物及其他沿线条件和施工条件等,选定一条技术上可行、经济上合理,又能符合使用要求的公路中心线的工作。

2. 目的

公路选线的目的,就是根据公路的性质、任务、等级和标准,结合地形、地质、地物及其沿线条件,综合平、纵、横三方面因素,在实地或纸上选定道路中线的平面位置。

3. 任务

公路选线的主要任务是:确定公路的走向和总体布局;具体确定公路的交点位置和选定公路曲线的要素,通过纸上或实地选线,把路线的平面位置确定下来。

4. 意义

公路选线是整个公路勘测设计的关键,是公路线形设计的重要环节,它对公路的使用质量和工程造价都有很大的影响。选线人员必须认真贯彻国家规定的方针政策,坚持群众路线,深入实际,调查研究,反复比较,正确解决技术指标与在自然条件下实地布线之间的矛盾,综合考虑路线、路基、路面、桥涵、隧道、交叉等,最后才能选定出合理的路线。

选线需要考虑自然环境和社会经济条件,以及线形技术指标等各方面的因素。因此,选

线是一项涉及面广、影响因素多、政策性和技术性都很强的工作。

二、选线原则

1. 路线的基本走向必须与公路的主客观条件相适应

限制和影响公路基本走向的因素很多,但归纳起来有主观、客观条件两类。主观条件是指设计任务书(或其他文件)规定的路线总方向、等级及其在道路网中的地位和作用。客观条件是指公路所经地区原有交通的布局(如铁路、公路、航道、管道等),城镇、工矿企业、资源状况、土地开发利用和规划的情况,以及地形、地质、气象、水文等自然条件。上述主观条件是公路选线的基本依据,而客观条件则是公路选线必须考虑的因素。选线人员要从各种可能的方案中选择出最优的路线方案,就要充分考虑上述条件对公路的影响,使二者相适应。

2. 正确掌握和运用技术标准

路线设计应在保证行车安全、舒适、快速的前提下,使工程数量少、造价低、营运费用省、效益好,并有利于施工和养护。公路路线设计是一项立体线形设计工作,应注意立体线形设计中平、纵、横面的舒顺、合理的配合。在工程量增加不大时,平、纵线形应尽量采用较高的技术指标,不应轻易采用最小值或极限值,当然也不应不顾工程量的大幅增加,而片面追求高指标。

3. 多方案论证,选择最优路线方案

在路线设计的各个阶段,应运用各种先进手段对路线方案做深入、细致的研究,在多方案论证、比选的基础上,选定最优路线方案。

4. 选线应与农业配合

选线时要处理好路线与农业的关系,注意与农业基本建设的配合,做到少占田地,并应尽量不占高产田、经济作物田,避免穿过经济林园(如橡胶林、茶林、果园等),并注意与修路造田、农田水利灌溉、土地规划等相结合。

5. 选线应重视水文、地质问题

不良地质和地貌对公路的稳定影响极大,选线时应对工程地质和水文地质进行深入调查,弄清它们对公路的影响。

对于位于滑坡、崩塌、岩堆、泥石流、岩溶、泥沼等严重地质不良地段和沙漠、多年冻土等特殊地区的路线,应慎重处理,一般情况下应尽量绕避,必须穿过时,应选择合适的位置,缩小穿越范围,并采取必要的工程措施。

选线时应对工程地质和水文地质进行深入勘测,查清其对公路工程的影响。对于高填深挖路基地段,应做好路基边坡岩土情况的勘测工作,查清边坡及基底情况,据此进行填(挖)边坡的稳定计算,必要时采取切实可行及安全可靠的防护措施。

6. 选线应注意与环境相协调

通过名胜、风景、古迹地区的公路,应与周围环境、景观相协调。桥梁、隧道、沿线设施应与该地区自然景观相适应,与环境融为一体。

7. 选线应重视环境保护

选线应重视环境保护,注意由修建公路及汽车运行所产生的影响与污染等问题。选线时具体应注意以下几个方面。

(1) 平原微丘区公路选线应着重论证以下影响因素。

①填方、取土、弃土对农业资源、土壤耕作条件和当地居民出行的影响。

②对农田水利排灌系统的影响。

(3)路面径流对养殖业水体的影响。

(2)重丘区、山岭区公路选线应着重论证以下影响因素。

①高填、深挖对自然景观、植被的影响。

②公路的分割与阻隔对珍稀动、植物资源的影响。

③对水土流失的影响。

④开挖、废方堆弃、爆破作业等诱发地质灾害的影响。

(3)绕城线或连接城市出入口的公路选线应着重论证以下影响因素。

①拆迁的影响。

②对城市建设和规划布局的影响。

③阻隔出行、交往的影响。

④交通噪声的影响。

⑤空气的影响。

⑥环境敏感点的影响。

⑦公路设施对环境景观的影响。

8. 选线应注意结合地形条件,综合考虑分离式断面的布设

高等级公路选线,可以根据通过地区的地形、地物、自然环境等条件,利用其上、下行车道相互分离的特点,本着因地制宜的原则,在山岭和丘陵地形上合理采用往复车道分离式布线,以减少工程量,降低对自然环境的破坏。

9. 选线应综合考虑起、终点及桥、隧道位置关系

(1)路线起、终点必须连接的城镇、重要园区、工矿企业、综合交通枢纽,应为路线基本走向的控制点。

(2)特大桥、大桥、特长隧道、长隧道、互通式立交、铁路交叉等的位置,应为路线基本走向的控制点,原则上应服从路线基本走向。

(3)中、小桥涵,中、短隧道,以及一般构造物的位置,应服从路线走向。

三、选线的方法与步骤

(一)一般方法

1. 实地选线

实地选线是由选线人员根据设计任务书的要求,在现场实地进行勘察测量,经过反复比较,直接选定路线的方法。这是我国传统的选线方法。

实地选线的特点是:方法简便,切合实际。实地选线容易掌握地质、地形、地物情况,做出的方案比较可靠,定线时一般不需要大比例尺地形图。但是,这种方法野外工作量很大,体力劳动强度大,野外测设工作受气候的影响大。同时,由于实地视野的限制,地形、地貌、地物的局限性很大,使路线的整体布局有一定的片面性和局限性。实地选线适用于一般等级较低、方案比较明确的公路。

2. 纸上选线

纸上选线是在已经测得的地形图上进行路线布局、方案比选,从而在纸上确定路线,将路线再放到实地的选线方法。

纸上选线的特点是:野外工作量较小,定线不受自然因素干扰,能在室内纵观全局,结合地形、地物、地质条件,综合平衡平、纵、横三方面因素,所选定的路线更为合理。但纸上定线

必须要有大比例尺地形图,地形图的测设需承担较大的工作量和具备一定设备。纸上选线用的地形图若用航空摄影成图,则可大大缩短成图时间。

纸上选线的一般步骤如下。

(1) 实地敷设导线。

(2) 实测地形图(可用人工或航测法)。

(3) 纸上选定路线。

(4) 实地放线。

随着航测技术的发展,纸上选线方法得到已广泛运用,对于高等级公路和地形、地物及路线方案十分复杂的公路较为适用。

3. 自动化选线

随着航测技术和电子计算机技术的发展,一种将航测和电算相结合的选线方法——自动化选线开始广泛使用。

自动化选线的基本做法是:先用航测方法获得航测图片,再根据地形信息建立数字地形图(即数字化的地形资料),把选线设计的要求转化为数学模型,将设计数据输入计算机,计算机按照一定的程序进行自动选线、分析比较、优化,最后通过自动绘图仪和打印机将全部设计图表输出。

自动化选线用电子计算机和自动绘图仪代替人工去做大量、繁重的计算、绘图、分析比较工作,这样,能使选线方案更为合理并省工省时。

(二) 一般步骤

一条公路路线的选定需经过由浅入深、由轮廓到局部、由总体到具体、由面到带到线的过程。

1. 全面布局

全面布局是解决路线基本走向问题的全局性工作,就是在起讫点及中间必须通过的据点间寻找可能通行的路线带,并确定一些大的控制点,连接起来即形成路线的基本走向。

全面布局主要包括路线布局走向和走廊带选择两方面的内容。

(1) 路线布局走向选择。

路线布局走向选择主要是解决起、终点间路线的基本走向问题。此项工作通常是先在小比例尺(1∶50000～1∶10000)地形图上从较大面积范围内找出各种可能的方案,搜集各可能走向方案的有关资料,进行初步评选,确定几个有进一步比较价值的方案,然后进行现场勘察,通过多方案的比选得出最佳走向。当没有地形图时,可采用调查或踏勘方法现场搜集资料,进行方案比选。当地形复杂或地区范围很大时,可以通过航空视察或用遥感与航摄资料进行选线。

(2) 路线走廊带选择。

在路线基本方向选定的基础上,按地形、地质、水文等自然条件选定出一些细部控制点,连接这些细部控制点,即构成路线走廊带。这些细部控制点的取舍,仍需要通过比选的办法来确定。路线布置一般应该在1∶10000～1∶2000比例尺的地形图上进行。只有在地形简单、方案明确的路段,才可以在现场直接选定细部控制点。

路线布局是关系到公路"命运"的根本问题。如果总体布局不当,即使局部路线选得再好,技术指标确定得再恰当,仍然是一条质量很差的路线。因此,在选线中,首先应着眼于总体布局工作,解决好基本走向问题。全面布局工作是通过路线视察,经过方案比较来完成的。

2. 逐段安排

逐段安排是在路线基本走向已经确定的基础上，进一步加密控制点，解决路线局部方案问题的工作，即在大控制点间，结合地形、地质、水文、气候等条件，逐段定出小控制点。例如，翻越同一山岭垭口后是从左侧展线下山，还是从右侧展线下山，沿一条河是仅走一岸还是多次跨河两岸布线等，都是属于局部方案问题。逐段安排工作是通过踏勘测量或详测前的查看路线来完成的。

3. 具体定线

具体定线是在逐段安排的小控制点间，根据技术标准结合自然条件，综合考虑平、纵、横三方面因素，反复穿线插点，具体定出路线位置的工作。这一项工作更深入、更细致、更具体。具体定线由详测时的选线人员来完成。

任务 2.2　平原区选线——平面主导

任务引入

我国的平原区主要分布在东部沿海地带，其中最为著名的是三大平原：东北平原、华北平原和长江中下游平原。虽然中国的平原总面积不足国土总面积的1/8，但它们对于人类生存与发展具有重要意义，是中国当今经济活动最集中的地区。在宽阔的平原区建造设计公路，我们应该注意哪些选线要点呢？

学习引导

任务布置—课堂教学(教师引导—小组讨论—动手实践)—课后拓展与总结—分组讨论并整理，完成任务工单。

任务工单　平原区选线

模块名称		项目名称	
任务名称		学生姓名和学号	
教学任务	1. 认知平原区地形的特征。 2. 认知平原区路线的特征。 3. 认知平原区的布线要点。 4. 能初步设计平原区的导向线		

续表

	学习资源/方式	学生任务	要求
课前知识准备	在线课程（包括地形图、任务工单、文档、视频资源）	1. 识别地形图（地形图基本知识）。 2. 完成知识点学习和话题讨论	通过学习通完成本任务
任务实施：课中合作共研	1. 地形图。 2. 规范。 3. 讨论。 4. 教师引导	问题1：可以根据哪些信息初步判别地形图是属于平原区地形图？ 问题2：简洁总结平原区的地形特征 问题3：简洁总结平原区的线形特征 问题4：简洁总结平原区的布线要点	填写任务工单
任务实施：学生动手操作	操作流程： 实践：打开CAD地形图，初步选定导向线 起点、终点 → 确定大控制点 → 识别旱地、田地、房屋构造物、村庄、河流等 → 确定中间控制点 ← 起点、终点 各小组展示成果 ← 学生利用CAD自主设计路线走向 ← 连接起点、终点，形成直线 （作为方案2）　（作为方案1） 小组内互评 → 小组间互评 → 教师点评　学生对比方案1和2导向线优劣 成果展示：(附图纸,可附CAD图)	

续表

评分	学生1 小组1	学生2 小组2	学生3 小组3	学生4 小组4	学生5 小组5	学生6 小组6	平均分	总分
组内评分（30分）								
组间评分（30分）								
教师评分（40分）								
课后拓展	利用网络资源，探索现代公路勘测方面的新技术（3S技术、无人机航测技术等）							形成课后作业（PPT/Word）
学生反思与收获								

注：1. 任务工单要求同学们认真完成，字迹清楚、整洁并认真保存。
2. 任务工单将作为学期末成果上交资料，其完成质量和数量将计入技能考核成绩。

相关知识

一、平原区基本特征

1. 自然特征

平原（见图2-2-1）主要是指一般平原、山间盆地、高原等地形平坦地区。其地形特征是：地面起伏不大，一般自然坡度都在3°以下。其地物特征是：除泥沼、盐渍土、河谷漫滩、草原、戈壁、沙漠等以外，一般多为耕地，且分布有较多的各种建筑设施，居民点较密，交通网系较密。在平原区，在农业区，农田水系渠网纵横交错；在城镇区，建筑、通信管网密布；在天然河网或湖区，还密布有湖泊、水塘和河岔。

从地质和水文条件来看，平原区一般不良地质现象较少，但有时会遇到软土和沼泽地段。另外，平原区地面平坦，往往排水较困难，地面积水较多，地下水位较高；平原区河流较宽阔，河道平缓，泥沙淤积，河床低浅，洪水泛滥时河面较宽。

2. 路线特征

平原区地形对路线的约束限制不大，路线平、纵、横三方面的几何条件很容易达到标准，路线布置主要考虑地物障碍问题。平原区的路线特征是：平面线形顺直，以直线为主体线形，弯道转角一般较小，平曲线半径较大；在纵面上，坡度平缓，以低路堤为主。路线布设除考虑地物障碍外，一般没有太大困难。

图 2-2-1　平原区地形和线形

二、平原区选线要点

综合平原区自然和路线特征,布线时应着重考虑以下几点。

平原区选线动画

1. 以平面为主安排路线

选线时,首先在起讫点间把经过的城镇、厂矿、农场及风景文物点作为大的控制点,在控制点间通过实地视察进一步根据地形条件和水文条件选择中间控制点,除一般较大的建筑群、水电设施、跨河桥位、洪水泛滥线范围以及其他必须绕过的障碍物外,均可作为中间控制点。在中间控制点之间,无充分理由一般不设转角点。在安排平面线形时,既要使路线短捷、顺直,又要注意避免过长的直线,可能条件下多采用转角小、半径大的长缓平曲线线形。纵面线形应综合考虑桥涵、通道、交叉等结构物的要求,合理确定路基设计高度。另外,注意避免纵坡起伏过于频繁,但也不应过于平缓,以免造成排水不良。

2. 正确处理路线与农业的关系

处理好公路与农田规划、农业灌溉、水利设施的关系,是平原区选线的重要问题。处理路线与农业的关系时主要注意以下几点。

(1) 占用田地依据路线的性质、等级、作用、对支农运输的效果及工程数量、造价、运营费用等方面因素经全面分析比较后确定。既不能片面求直而占用大量良田,也不能片面为不占某块田,使路线绕行过长,造成行车条件差。在图 2-2-2 中,虚线方案穿经稻田区,路线短、线形好,但占耕地多、建筑路堤取土距离较远;实线方案的长度略有增加,但避开了大片稻田区,沿山坡布线,路基稳定,又可以节约土方数量。当路线标准不是太高时,应采用实线方案。

(2) 注意处理好路线与农田水利的关系。路线布置要尽可能与农业灌溉系统配合,除特殊情况外,一般不要破坏灌溉系统。布线要注意尽量与干渠平行,减少路线与渠道相交,最好把路线布置在渠道的非灌溉区一侧或渠道的尾部。如图 2-2-3 所示,布线时应优先考虑Ⅰ方案,Ⅱ方案次之,Ⅲ方案则应避免。当路线与渠道方向基本一致时,应考虑沿渠道布线,注意堤路结合、桥闸结合,以减少占田和便利灌溉。

(3) 注意筑路与造田、护田结合。在可能条件下,布线要有利于造田、护田。路线通过

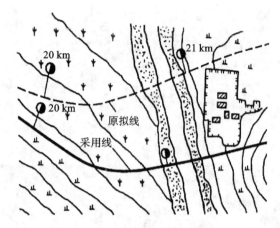

图 2-2-2　路线方案比较示意图

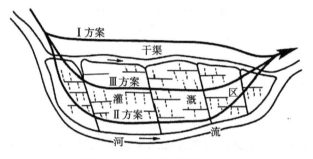

图 2-2-3　农田区路线布设图

河曲地带,当水文条件许可时,可考虑路线直穿,裁弯取直,改河造田,缩短路线里程(或减少桥涵数量),如采用如图 2-2-4 所示的布线方式。

当路线靠近河边低洼村庄或从农田通过时,可考虑靠河岸布线,围滩造田、护村。图 2-2-5 所示为某公路采用沿河布置路线,借石填筑路堤,使 100 多亩(1 亩＝10000/15 m²)河滩地变为良田。

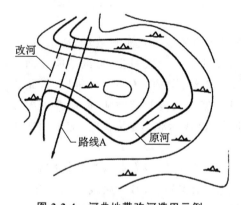

图 2-2-4　河曲地带改河造田示例

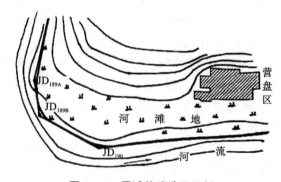

图 2-2-5　围滩筑路造田示例

（4）路线布置要尽可能考虑为农业服务。布线时,要注意与农村公路和机耕道的连接,以及与土地规划相结合。

3. 处理好路线与城镇的关系

(1) 高等级干线公路一般以绕避为主,避免直穿城镇、工矿区和居民密集区,以减少干扰,但也不宜离开过远,必要时可设支线连接,做到"靠村不进村,利民不扰民",既方便运输,又保证安全。这种路线布线时,要注意与城镇的规划相结合。

(2) 支线公路一般以方便群众为主,宜靠近村镇,如地方同意可以穿过村镇,但应保证有足够的路基宽度和行车视距,同时应考虑行人的需要和必要的交通设施。

(3) 应尽量避开重要的电力、电信及其他重要的管线。

(4) 注意与铁路、航道、机场、港口及已有公路等交通运输配合,以发挥交通运输的综合效益。

4. 处理好路线和桥位的关系

(1) 大、中桥位原则上应服从路线总方向并满足桥头接线的要求,综合考虑桥路;对于大、中桥,一般桥位在满足路线总方向的前提下,都作为路线的控制点。桥位应选在河床稳定、河道顺直、河面较窄、地质良好以及两岸地形有利于桥头引线布设的河段。

防止两种偏向:一是不应片面强调桥位,以致造成路线过分迂回,或过分强调正交桥位,出现桥头急弯,影响行车安全;二是不应只顾线形顺直,造成桥位不合适或斜交角度过大,增大工程投资或增加施工难度。

(2) 小桥涵位置原则上应服从路线走向。

小桥涵的位置应服从路线走向,不要过多考虑小桥涵跨河位置,一般可能出现斜交。遇到斜交过大或河沟过于弯曲时,可采取改移河道或改移路线的措施进行适当调整。改移路线是使斜交角度不要过大。改移河道的做法在河沟过于弯曲的情况下有时也采用,但改移长度和数量不应过大。

(3) 路线采用渡口跨河时,应在路线基本走向确定后选定渡口位置。渡口位置要注意避开浅滩、暗礁等不良河段,两岸地形要适于码头修建。

5. 注意土壤、水文条件

平原区河道、湖泊、池塘等较多,地势低,地下水位高,使得水文地质条件较差,容易影响路基的稳定性。

在选线过程中,应尽量沿接近分水岭的高地布线,沿旱地布线;在低洼地区布线时,应尽可能在地势较高处布线;路线通过排水不良的低洼地带,布线时要注意保证路基最小填土高度;避免直穿较大面积的湖泊、水塘、泥沼和洼地等;沿河布线时,应注意洪水泛滥对路线的影响,一般应布线于洪水泛滥线以外。另外,宜采取必要的路基稳定性处理措施,如换土、清淤、降低地下水位等。

6. 充分利用旧路

(1) 高速公路和一级公路与旧路的关系。现有公路为二级公路,且交通量很大、需建高等级公路时,一般可改建旧路,并另建辅道供其他车辆行驶。有时也可新建高等级公路,将原二级公路作为辅道。现有公路等级低于二级时,宜新建高等级公路,原有公路留作辅道。

(2) 其他等级公路与旧路的关系。平原区常有比较宽的乡村道路和等级不高的公路,新建公路应尽可能利用旧路,以减少工程造价、减小占地面积。旧路直线较长,但平曲线半径较小,应保证技术标准的要求,不能因为旧路限制而降低公路的标准。

7. 尽量靠近建材产地,就地取材

平原区一般缺乏砂、石等筑路材料,应尽量使路线靠近材料产地,以降低运输费用,保证公路养护方便。

知识贴吧

周南高速公路——平原微丘区绿色公路示范工程

2023 年 9 月 12 日在河南省平顶山市召开的"2023 年全国交通运输科技示范工程现场推进会"上,河南省周口至南阳高速公路建设项目组织实施的"平原微丘区绿色公路示范工程"获选交通运输科技示范工程。

周口至南阳高速公路(简称周南高速)是商丘至南阳高速公路的重要组成部分,是连接豫东地区和豫西南地区的又一条快速通道。项目全长约 195 km,其中平原路段约 100 km,微丘路段约 95 km,是平原微丘区高速公路的典型代表。该工程通过开展建筑废弃物、多源废胎胶粉等废旧材料利用,推广应用边坡坡率优化、路面水环境保护等技术,形成了一批地方标准,实现了水源保护区高速公路全段落智能监管,有效解决了粮食主产区高速公路建设面临的资源和环境制约。

周南高速紧扣"绿色"主题,集中开展土地资源节约、生态环境保护、废旧材料循环利用、工程与服务品质提升等 4 个专项、14 个子项的技术研究和推广应用,形成可复制、能推广的平原微丘区绿色公路建设技术成果及实施经验。

"诚信是公路建设的基石,廉洁是工程质量的保障。"诚信和廉洁是确保公路勘测设计工作顺利进行的基石。

任务 2.3　山岭区选线——纵断主导

任务引入

有一条公路,修在山脊顶端,仿若"刀片天路",它就是位于重庆市石柱县七曜山上,从六塘乡到大风门,沿着山脊背修出的公路。两侧都是悬崖,公路就修建在山脊顶端,仿若"天路"。在此公路上开车,从空中俯瞰就像行驶在刀片上,步步惊心,既壮观又惊险。

这是一条"网红公路",这条路全长约 20 km,平均 6.5 m 宽,有人做过测量,最窄的路段宽 5.5 m,山脊蜿蜒,有些路段宛如在刀片上"长"出来的。刀片"天路"凭借壮观和惊险越来越火,带动了旅游业的发展。

项目 2　巧思匠心精选,探索选线真谛　/　35

刀片上的"天路"

学习引导

任务布置—课堂教学(教师引导—小组讨论—动手实践)—课后拓展与总结—分组讨论并整理,完成任务工单。

任务工单　山岭区选线

模块名称			项目名称		
任务名称			学生姓名和学号		
教学任务	1. 能够准确识别地形图。 2. 掌握山岭区的基本特性和布线分类。 3. 掌握沿溪线的路线特征和布线要点。 4. 掌握越岭线的路线特征和布线要点				
课前知识准备	学习资源/方式		学生任务		要求
	1. 在线课程任务点学习。 2. 教材预习。 3. 工程图纸		1. 学习任务点。 2. 完成知识点学习和话题讨论。 问题1:我国地形复杂多样,常见的地形可以分为哪几类?你认为任务点中提供的地形图中的地形属于什么类型? 问题2:什么是沿溪线、越岭线?它们各自的地形特征和线形特征是什么?		学习通上完成,并填写任务工单
	任务布置		以山岭区地形为例,采用纸上选线方法,拟设计一条新建公路,公路等级为二级,设计速度为60 km/h,路拱为1.5%,最大超高为8%,超高渐变率为1/330,渐变方式为线性。二类内侧加宽,渐变方式为线性。要求同学们遵循《规范》并结合地形,完成山岭区的初拟选线		注意参数

续表

学习资源/方式	学习任务	要求
课中合作探究 任务实施:学习地形图的识别	一、描述常见地形等高线特征 (1) 山峰: (2) 盆地: (3) 山脊线: (4) 山谷线: (5) 鞍部: 二、识图填空 1. 图(a)中 1?～5? 处应该填写 _____、_____、_____、_____、_____。 2. 等高线指的是 _____, 等高距是指 _____。 在同一幅地形图上,等高距是 _____。 3. 等高线平距是指 _____。 因为同一张地形图内等高距是相同的,所以等高线平距 d 的大小直接与地面坡度有关。地面坡度 i 可以写成:_____。 4. 图(b)中 1?～4? 处应填写 _____、_____、_____、_____。 (a) (b)	完成左侧相应任务,填写任务工单

续表

	学习资源/方式	学生任务			要求
课中合作共研	任务实施:不同地形下的布线要点	1. 简述沿溪线的布线要点。 2. 简述越岭线的布线要点			填写任务工单
	任务实施:规范学习	平面线形设计参数选取	最大直线长度（建议值）/m		填写任务工单
			同向圆曲线间直线最小长度/m		
			反向圆曲线间直线最小长度/m		
			圆曲线一般最小半径/m		
			圆曲线极限最小半径/m	最大超高为8%	
			圆曲线不设超高最小半径/m	路拱1.5%	
			圆曲线最大半径/m		
			缓和曲线最小长度/m		
			平曲线最大超高/(%)		
实战演练	任务实施:选线实战	1. 实战越岭线选线。 2. 成果展示			设计成果

评分	学生1小组1	学生2小组2	学生3小组3	学生4小组4	学生5小组5	学生6小组6	平均分	总分
组内评分（30分）								
组间评分（30分）								
教师评分（40分）								

续表

知识拓展（拓展）	扩展：回头曲线的概念、特征、线形指标以及工程应用	形成PPT或Word报告
学生反思与收获		

注：1. 任务工单要求同学们认真完成，字迹清楚、整洁并认真保存。
2. 任务工单将作为学期末成果上交资料，其完成质量和数量将计入技能考核成绩。

相关知识

一、山岭区基本特征

1. 自然特征

山岭区地形包括山岭、突起的山脊、凹陷的山谷及陡峻的山坡、悬崖、峭壁等，地形复杂多变，一般地面自然坡度在20°以上。山岭区的主要自然特征如下。

（1）地形条件：山高谷深，地形复杂。山区高差大，加上陡峻的山坡和曲折幽深的河谷，形成了错综复杂的地形，这就使得公路路线的线形差，工程难度大。

（2）地质条件：岩石多、土层薄、地质复杂。由于山区的地质层理和地壳性质在短距离内变化很大，岩层的产状和地质构造复杂，不良地质现象（如岩堆、滑坡、崩塌、碎落、泥石流等）较多。这些均直接影响着路线的位置和路基的稳定。选线时应处理好路线与地质的关系，并在选线设计中采取必要的防护措施，确保路线的质量和路基的稳定性。

（3）水文条件：山区河流曲折迂回，河岸陡峻、河底比降大；雨季暴雨集中、流速快、流量大，冲刷和破坏力很大。这样复杂的水文条件，要求在选线中正确处理好路线和河流的关系。

（4）气候条件：山区气候多变，气温一般较低，冬季多冰雪（海拔较高的山区），一年四季和昼夜温差很大，山高雾大，空气较稀薄，气压较低。这些气象特征对于汽车行驶的安全性有很大影响。

2. 路线特征

（1）自然条件复杂，地形变化很大，使得路线在平、纵、横三方面受到很大限制，因而技术指标一般多采用低限值。在所有自然因素中，高差急变是主导因素，因此，在路线布设时，一般多以纵面线形为主安排路线，其次是横断面和平面。

（2）一般按照道路行经地区的地貌、地形特征，山岭区路线可分为沿溪线、山腰线、越岭线和山脊线四种，如图2-3-1至图2-3-4所示。

综上分析，山岭区自然条件极其复杂，给山岭区选线带来了很大的难度。但山岭区山脉水系分明，这也给山岭区公路走向提供了依据，为选定路线的基本走向、确定大的控制点指明了方向。下面将重点介绍沿溪（河）线、越岭线路线特征和选线要点。

图 2-3-1 沿溪线地形、地貌特征

图 2-3-2 越岭线地形、地貌特征

图 2-3-3 山腰线地形、地貌特征

图 2-3-4 山脊线地形、地貌特征

二、沿溪线路线特征和选线要点

探索沿溪线选线

（一）沿溪线路线特征

沿溪线是指公路沿河谷方向布设的路线。它的路线特征为路线总的走向与等高线一致，如图 2-3-5 所示。

1. 沿溪线布线的有利条件

沿溪线布线的有利条件如下：路线走向明确，河床纵坡较小，平面受纵面线形的约束较小，容易争取较好的线形；沿溪线傍山临河，砂、石材料丰富，用水便利，为施工和养护提供了有利条件；山区的溪岸两侧往往居民密集，沿溪线能更好地为沿线居民点服务，充分发挥公路的作用；傍山隐蔽，利于国防。

2. 沿溪线布线的不利条件

沿溪线布线的不利条件如下：路线临水较近，受洪水威胁较大；峡谷河段路线线位摆动的余地很小，难以避让不良地质地段；在路线通过陡岩河段时，工程艰巨、工程量集中、工作面狭窄，给公路测设和施工带来很大困难；沿溪线线位低，往往要跨过较多的支沟，桥涵及防护工程较多；河谷两岸台地往往是较好的耕作地，筑路占地与农田及其水利设施的矛盾较为突出；河谷工程地质情况复杂，河谷的两岸常处于路基病害（如滑坡、岩堆、坍塌、泥石流）的

图 2-3-5　公路沿溪线路线特征示意图

下部,路线通过时,容易破坏山体平衡,给公路的设计、施工、养护、运营带来困难。

(二) 沿溪线布线要点

路线布设的首要任务就是利用有利条件,防止和避让不利条件。沿溪线布局的决定因素是水。由于路线与河流紧密,因此,处理好路线与水的关系是沿溪线布局的关键。路线与河流的基本关系主要是指平面关系和纵面关系,在平面关系上主要是解决择岸问题,而在纵面关系上则主要是解决线位的高低问题。当沿溪线需跨河时,还需解决跨河桥位问题。这三个问题是相互联系又相互影响的,路线布设中应抓住主要矛盾,根据公路的性质和技术等级,因地制宜地解决问题。

1. 河岸的选择

河岸的选择主要解决路线是否跨河(即是一岸布线还是两岸布线)和选择走哪一岸两个问题。

(1) 跨河问题。

任何一条沿溪线公路,除了起讫两点在同一岸且相距又很近,工程又不大时,不考虑跨河外,一般情况下都存在是否跨河两岸设线的问题。对于较大的河流,如果不出于连接中间控制点的需要,一般因跨河桥梁工程过大而不宜跨河。但是,对于中、小河谷,由于跨河较易,因此应充分利用地形,往返跨河时有发生。路线往返跨河主要出于以下几个原因。

①出于连接中间主要控制点的需要。当路线起讫点在河岸两侧时,至少必须跨河一次。有时,起讫点在河流同一岸,控制点在对岸(见图 2-3-6),这时,有两种布线方式:一种是两次跨河方案,如图 2-3-6 所示的虚线;另一种是一次跨河方案,如图 2-3-6 所示的实线,用支线与中间控制点连接。一般情况下,后一方案可省一座桥,且干线直达快速、路线短捷,是应优先考虑的方案。

②出于避让严重不良地质地段的需要。对于严重地质病害地段无法穿越或处理时,可考虑跨河绕避方案。

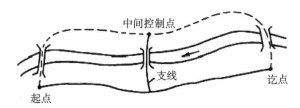

图 2-3-6 连接中间控制点的跨河方案

③出于避让艰巨工程的需要。在峡谷地带,河谷两岸地形的好坏变化常交替出现,为了利用有利地形,避开艰巨石方工程,常采用两岸交替布线的方法。

④出于避让其他地物障碍,如铁路、农田、大型水利工程、重要建筑设施等的需要。

⑤出于满足线形标准的需要。这种情况一般在公路等级较高、河沟较小时出现。

(2)择岸问题。

由于河谷两岸情况各有利弊,因此选线时应比较两岸地形、地质、水文等条件以及农田水利规划等因素,避难就易,充分利用有利的一岸。当建桥工程不复杂时,为了避开不利地形和不良地质地带,或为了争取缩短里程,提高线形标准,可考虑跨河换岸设线;但河流越大,建桥工程也越大,跨河换岸就越要慎重考虑。河岸的选择一般应结合下列主要因素经过技术经济比较决定。

①地形、地质、水文条件。

路线应优先选择台地较宽、支沟较少、地质水文条件较好的一岸。

②气候条件。

在积雪冰冻地区,阳坡和阴坡、迎风面和背风面的气候条件差异很大,在不影响路线总体布局的前提下,一般走阳坡面和迎风面比较有利,可以减少积雪和流冰对公路行车的影响。

③城镇、工矿和居民点的分布。

除高等级公路和国防公路以外,一般路线应选在工矿企业较集中、村镇较多、人口较为密集的一岸,以促进山区的经济发展和方便居民出行。

④其他因素,如为革命史迹、历史文物、风景区等的联系创造便利条件。

具备上述有利条件的一岸即为选线时应走的河岸,但这些有利条件可能不在一岸,而是交替出现在两岸,此时就需要深入调查,进行技术论证和经济比较,最终确定一个合理的方案。如图 2-3-7 所示,某一沿溪线开始走条件较好的左岸,但前方遇到两处陡崖,甲方案是对山崖地段进行处理,集中开挖一段石方后,仍坚持走左岸;乙方案是为了避让两处陡崖,而选择了跨河走右岸,但是右岸前方不远处,出现了更长、更陡的山崖,还需要重新再换回到右岸,在约 3 km 的路段内,为了跨河,需要修建两座中桥。对上述两方案进行比较,甲方案技术上可行,经济费用较低,作为终选方案。

2. 线位的高度

线位的高度的选择属于路线纵面线形布局的问题。路线沿岸布设高度,首先考虑洪水的威胁。不管是高线位还是低线位,均应在设计洪水位以上一定安全高度。因此,在选线过程中应认真做好洪水位调查工作,以确保路线必需的最低线位高度。

(1)低线位布线方案:高出设计洪水位不多,路基一侧临水很近的布线方案。

低线位布线方案的主要优点是:一般情况下有较宽的台地可以利用;地形较好,平面线

图 2-3-7 跨河换岸比较线

形较顺适,纵面不需要进行较大的填挖,容易达到较高的指标水平;路线低,填方边坡低,边坡较稳定,路线活动的余地较大,跨河时利用有利条件和避让不利条件较容易;养护和施工用水、材料运输均较方便。低线位布线方案的主要缺点是:线位低,受洪水威胁大,防护工程较多;低线位多在沟口附近跨越支沟,桥涵较多;路线与农田矛盾较大,处理废方较为困难。

公路低线位设计示例如图 2-3-8 所示。

图 2-3-8 公路低线位设计示例

(2)高线位布线方案:路线高出洪水位较多,完全不受洪水威胁的布线方案。

高线位布线方案的主要优点是:不受洪水影响;废方易于处理,当采用台口式路基时,路基比较稳定。高线位布线方案的主要缺点是:路基挖方往往较大、废方多;由于线位高,路线势必随着山形走势绕行,平面线形指标低;跨河时线位高,构造物长大,工程费用高;支挡、加固工程较多;施工、养护用料、取水较困难。

综上,高线位弊多而利少,在洪水位允许、无特殊困难时,一般以低线位为主,当有大段的较高阶地可供利用时,也可结合路线的具体条件,局部路段采用高线位。而且沿溪线布设时,很难在全线保持一种线位,为了利用有利地形、避让不利地形和地质条件,可能需要交替使用低线位与高线位,此时只要有适宜的升、降坡展线的地段即可。

3. 桥位的选择

沿溪线跨越河流分为跨主河与跨支流两种情况。跨支流时的桥位选择，一般属于局部方案问题；而跨越主河时的桥位选择多属于路线布局问题。

跨越主河的桥位往往是确定路线走向的控制点，它与河岸的选择相互依存，需要充分考虑河床的稳定性、河面的宽窄及水文地质条件，并应注意桥位与路线相配合，使河的两岸有良好的布线条件。

（1）利用河曲河段跨河。

利用河曲河段跨河示例如图 2-3-9 所示。此时应注意防止河曲地段水流对桥台的冲刷，采取必要的防护措施。

（2）利用"S"形河段跨河。

利用"S"形河段跨河示例如图 2-3-10 所示，将跨河位置选在"S"形河段的腰部，如图 2-3-11 所示，使桥头线形得以显现。

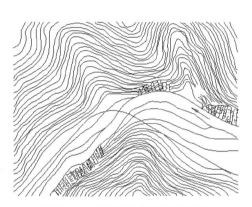

图 2-3-9　利用河曲河段跨河示例

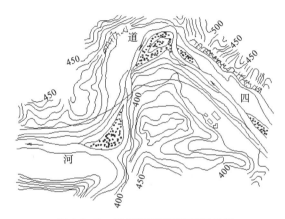

图 2-3-10　利用"S"形河段跨河示例

（3）改善桥头线形。

路线跨越河流，没有河曲或"S"形河段可利用时，由于沿溪线与河谷走向平行，在跨主河时往往形成"之"字形路线，桥头平曲线半径较小、线形差，如图 2-3-12 所示。对于中、小桥，可用适当斜交的方法改善桥头线形，如图 2-3-13（a）所示。

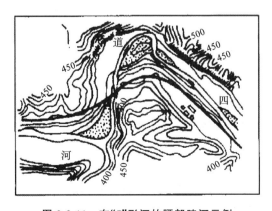

图 2-3-11　在"S"形河的腰部跨河示例

图 2-3-12　在河湾附近利用斜桥跨河示例

对于大桥，不宜斜交时，可对桥头路线做适当处理，形成勺形桥头线，如图 2-3-13（b）所

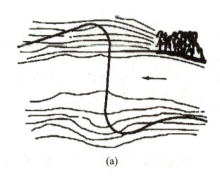
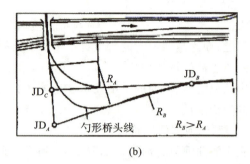

图 2-3-13 改善桥头线形示例

探索越岭线选线

示,这样做可改善桥头线形,争取较大半径。

三、越岭线路线特征和布线要点

沿分水岭一侧山坡爬上山脊,在适当地点穿过垭口,再沿另一侧山坡下降的路线,称为越岭线。它的特点是:路线需要克服很大的高差;路线的长度和平面位置主要取决于路线纵坡的安排。因此,在越岭线的选线过程中,须以路线纵断面为主导。

(一) 越岭线路线特征

(1) 有利条件:布线不受河谷限制,活动余地大;不受洪水威胁和影响;当采用隧道方案时,路线短捷且隐蔽,有利于运营和国防。

(2) 不利条件:里程较长,线形差,指标低;施工、养护、运营条件差,服务性差。

(二) 越岭线布线要点

克服高差是越岭线布线的关键。因此,在布线时,应以纵断面为主导安排路线,并结合平面线形和路基的横向布置。越岭线布线要点是处理好垭口选择、过岭标高和展线布局三个问题。

1. 垭口选择

(1) 垭口的高低。垭口高低及其与山下控制点的高差,直接影响路线展线长度、工程数量大小及运营条件。在展线条件相同时,垭口降低的高度 Δh 和缩短的里程 Δl 有如下的关系:

$$\Delta l = 2 \cdot \Delta h \cdot \frac{1}{i_{均}}$$

式中:$i_{均}$——展线的平均坡度,一般可取 5%~5.5%。

由此式可知,垭口越低,里程就越短。

(2) 垭口的位置。垭口不仅要低,而且位置要符合路线的基本走向。在一般情况下,首先选择标高较低,而且展线后能很快与山下控制点直接相连的垭口,其次选择稍微偏离路线方向,但是接线较顺、增加路线里程不多的垭口。

如图 2-3-14 所示,A、B 控制点间有 C、D 两个垭口,从平面位置看,C 垭口在 AB 直线上,D 垭口稍微偏离 AB 直线方向,但从符合路线基本走向来看,穿 D 垭口比穿 C 垭口反而展线短些,而且平面线形较好。因此,D 垭口比 C 垭口更有优势。

(3) 垭口两侧地形和地质条件。山坡线是越岭线的重要组成部分,而山坡坡面的曲折与陡缓、地质的好坏等情况,直接关系到路线标准和工程数量的大小。因此,垭口的选择要

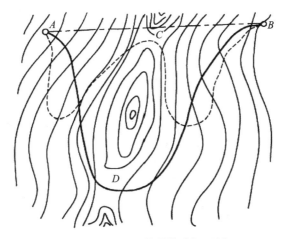

图 2-3-14 垭口位置的选择示例

与侧坡展线条件结合考虑。选择时,遇有地质稳定及地形平缓、有利于展线的侧坡,即使垭口位置略偏或垭口较高,也应进行方案比较,不要轻易放弃。

(4) 垭口的地质条件。垭口的地质病害往往会在运营过程中形成通过的"盲肠",选择垭口时要重视垭口的地质问题,对地质条件很差的垭口,用局部移动路线或采取工程措施的办法不能解决,应予放弃。

2. 过岭标高的选择

路线过岭,一般采用路堑或隧道通过。过岭高程越低,路线就越短,但路堑或隧道也就越深、越长,工程量也就越大。因此,过岭高程应结合路线等级、越岭地段的地形和地质以及两侧展线方案、过岭方式等因素经过技术经济比较来选定,这些因素是互相影响的,必须全面分析研究各种可能的比较方案,做出合理的选择。过岭方式主要有如下几种。

(1) 浅挖低填。

遇到过岭地段山坡平缓,垭口宽而厚(有的达到 1~2 km,有的还有沼泽出现)的地形,展线容易,只宜采用浅挖低填的方式过岭,过岭高程基本上就是垭口高程。

(2) 深挖垭口。

当垭口比较瘦削时,常用深挖的方式过岭。深挖垭口,虽土石方工程较集中,但由于降低了过岭高程,相应缩短了展线长度,总工程量并不一定增加。即使总工程量有所增加,也可从改善行车条件、节约运营费中得到补偿。至于深挖程度,应视地形、地质、气象条件以及展线对垭口高程的要求等因素而定。根据现有资料,一般挖深在 20 m 以内,地质情况良好时,还可深些。垭口越瘦,越宜深挖。但垭口通常地质条件较差,挖深应以不致危及路基稳定为宜;否则,应采取有效措施,以防止遗留病害。有条件时,可采用隧道通过。为了加强环境保护,减少对自然地面的破坏,一般垭口深挖不宜超过 20 m。

过岭高程是越岭线布局的重要控制因素,不同的过岭高程有不同的展线方案。如图 2-3-15 所示,路线通过垭口,由于选用不同的挖深,因此出现了三个可能方案。甲方案挖深 9 m,需要设两个回头弯;乙方案挖深 13 m,需要设一个回头弯;丙方案挖深 20 m,即可顺山势布线,不需要设回头弯。丙方案线形好,路线最短,有利于行车和节约运营费用。

深挖垭口,工程量集中,往往要处理大量废方,施工条件差,影响施工期限,这些都应在选定过岭高程时充分考虑。

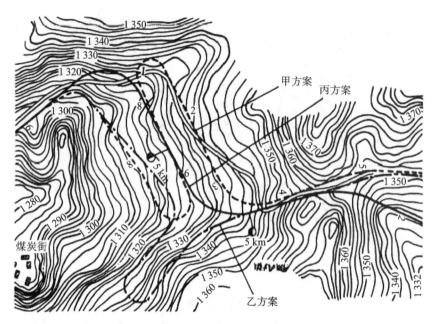

图 2-3-15　垭口采用不同挖深的展线布局方案

（3）隧道穿越。当垭口的挖深较大时，采用隧道过岭可能作为终选方案。采用隧道穿越山岭具有路线短、线形好、有利于行车、战时隐蔽、受自然因素影响小、路基稳定等特点，特别是在高寒地区，隧道穿山，海拔低，不受冰冻、积雪等的影响，大大改善了运营条件。但由于隧道造价高，工期长，受地质条件影响较大，因此，是否适宜采用隧道穿越山岭需要进行综合衡量。

在采用隧道穿越方案时，应注意以下几点。

①必须做好方案比较，有充分的理由方可采用。方案比较的内容主要是：修建隧道与缩短路线里程的比较；隧道投资与运营费的比较；明挖与隧道方案的比较；施工期限的限制。

②注意地质问题。隧道是在岩土内的地下建筑物，周围岩体的稳定性直接影响隧道的设计、施工和使用。

③隧道宜选在山脊薄、山坡陡、垭口窄的部位，以缩短隧道长度。

④在不过分增加工程造价的情况下，尽可能将隧道高程定得低一些，以改善路线条件，发挥隧道优势。

3．展线布局问题

（1）展线形式。

展线就是采用延展路线长度的方法，逐渐升坡克服高差的布线方式。展线的基本形式有三种，如图 2-3-16 所示。

①自然展线。

自然展线是以适当的坡度，顺着自然地形，绕山嘴、侧沟来延展距离、克服高差。当山坡平缓、地质稳定时，路线利用有利地形以小于或等于平均纵坡（5%～5.5%）均匀升坡展线至垭口。这种展线的特点是：平面线形较好，里程短，纵坡均匀，但由于路线较早地离开河谷，对沿河居民服务性差，因此路线避让艰巨工程和不良地质的自由度不大。自然展线的优点是：走向符合路线基本方向，行程与升降统一，路线最短；与回头展线相比，线形简单，技术指

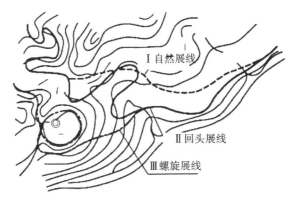

图 2-3-16 越岭线展线形式

标一般也较高,路线不重叠,对行车、施工、养护均有利。自然展线的缺点是:避让艰巨工程或不良地质的自由度不大,只有调整坡度这一途径。

②回头展线。

当控制点间的高差大,靠自然展线无法获得需要的距离以克服高差,或因地形、地质条件限制,不宜采用自然展线时,路线可利用有利地形设置回头曲线进行展线。路线沿溪至岭脚,然后利用平缓山坡用回头曲线展线升坡至垭口。这种展线的特点是:平曲线半径小,同一坡面上、下线重叠,对施工、行车和养护都不利,但能在短距离内克服较大的高差,并且回头曲线布线灵活,利用有利地形避让艰巨工程和地质不良地段比较容易。回头展线的优点是:便于利用有利地形,避让艰巨工程和地质不良地段的自由度大。回头展线的缺点是:在同一坡面上,上、下线重叠,尤其是靠近回头曲线前后的上、下线相距很近,对于行车、施工、养护均不利。

回头展线示例如图 2-3-17 所示。

图 2-3-17 回头展线示例

③螺旋展线。

当路线受到地形、地质限制,需要在某一处集中提高或降低一定高度才能充分利用前后的有利地形时,可以采用螺旋展线的方式。这种展线的路线转角大于 360°。螺旋展线的优点是:路线利用有利的山包或瓶颈形山谷,在很短的平面距离内就能克服较大的高差,比回头曲线有更好的线形,避免了路线的重叠。螺旋展线的缺点是:需建桥或隧道,工程造价高。

螺旋展线有地面螺旋展线布局和地下螺旋隧道展线布局两种形式。

a. 地面螺旋展线。按照路线跨越方式不同,地面螺旋展线有上线跨桥螺旋展线和下穿隧道螺旋展线两种形式,如图 2-3-18 所示。

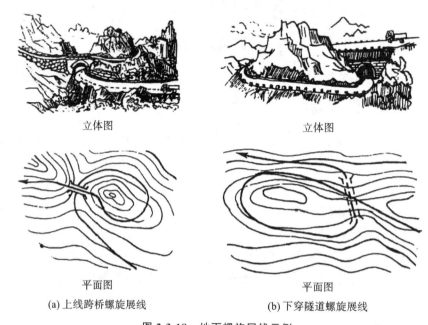

图 2-3-18　地面螺旋展线示例

b. 地下螺旋隧道展线。当地面横坡陡峻,高差变化急剧,加之受泥石流、滑坡等不良地质影响,无法在地面布设线时,可考虑将路线螺旋展线布置在地下,用地下螺旋隧道展线克服高差。图 2-3-19 所示为近年国内在雅泸高速公路拖乌山北坡栗子坪至铁寨子段采用地下双螺旋隧道展线的效果图。路段起、终点直线跨度仅 11.82 km,高差达 713 m,地面展线平均纵坡达 5.8%,完全不满足规范要求。最后采用长分别为 1718 m(干海子隧道)和 2792 m(铁寨子 1 号隧道)的两座双螺旋小半径(600 m)隧道展线,解决了越岭展线的技术难题。

以上三种展线形式中,一般应首先考虑采用自然展线,不得已时采用回头展线,当地形十分困难,又有适宜的山谷或山包时,为在短距离内克服较大的高差,可考虑螺旋展线,且需做方案比较后确定。

(2)展线布局的步骤。

①全面视察,拟定路线走向。在任务书规定的控制点间,进行广泛勘察,重点调查地形及地质情况,并以带角手水准初放的坡度作指引,拟定出路线可能的展线方案和大致走法。

②试坡布线。试坡的目的是进一步落实初拟方案的可行性,并进一步确定和加密中间控制点,拟定路线局部方案。

试坡用带角手水准或经纬仪,从垭口自上而下进行,试坡方法与定线时放坡相近,详见

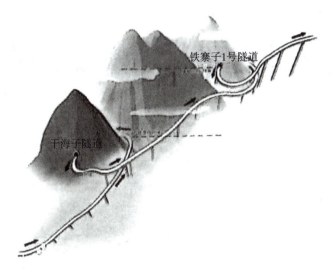

图 2-3-19　雅泸高速公路地下双螺旋隧道展线效果图

公路定线部分。

③分析、落实控制点,决定路线布局。经试坡确定的控制点,有固定和活动之分:固定的控制点是指位置和高程都不能改变的控制点,如工程特别艰巨地点、某些受限制很严的回头地点;活动的控制点是指必须利用的高程可以活动的控制点,如垭口、重要桥位等,以及位置和高程都可有活动余地的控制点,如侧沟跨越地点、宽阔平缓山坡的回头地点等。

固定控制点应用较少,活动控制点应用居多。落实时先调整那些活动范围小的控制点,把高程和位置确定下来,然后再研究活动范围大的控制点,以达到既不增大工程数量,又使线形合理的目的。

④详细放坡,试定路线。

任务 2.4　丘陵区选线——三断结合

任务引入

川藏南线,又称川藏公路南线,是一条连接四川和西藏的重要交通通道,全长约 2154 km。它位于中国西南部的四川省和南部的西藏自治区,是世界上海拔最高的公路之一,沿途穿越了峡谷、河流、草原、冰川、森林、雪山、湖泊等不同的自然景观,翻越 10 余座海拔超过 4000 m 的高山和 3 条大江。这条奇美而又险峻的国道,被誉为"中国人的景观大道"。

这条连绵蜿蜒在地球北纬 30°地区的东西大通道,是 10 万军民用"每前进一千米就有一名战士倒下"的巨大代价修筑而成的。在 1950 年至 1958 年间,有 3000 多名军人、战士和工人在修筑过程中英勇牺牲。行走在这条神奇的天路上,我们永远向英雄致敬。

学习引导

任务布置—课堂教学(教师引导—小组讨论—动手实践)—课后拓展与总结—分组讨论并整理,完成任务工单。

任务工单　丘陵区选线

模块名称		项目名称	
任务名称		学生姓名和学号	
教学任务	1. 准确识别地形图。 2. 掌握丘陵区的自然特征和路线特征。 3. 掌握丘陵区的布线要点。 4. 能进行丘陵区的选线模拟		
课前知识准备	学习资源/方式	学生任务	要求
	在线课程(包括地形图、任务工单、文档、视频资源)	1. 识别丘陵区地形图(地形图基本知识)。 2. 完成知识点学习和话题讨论	通过学习通完成
	任务布置	本课程以我院位于夏家店乡平房村的公路实景教学基地为平台,以公路工程设计BIM软件为手段,采用纸上选线,拟设计一条新建公路,公路等级为二级,设计速度为60 km/h,路拱为1.5%,最大超高为8%,超高渐变率为1/330,渐变方式为线性,二类内侧加宽,渐变方式为线性。要求同学们遵循《规范》并结合地形,初步完成平面线形布线任务	注意参数
任务实施:课中合作共研	1. 地形图。 2. 规范。 3. 讨论。 4. 教师引导	问题1:可以根据地形图上的哪些信息初步判别该地形图是属于丘陵区地形图	填写任务工单
		问题2:简洁总结丘陵区的地形特征	
		问题3:简洁总结丘陵区的线形特征	
		问题4:简洁总结丘陵区的布线要点	

续表

任务实施：学生动手操作	操作流程： 实践：打开CAD地形图，初步选定导向线 确定大控制点（起点、终点）→ 识别旱地、田地、房屋构造物、村庄、河流等 → 确定中间控制点（起点、终点） 各小组展示成果 ← 学生利用CAD自主设计路线走向（作为方案2）← 连接起点、终点，形成直线（作为方案1） 小组内互评 → 小组间互评 → 教师点评 学生对比方案1和2导向线优劣 成果展示（附图纸，可附CAD图）：	填写任务工单

评分	学生1 小组1	学生2 小组2	学生3 小组3	学生4 小组4	学生5 小组5	学生6 小组6	平均分	总分
组内评分（30分）								
组间评分（30分）								
教师评分（40分）								
课后拓展	利用网络资源，探索现代公路勘测设计软件方面的新技术（智能CAD/纬地软件等）						形成PPT或Word报告	
学生反思与收获								

注：1. 任务工单要求同学们认真完成，字迹清楚、整洁并认真保存。
2. 任务工单将作为学期末成果上交资料，其完成质量和数量将计入技能考核成绩。

相关知识

一、丘陵区基本特征

丘陵区海拔一般在 200 m 以上、500 m 以下,相对高度一般不超过 200 m,高低起伏,坡度较缓,由连绵不断的低矮山丘组成。丘陵是一种高度差在平原和山地之间的地形。各地对丘陵的定义不十分一样。相对而言,比较平坦的地方高度差 50 m 就可以被称为丘陵,而在山地附近可能在高度差 100~200 m 以上才会被称为丘陵。

(一)丘陵区自然特征

丘陵是介于平原和山岭之间的地形。它具有平缓的外形和连绵不断的丘岗,地面起伏,但高差不大,不致引起高度的气候变化。丘陵可分为重丘区和微丘区两类。重丘区(见图 2-4-1)自然坡度在 20°以上,有较深的沟谷和分水岭,地形多山丘连绵,岗坳交错,此起彼伏,山形迂回曲折,岭低脊宽,山坡较缓,丘谷相对高差不大。重丘区与山岭区不易划出明显界限,技术指标与山岭区大致相同,布线平、纵面受地形限制。微丘区(见图 2-4-2)自然坡度在 20°以下,相对高差在 100 m 以内,布线一般不受地形限制。丘陵区农业发达,低地为水稻田,坡地为旱地或经济林,小型水力设施多,居民点、建筑群、风景、文物点及其他设施也较多。靠近山地与平原之间的丘陵区,往往由于山前地下水与地表水由山地供给而水量丰富,自古就是人类依山傍水,防洪、农耕的重要栖息之地,也是果树林带丰产之地。丘陵区因风景别致,可辟为旅游胜地。

(二)丘陵区路线特征

丘陵区的路线特征是:脉络和水系都不如山岭区那样明显;路线线形和平原区比较,平面上迂回转折,有较小半径的弯道,纵面上起伏和偶尔有较陡的坡道,所经路线的可能方案较多。

二、丘陵区选线要点

(一)丘陵区布线原则与要求

对于丘陵区,宜根据丘陵区的地形特点(地形起伏,丘岗连绵,相对高差不大),选出方向顺直、工程量少的路线方案。

1. 微丘区选线

应充分利用地形,处理好平、纵线形的组合。不应迁就微小地形,以免造成线形迂回曲折;也不宜采用长直线,以免造成纵面线形起伏。

2. 重丘区选线

(1)路线随地形布设,应注意横向填挖平衡。横坡较缓的地段,可采用半填半挖或填多于挖的路基;横坡较陡的地段,可采用全挖或挖多于填的路基,应注意挖方边坡的高度,不致因挖方边坡过高而失去稳定,同时应注意纵向土、石方平衡,以减少废方与借方。

(2)平、纵、横三方面应综合设计。不应只顾纵坡平缓,而使路线弯曲、平面标准过低,

探索丘陵区选线

图 2-4-1　丘陵地形——重丘区　　　　　　图 2-4-2　丘陵地形——微丘区

或者只顾平面直捷、纵面平缓，而造成高填深挖、工程量过大，或者只顾经济，过分迁就地形，而使平、纵面过多采用极限或接近极限的指标。

(3) 注意少占耕地、不占良田。线路宜靠近山坡，以少占耕地、不占良田。当线路通过个别高台地或山鞍时，做深挖与隧道方案的比选。当线路跨越宽阔沟谷或洼地时，做旱桥与高填方案的比选。应结合灌溉系统及流量要求，修建相应的桥涵，注意避免引起水害、冲毁或淹没农田。

(4) 遇冲沟比较发育的地段，根据公路的性质与要求选择合理的路线方案。

(5) 地质不良地段，应以绕避为主，做好防护、排水。

丘陵区路线示例如图 2-4-3 所示。

(二) 布线要点

丘陵区选线主要是解决平、纵、横三方面与错综复杂的地形之间的矛盾。结合地形合理选用技术指标，使平面适当曲折、纵面略有起伏、横面稳定经济，达到平、纵、横三方面与地形协调一致，这是丘陵区选线的根本任务。

根据经验，丘陵区一般按三类地形地带分段布线，具体要点如下。

1. 平坦地带——走直连线

两个已知控制点间地势平坦，应按平原区以方向为主导的原则布线。如其间无地物、地质障碍或应趋就的风景、文物点以及居民点，则路线应走直连线（见图 2-4-4）；如其间有障碍或应趋就的地点，则加设中间控制点，相邻控制点间仍以直线相连，路线转折处设长而缓的曲线。这样的路线是平坦地形上平、纵、横三方面最好的统一体，如果无故拐弯，就不合理了。

图 2-4-3　丘陵区路线示例

2. 斜坡地带——走匀坡线

匀坡线是两点之间顺自然地形以均匀坡度所定的地面点的连线,如图 2-4-4 所示。这种坡线常须多次试放才能求得。在具有较陡横坡的地带,两个已定控制点间,如无地物、地形、地质上的障碍,则路线应沿匀坡线布线;如有障碍,则在障碍处加设控制点,相邻控制点间仍沿匀坡线布线。

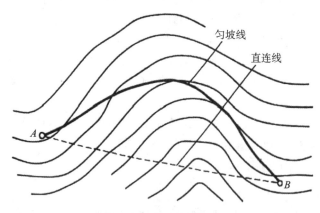

图 2-4-4　匀坡线示意图

3. 起伏地带——走直连线与匀坡线中间

起伏地带也属于具有横坡的地带,特点是地面横坡较缓,匀坡线很迂回。起伏地带的布线原则和方法按起伏多少分述如下。

(1) 已定控制点间包括一组起伏,也就是说路线要交替跨越丘梁和坳谷,在两个相邻的梁顶(或谷底)之间,即出现一组起伏。在这种地形上布设路线,如沿直连线走,路线最短,但起伏很大,为了减缓起伏,将出现高填深挖,增大工程量;如沿匀坡线走,坡度最好,但路线绕长太多,工程量一般也不会省。"硬拉直连线"和"弯曲求平"的做法,都是不正确的。如果路线走在直连线和匀坡线之间,比直连线的起伏小,比匀坡线的距离短,则工程量一般将是省的。总体来说,使用质量有所提高,工程造价有所降低,故在起伏地带应在直连线与匀坡线之间寻找最合理的路线方案。至于路线在平面上的具体位置,应根据路线等级结合地形做具体分析,做到路线平、纵、横三方面最恰当的结合。对于较小的起伏,首先要坡度和缓。在这个前提下,再考虑平面与横断面之间的关系。

大体来说,低等级路工程宜小,平面上稍多迂回增长些距离是可以的,即路线可离直连线远些,尽可能减短一些距离,把路线定得离直连线近些。较大的起伏,两侧的高差常不相同,高差大的一侧的坡度常常成为决定因素,要根据合理坡度并结合梁顶的挖深和谷底的填高来确定路线的平面位置。直连线和匀坡线给起伏地带指出一个布线范围,但不需要实地放出。因为确知梁顶处匀坡线是在直连线下方,谷底处匀坡线则在直连线上方,而且在梁顶应是暗弯和凸曲线,在谷底应是明弯和凹曲线,否则,路线就越出了直连线和匀坡线范围,明显不合理。

(2) 两已定控制点间有多组起伏。两个已定控制点间有多组起伏时,需要在每个梁顶(或每个谷底)都定出控制点,然后按上述方法处理各组起伏。选定这些控制点要考虑许多因素,上述"起伏地带路线走直连线和匀坡线之间"的原则,可以为寻找这些控制点提供一个线索。已定控制点间包括的起伏组数越多,直连线和匀坡线所包范围越大,路线的方案也越多。布线可分头从两个已定控制点向中间进行,逐步减少包括的起伏组数,进而缩小直连线和匀坡线所包范围,直到最后合拢。

较小起伏地带路线示例如图 2-4-5 所示,较大起伏地带路线示例如图 2-4-6 所示。

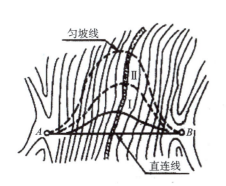

图 2-4-5　较小起伏地带路线示例

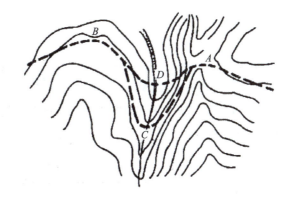

图 2-4-6　较大起伏地带路线示例

总之,在丘陵区选线,由于可通过的路线方案比较多,而且各方案之间的优缺点相差不大,因此特别强调多跑、多看、多问、多比较,然后确定最合适的路线。

知识贴吧

"两路"精神:一不怕苦、二不怕死,顽强拼搏、甘当路石,军民一家、民族团结。

没有比人更高的山,没有比脚更长的路。"两路"精神是公路建设者崇高品质的真实反映和高度概括,集中展现了一代又一代"两路"人的精神风尚和行为范式,是任何时候都不能忘却的宝贵精神财富。

任务 2.5　精挑细选，优化方案比选

任务引入

郑石高速公路精神

郑石高速公路是交通运输部"勘察设计典型示范工程"和"治理商业贿赂联系点单位"，更是保障 2007 年河南省新增高速公路通车里程突破 1000 km 大关、再树"新标杆"的重点保障项目。这条路不仅仅是便利之路，更是"生态之路""和谐之路""廉政之路"。

在郑石高速公路的具茨山隧道前，一棵高大、挺拔的老槐树伫立在距离隧道口不远的地方，而本来笔直的公路在此绕了一个弯儿，专门为这棵老槐树"让道"。为了保护这棵树龄已达百年以上的老树，建设方临时改变了设计方案。

郑石高速公路的施工单位——河南中原高速公路股份公司郑石分公司副总经理李志强在接受采访时说，这棵古树是在清理地表时被发现的，原定设计路线正好穿树而过。几经考虑，他们决定更改设计路线，在树的南侧筑起保护墙，同时对这棵古树采取了灌溉、松土、打入营养液、放置支撑架等一系列养护措施，共投入了近 90 万元。

学习引导

任务布置—课堂教学（教师引导—小组讨论—动手实践）—课后拓展与总结—分组讨论并整理，完成任务工单。

任务工单　设计方案比选

模块名称		项目名称	
任务名称		学生姓名和学号	
教学任务	1. 掌握原则性方案比较。 2. 掌握技术指标比选。 3. 掌握经济指标比选。		
课前知识准备	学习资源/方式	学生任务	要求
	在线课程（包括地形图、任务工单、文档、视频资源）	1. 什么是方案比选？ 2. 方案比选的原则有哪些？	通过学习通完成
	任务布置	结合平原区、山岭区、丘陵区的课程任务，要求同学们任选一个地形，完善所选地形的选线设计（至少 2 个选线方案），遵循《规范》和选线原则，完成初步方案比选任务	注意参数

续表

任务实施:课中合作共研	学习方式/方式	学生任务	要求
任务实施:课中合作共研	1. 地形图。 2.《规范》。 3. 讨论。 4. 教师引导。 5. 学生动手操作	任务1:设计所选地形图的第一个方案选线设计。 任务2:设计所选地形图的第二个方案选线设计	填写任务工单
任务实施:课中合作共研	方案比选	1. 各小组根据绘制的两个方案,从原则性评价和指标性评价两个方面进行方案比选,择优选择出最优方案。 2. 成果展示	成果展示(附图纸,可附CAD图)

评分	学生1 小组1	学生2 小组2	学生3 小组3	学生4 小组4	学生5 小组5	学生6 小组6	平均分	总分
组内评分(30分)								
组间评分(30分)								
教师评分(40分)								

课后拓展	利用网络资源,探索现代公路勘测设计软件方面的新技术(BIM技术)	形成PPT或Word报告
学生反思与收获		

注:1. 任务工单要求同学们认真完成,字迹清楚、整洁并认真保存。
2. 任务工单将作为学期末成果上交资料,其完成质量和数量将计入技能考核成绩。

相关知识

方案比较是选线中确定路线总体布局的有效方法,是指在可能布局的多个方案中,通过方案比较和取舍,选择技术合理、费用经济、切实可行的最优方案。路线方案的取舍是路线设计中的重要问题,方案是否合理不仅关系到公路本身的工程投资和运输效率,更重要的是影响到路线在公路网中的作用,直接关系到是否满足国家政治、经济及国防的要求和符合长远利益。

一、路线方案的比较

路线方案比选

根据方案比较的深度不同,路线方案的比较可分为原则性的路线方案比较和详细的路线方案比较两种。

1. 原则性的路线方案比较

原则性的路线方案的主要比较内容如下。

(1) 路线在政治、经济、国防上的意义,国家或地方建设对路线使用任务、性质的要求,以及战备、支农、综合利用等重要方针的贯彻和体现程度。

(2) 路线在铁路、公路、航道等网系中的作用,与沿线工矿、城镇等规划的关系,以及与沿线农田水利建设的配合和用地情况。

(3) 沿线地形、地质、水文、气象等自然条件对道路的影响,要求的路线等级与实际可能达到的技术标准及其对路线使用任务、性质的影响,路线长度、筑路材料来源、施工条件和工程量、三材(钢材、木材、水泥)用量造价、工期、劳动力等情况及其对运营、施工、养护的影响,施工期限长短等。

(4) 路线与沿线历史文物、革命史迹、旅游风景区等的联系。

影响路线方案选择的因素是多方面的,而各种因素又多是互相联系、互相影响的。路线在满足使用任务和性质要求的前提下,应综合考虑自然条件、技术标准和技术指标、工程投资、施工期限和施工设备等因素,精心选择、反复比较,才能提出合理的推荐方案。

2. 详细的路线方案比较

(1) 技术指标的比选。

进行比较的主要技术指标如下。

①路线长度及其延长系数。

②转角数。

③转角总和和转角平均度数。

④最小曲线半径数。

⑤回头曲线数。

⑥最大纵坡与最小纵坡。

⑦最大竖曲线半径与最小竖曲线半径。

⑧与既有道路及铁路的交叉数目(包括平交和立交)。

⑨限制车速的路段长度(指居住区、小半径转弯处、交叉点、陡坡路段等)。

(2) 经济指标的比选。

进行比较的经济指标如下。

①土石方工程数量。

②桥涵工程数量。

③隧道工程数量。

④挡土墙工程数量。

⑤征地数量及费用。

⑥拆迁建筑物及管线设施的数量。

⑦主要材料数量。

⑧主要机械、劳动力数量。

⑨工程总造价。
⑩投资成本-效益比。
⑪投资内利润率。
⑫投资回收期。

二、方案比较的步骤

一条较长的路线,可行的方案有很多,很难对每一个方案都进行实地视察和比选,但可以事先尽可能搜集已有资料,在室内进行筛选,然后对较好的且优劣难以辨别的有限个方案进行实地视察和比选。具体步骤如下。

(1) 搜集资料。
(2) 在小比例地形图上布局路线,初拟方案。
(3) 室内初步比选,确定可比方案。
(4) 实地视察、踏勘测量。
(5) 进一步比选,确定推荐方案。

三、方案比较实例

图 2-5-1 所示为某省干线公路,根据公路网规划要求定为三级公路,视察后拟定了四个路线方案进行比较,各方案的主要指标汇总于表 2-5-1。

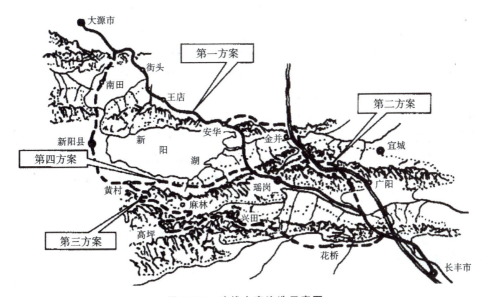

图 2-5-1 路线方案比选示意图

表 2-5-1 某公路各方案主要指标比较

指标	单位	第一方案	第二方案	第三方案	第四方案
通过县(市)	个	29	29	32	31
路线长度	km	1360	1347	1510	1476
其中:新建	km	133	200	187	193
改建	km	1227	1147	1323	1283

续表

指标		单位	第一方案	第二方案	第三方案	第四方案
地形：平原、微丘		km	567	677	512	615
山岭、重丘		km	793	670	998	861
用地		亩	2287	2869	3136	2890
工程数量	土方	×10⁴ m³	382	492	528	547
	石方	×10⁴ m³	123	75	82	121
	次高级路面	×10³ m²	5303	5582	4440	5645
	大、中桥	m/座	1542/16	1802/20	1057/13	1207/15
	小桥	m/座	1084/57	846/54	980/52	1566/82
	涵洞	道	977	959	1091	1278
	挡墙	m³	73530	53330	99770	111960
	隧道	m/处	300/1	—	290/1	—
材料	钢材	t	1539	1963	1341	1469
	木材	m³	18237	19052	18226	19710
	水泥	t	30609	39159	31288	33638
劳动力		万/工日	1617	1773	1750	1920
总造价		万元	5401	5674	5189	5966
比较结果			推荐			

根据表 2-5-1 所列主要技术和经济指标，难以分出优劣，必须结合其他指标进行综合评价。第三、四方案路线过于偏离总方向，较第一、二方案长 100～150 km，虽能多联系两、三个县、市，但对发展地区经济所起的作用不大。而且第三方案线形指标较低，将来改建时难以提高；第四方案又与现有高压电缆线连续干扰，不易解决，因而第三、四方案的综合指标较低；第二方案中路线最短，但与铁路严重干扰，于战备和施工都不利，且用地较多，最后选择推荐了路线基本走向合理、线形标准较高、用地省、投资也较经济的第一方案。

项目实战

任务布置：以学院位于夏家店乡平房村的公路实景教学基地为平台，采用纸上选线，要求学生拟设计一条新建公路，公路等级为二级，设计速度为 60 km/h，路拱为 1.5%，最大超高为 8%，超高渐变率为 1/330，渐变方式为线性，二类内侧加宽，渐变方式为线性。要求遵循《规范》并结合地形，初步完成路线方案设计，至少完成 2 个以上的设计方案，并进行方案比选。

(1) 设计手段。

①手绘法。

②计算机辅助软件。

(2) 所需资源。

①数字地形图(纸质版和电子版)。

②手绘法(绘图工具＋米格纸)。

③计算机辅助绘图(计算机、绘图软件)。

④外业测量数据。

(3) 提交材料。

①路线方案一的平面设计图。

②路线方案二的平面设计图。

③方案对比分析报告。

项目测试

及参考答案

项目3　精雕细琢点绘，寻求定线之理

学习目标

【知识目标】

1. 了解实地定线和纸上移线的原则和方法。
2. 了解纸上定线和实地放线的步骤与要求。
3. 掌握实地放线的方法。

【能力目标】

1. 能够进行纸上定线和实地放线工作。
2. 能够看懂地形图并根据条件合理确定路线走向，最终定出道路中线，完成长度为2～3 km的纸上定线。

【素质目标】

1. 使学生具备良好的身体素质和吃苦耐劳的敬业精神。
2. 使学生具备对工作认真负责、一丝不苟的态度和解决实际问题的能力。
3. 使学生具备良好的团队合作意识。

思维导图

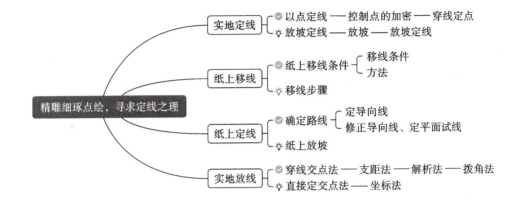

任务驱动

(1) 教师根据学生分组情况准备地形图及技术和经济指标。

地形图

(2) 学生分组(视班级总人数可 5~6 人分为 1 组)进行纸上定线,组长负责任务的组织与实施。

(3) 各组在接到任务后,认真学习本项目相关知识,最终以组为单位上交路线方案比较分析报告。

思政故事

雅西高速公路

中国有一条真正的"天路",被称作中国高速公路建设史上的"逆天工程",它就是从四川雅安到凉山彝族自治州首府西昌的雅西高速公路。雅西高速公路经雨城区、荥经、汉源、石棉,止于凉山彝族自治州冕宁县泸沽镇。这条全长近 240 km 的高速公路,由经四川盆地边缘向横断山区爬升,跨越青衣江、大渡河、安宁河等水系和 12 条地震断裂带,展布在崇山峻岭之间,山峦重叠、地势险恶。雅西高速公路被国内外专家学者公认为国内乃至全世界自然环境最恶劣、工程难度最大、科技含量最高的山区高速公路之一,因地势险峻被称作天梯高速、云端上的高速公路。

雅西高速公路上从园根村到大营盘的这 12 km 路段,海拔高度从 1649 m 爬升至 2362 m,高差达 713 m。如果按照传统的隧道修建法,将这段路修成直线,它的坡度会达到 5.8%,冬天一下雪,这段路就会成为哈尔滨"冰雪大世界"里的冰滑梯,车辆根本无法通行。于是,工程师们设计了一种"半盘山道",也就是螺旋道路。它也利用了盘山道的"省力费距离"原理,但并不是贴着山体修建,而是距离山体外一段距离修建桥梁。这样,既可以保证坡度不太陡,又可以缩短公路的距离,同时还避免了道路紧贴山体被地质灾害破坏。这段干海子隧道与干海子桥梁一起,以 60 km/h 的时速行驶,耗时只需 10 min,就可以以 2.9% 的坡度完成 326.79 m 的爬升,并丝毫不受地形的限制。这段精妙的设计被工程界称为"亚洲第一螺旋"。

雅西高速公路

任务 3.1　实地定线与纸上移线

任务引入

公路定线是指在选线布局阶段选定的路线带范围内,根据公路等级,结合地形、地质及其他自然条件,综合考虑平、纵、横三方面的合理安排,最终确定公路中线的确切位置。

学习引导

任务布置—课堂教学(教师引导—小组讨论—动手实践)—课后拓展与总结—分组讨论并整理,完成任务工单。

任务工单　实地定线

模块名称				
任务名称			项目名称	
			学生姓名和学号	
学习目标	1. 学会结合现成实际地形特征,进行实地定线。 2. 掌握公路实地定线的方法。 3. 了解纸上移线			
	学习资源/方式	学生任务		要求
课前自主探究	1. 在线课程任务点学习。 2. 教材预习。 3. 工程图纸	1. 公路线形的组成三要素分别是什么? 2. 简述现成地形的判别。 3. 实地定线的方法和步骤有哪些?		完成任务工单
课中合作共研	研讨	师生讨论,完成以下任务。 1. 对于平原微丘区地形,可以采用哪种实地定线方法? 2. 对于山岭重丘区地形,可以采用哪种实地定线方法?		完成任务工单
实战演练	任务实战	根据教师给定的任务,在选定的实景教学基地进行实地定线实操演练,并上交成果		户外完成

续表

评分	学生1 小组1	学生2 小组2	学生3 小组3	学生4 小组4	学生5 小组5	学生6 小组6	平均分	总分
组内评分 （30分）								
组间评分 （30分）								
教师评分 （40分）								
课后知识拓展	按照任务驱动中的纸上选线内容，尝试进行实地定线							拓展能力
反思与收获								

注：1. 任务工单要求同学们认真完成，字迹清楚、整洁并认真保存。
2. 任务工单将作为学期末成果上交资料，其完成质量和数量将计入技能考核成绩。

相关知识

定线的任务是按照已定的技术标准，在选线布局阶段选定的路线带范围内，结合细部地形、地质条件，综合考虑平、纵、横三方面的合理安排，确定出公路中线的确切位置。

定线是公路设计过程中关键的一步。它不仅要解决工程、经济方面的问题，而且对如何使公路与周围环境相协调，以及公路本身线形的美观等问题都要在定线过程中进行充分的考虑。公路定线除受地形、地质及地物等制约外，还受技术标准、国家政策、社会影响、公路美学以及其他因素的制约，这就要求设计人员必须具有广博的知识和熟练的定线技巧。一个好的路线方案要经过反复比选、试线，在众多相互制约的因素中定出来。

公路定线根据公路等级、要求和条件，一般有纸上定线、实地定线和航测定线三种方法。对技术等级高，地形、地质、地物等条件复杂的路线，必须先纸上定线，然后把纸上所定的路线敷设到实地；实地定线就是省去纸上定线这一步，直接在现场实地定线，一般适用于公路等级较低和地形条件简单的路线；航测定线是利用航摄像片、影像地图等资料，借助于航测仪器建立与实地完全相似的光学模型，在模型上直接定线。本任务重点介绍实地定线。

实地定线又称直线定线或现场定线。根据实地控制定线主导因素的不同，实地定线可采用以点定线和放坡定线两种方法。

知识贴吧

在城市的总体和地区规划中,在交通规划的基础上进行公路网规划,初步确定公路的大致走向,明确公路的功能、性质、路幅宽度或横断面布置。在详细规划阶段,进行各条公路的红线设计。公路红线就是规划的公路用地边线。红线设计就是具体确定公路红线的平面位置和主要控制点标高,有的还确定广场和交叉口的总体布置。公路及路上的管线设施、沿路建筑物,都要根据红线位置在空间上相互协调地进行建设;各种建筑物不得侵入红线。在公路设计阶段,通常先将公路红线进行实地放线,并定出公路的纵、横断面。当需要分期修建时,在公路红线范围内定出近期辟筑线。

一、实地定线

(一)以点定线

当路线不受纵坡限制时,定线以平面和横断面为主要考虑因素,要点是:以点定线,以线交点。以点定线,就是在全面布局和逐段安排确定的控制点间,结合各方面因素进一步确定影响公路中线位置的小控制点,然后利用这些小控制点,大致穿出公路中线的方法。以线交点,就是在已定小控制点的基础上结合路线标准和前后路线条件,穿出直线,并延长交出交点。

实地定线的方法

1. 控制点的加密

两控制点之间,一般不可能作直连线(特别是地形困难、等级较低的公路),常常需要设置交点,使路线转弯,从而避开障碍物,利用有利地形,以达到经济合理的目的。加密控制点,就是在实地寻找控制和影响公路中线位置的具体点位。一般小控制点有经济性和控制性两种。

(1)经济性控制点。

这类控制点主要是在路线穿过斜坡地带,考虑横向填挖平衡或横向施工经济(有挡土墙及其他加固边坡时)因素而确定的小控制点。例如,图3-1-1 中Ⅱ—Ⅱ中线位置,使挖方面积和填方面积大致相等,这时的线位即为经济性控制点。这类控制点由于仅从横向施工经济出发控制线位,因而只能作为穿线定点的参考位置。

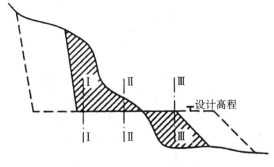

图3-1-1 横断面经济位置

(2) 控制性控制点。

这类控制点是受艰巨工程、不良地质、地物障碍、路基边坡稳定等因素限制所确定的公路中线位置。例如,图 3-1-2 所示是几个主要因素对线位影响的示意。从图中可看出,控制点的位置还与路基的形状尺寸、加固方式、通过不良地质地段的工程控制、地表形状、路基设计高程等因素有关。定线时,应综合考虑这些因素,合理确定这些小控制点的位置。

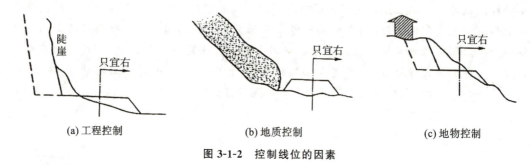

图 3-1-2 控制线位的因素

2. 穿线定点

一方面,受各种因素限制的平面位置控制点比较多,而且这些点在平面上的分布没有一定的规律;另一方面,路线受技术标准和平面线形组合的限制,不可能照顾到每一个控制点,因此,穿线定点就是根据技术标准和线形组合的要求,本着以控制点为依据、照顾多数经济性控制点的原则,前后考虑,用穿线的办法延长直连线,交出转角点。

(二) 放坡定线

当两控制点间高差较大,路线受纵坡限制时,定线应以纵坡为主导,采用放坡定线。

1. 放坡

按照要求的设计纵坡(或平均坡度)在实地找出地面坡度线的工作叫作放坡。在山岭重丘区路段,天然地面坡度角均在 20°以上,而设计纵坡(或平均纵坡)有一定要求,如图 3-1-3 所示的路线由 A 点到 B 点,如果沿最大地面自然坡度方向 AB 前进,将使路线上不去,显然不可能实施。如果路线沿等高线走(AC 方向),虽然纵坡平缓,但方向偏离,达不到上山目的,因此,就需要在 AB 和 AC 方向间找到 AD 方向线,使其地面坡度正好等于设计坡度(或平坡度),这样既使路线纵坡平缓,又使填挖数量最小,寻求这条地面坡度等于设计坡度线(或平均坡度)的工作就是放坡的任务。

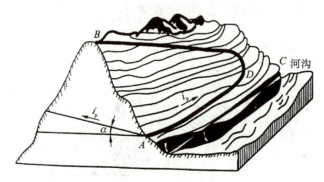

图 3-1-3 放坡原理示意图

2. 放坡定线

(1) 作修正导向线。

放坡后的坡度点就是概略的路基设计高程位置,而实地路中线的位置对于路基的稳定性和填挖工程量影响很大,如图 3-1-4 所示,如果中线在坡度点的下方[见图 3-1-4(a)],则横断面以路堤形式为主;若中线正好通过坡度点[见图 3-1-4(b)],则横断面以半填半挖形式为宜;若中线在坡度点上方[见图 3-1-4(c)],则横断面以路堑形式为主。因此,根据坡度线(如图 3-1-5 中的 $A_0A_1A_2$…线),结合地面横坡考虑路基稳定性和工程经济性,即可确定出合适的中线位置,并插上标杆(或标志)作修正导向线,如图 3-1-5 中的 $B_0B_1B_2$…线。根据经验,一般情况下,当地面横坡在 1∶5 以下时,中线在坡度点上下方对路基稳定和工程经济影响不大;当地面横坡为 1∶5～1∶2 时,中线与坡度点以重合为宜;当横坡大于 1∶2 时,中线宜在坡度点上方,以形成全挖的台口式断面为好。

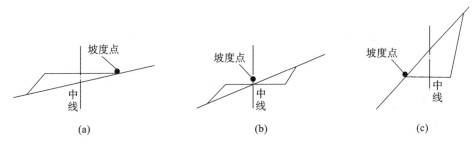

图 3-1-4 中线与坡度点在横断面上的位置

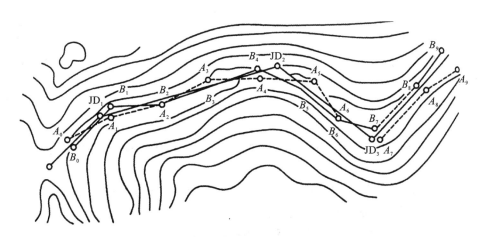

图 3-1-5 放坡定线示意图

(2) 穿线交点。

图 3-1-5 中的修正导向线 $B_0B_1B_2$…是具有合理纵坡、横断面位置最佳的一条折线,但它不能满足平面线形标准的要求,这就要根据标准要求,尽可能靠近或穿过导向线上的点,裁弯取直,使平、纵、横三方面恰当结合,穿出与地形相适应并符合标准的若干直线,各相邻直线相交即可确定交点 JD_1、JD_2、JD_3 等。选线时要反复插试,逐步修改,才可能定出合理的线位。

(3) 定平曲线。

经过穿线交点确定路线的交点位置后,在交点处还需要根据标准结合地形、地物及其他因素选择适合的平曲线半径,以控制曲线线位。定平曲线的方法主要有单交点法、双交点法(虚交点法)、回头曲线定线法等。

知识贴吧

人类使用地图有很悠久的历史。但是直到近代,地图才作为文档印刷出来。在纸或羊皮上等其他材料上绘制道路、居民点和自然要素等,便得到了用以描述真实世界的平面图。随着地图学实践的发展,人类学会了富有创造性地使用多个图层来表达现实世界。地图学也积累了很多描述要素的方法,用以要素分类、标识识别、地球表面的形状表示或者资源与商品的流动描述。现代地图中仍然沿用了许多古代地图的表达方法,如用双线表示道路、用文字作注记、用蓝色表示水体等。随着计算机的普及和地理信息系统(GIS)技术的发展,地图已成为人们非常熟悉的印刷品,并且地图也能在计算机上交互地可视化显示。GIS进一步加强了人类与地图之间的相互作用。在 GIS 中,可以非常容易地确定信息在地图上的表达方式,也可以很方便地通过查询和分析选择位置或目标。

二、纸上移线

(一) 纸上移线的条件

现场实地定线时,往往由于地形复杂,定线人员因视野受到限制或产生错觉,难免发生个别路段线位定得不当的情况。纸上移线是修改局部路线的有效方法。

纸上移线的条件、方法和步骤

在以下情况下,需进行纸上移线。

(1) 路线平面标准前后不协调,需要调整转角点位置、改变半径,或在室内定坡后发现局部地段工程量过大时。

(2) 路线位置过于靠山,挖方边坡太高,对稳定性不利,或过于靠外,挡土墙较高,砌石工程量太大,移改线位后能节省较大的工程量时。

(3) 增加工程量不大,但能显著提高平、纵线形标准时。

(二) 纸上移线的方法与步骤

(1) 绘制移线地段的大比例尺(一般用 1∶200~1∶500)路线平面图,标出各桩位置。

(2) 依据移线目的,在纵断面图上试定合理坡度,读取各桩填挖值。

(3) 根据填挖值,用路基模板在横断面图上找出最经济或控制性的路基中心线位置,量偏离原中心线的距离即移距,如图 3-1-6 所示,分别用不同符号标记在路线平面图上。参照这些符号,在保证重点照顾多数的原则下,经多次反复试定修改,直到定出满足移线要求、线形合理的移改导线,如图 3-1-6 中虚线所示。

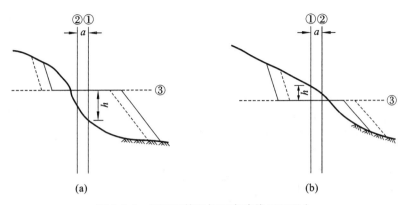

图 3-1-6　用不同符号标记在路线平面图上

h—填挖高度；a—最佳中心位置偏离原中心线的距离

（4）用正切法量算各交点转角。移线与原线的角度要闭合，否则需进行调整，首先调整短边和角值小的转角，拟定半径、计算曲线要素并给出平曲线，量原线各相邻桩横断方向线切割移线的实际长度（这些长度之和，在曲线段内应等于曲线的计算长度，在直线段应等于曲线间的直线长），据以推算移线上的新桩号，量原线各桩移距，连同新老桩号一并记入移距表中，算出断链长度，注于接线桩处。

（5）按移距，在横断面图上给出移线中心线位置，注上新桩号，读取新老桩比高。

（6）根据比高，用虚线在原纵断面图上点绘出移线的地面线和平曲线，重新设计纵坡和竖曲线。

（7）按移线的桩号、平曲线、坡度、竖曲线等资料编制"路基设计表"，表中地面高程仍为原桩高程，将移线的平曲线起、终点桩号填在"备注"栏里。

（8）设计路基，计算土石方数量。

纸上移线示例如图 3-1-7 至图 3-1-9 所示。

纸上移线的资料主要从原线的横断面上取得，由于一般横断面施测范围有限，且离中线愈远误差愈大，因此移距不能太大，一般以小于 5 m 为宜。移距很大时，应在定出移改导线后，实地放线重测。

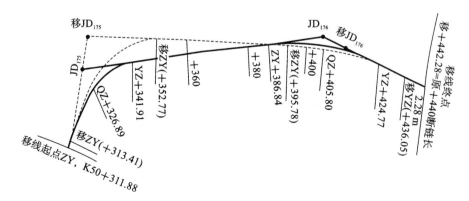

图 3-1-7　平面图

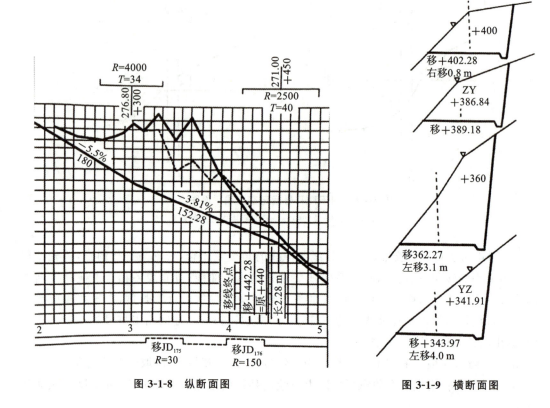

图 3-1-8 纵断面图　　　　图 3-1-9 横断面图

任务 3.2　纸上定线与实地放线

任务引入

《标准》中规定：对技术等级高、地形地物复杂的路线，必须先纸上定线，然后把纸上所定的路线敷设到实地上。

学习引导

任务布置—课堂教学（教师引导—小组讨论—动手实践）—课后拓展与总结—分组讨论并整理，完成任务工单。

任务工单　纸上定线

模块名称		项目名称	
任务名称		学生姓名和学号	

续表

学习目标	1. 学会识别工程图纸,会在地形图上分析地形走势。 2. 会分析公路线形组成。 3. 掌握纸上定线的方法和步骤							
	学习资源/方式	学生任务						要求
课前自主探究	1. 在线课程任务点学习。 2. 教材预习。 3. 工程图纸	1. 公路线形的组成三要素分别是什么? 2. 简述地形图的识别。 3. 纸上定线的方法和步骤有哪些?						完成任务工单
课中合作共研	研讨	师生讨论,完成以下任务。 1. 在地形图上,小组内提出不同的路线走向。 2. 如何在纸上定线?						完成任务工单
评分	学生1 小组1	学生2 小组2	学生3 小组3	学生4 小组4	学生5 小组5	学生6 小组6	平均分	总分
组内评分 (30分)								
组间评分 (30分)								
教师评分 (40分)								
课后知识拓展	按照任务驱动中的纸上选线内容,尝试进行实地放线							拓展能力
反思与收获								

注:1. 任务工单要求同学们认真完成,字迹清楚、整洁并认真保存。
2. 任务工单将作为学期末成果上交资料,其完成质量和数量将计入技能考核成绩。

相关知识

一、纸上定线

1. 定导向线

(1)拟定方案。在大比例地形图上研究路线布局,拟定路线可能方案并详细比较,选定

纸上定线原理和方法

合适方案。

（2）纸上放坡。根据等高线间距 h 及平均纵坡 $i_{均}$（5%～5.5%）计算相邻等高线间距，即 $a=h/i_{均}$，使卡规开度放到 a，进行纸上放坡，如图 3-2-1 所示。

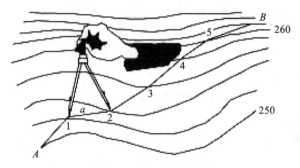

图 3-2-1　纸上放坡示意图

如图 3-2-2 所示，A、B、C 为控制点，按上述方法放出坡度线 $A,a,b,c,d,\cdots,D$。当放坡自 A 点开始，不能到达控制点 B 附近时，说明路线方案不能成立，应修改方案（改动控制点），重新放坡，直到放坡后能到达 D 点附近为止。

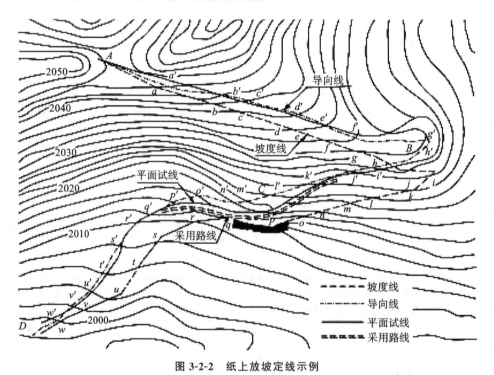

图 3-2-2　纸上放坡定线示例

（3）定导向线。如图 3-2-2 所示，分析坡度线 $A,a,b,c,d,\cdots,D$，检查其利用地形和避让障碍的情况，进一步移动线位确定中间的控制点，C 处从陡岩中间穿过，B 处有利的回头地点也没有利用上（偏低），如将两处位置向上方移动，定 B、C 为中间控制点，即可分为 AB、BC、CD 三段，分别调整坡度重新放坡，得出 $A,a',b',c',d',\cdots,D$，此折线称为导向线。

2. 修正导向线，定平面试线

导向线仍是一条折线，还应根据技术标准的要求，结合横坡变化情况，确定必须通过的点作修正导向线,然后用"以点连线,以线交点"的办法定出平面试线,反复尝试,最后确定出交点。如地形变化不大,采用的地形图比例又较小,则纸上定线即可结束。

为使路线更为经济合理,当地形势复杂,又有大比例尺地形图时,可在作出平面试线的基础上敷设曲线,确定中桩,作出纵断面、横断面,然后在横断面上用透明模板确定公路中线的最佳位置(经济性控制点位置或控制性控制点位置),分别按不同性质用不同符号绘于平面图上,这些点的连线则是一条具有理想纵坡、横断面位置最佳的平面折线,称为二次导向线。进一步根据第二次导向线对路线线位局部进行修改,最后定出线位,如图 3-2-2 中的采用路线。

纸上定线的过程是一个反复作试线、比较,逐步趋于完善的过程。定线时要在满足标准的前提下结合自然条件、平、纵、横综合考虑,反复进行,直到满足要求为止。根据纸上确定的公路中线与导线(或地物特征点)的关系,即可将路线位置钉设到实地,以供详测和施工之用。

二、实地放线

实地放线方法很多,常用的有穿线交点法、拨角法、直接交点法和坐标放线法等。

(一) 穿线交点法

穿线交点法是根据平面图上路线与导线的关系,将纸上路线的各条边独立地放到实地,延长直线即可在实地放出交点。具体方法有以下两种。

1. 支距法

如图 3-2-3 所示,欲放出 JD 点,可按以下步骤进行。

(1) 在图上量取支距,如图中导 1—A、导 2—B、导 3—D 等,量取时每条边至少应取三点,以便核对,并且尽可能使这些点在实地能相互通视。

(2) 在实地放支距。用皮尺和方向架(或经纬仪)即可按所量支距定出路线上各点,如图 3-2-3 中 $A,B,D,\cdots$,插上标杆。

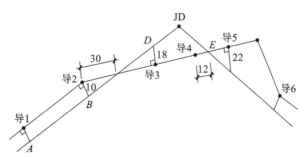

图 3-2-3 支距法放线

(3) 穿线交点。一般用标杆穿线的方法延长各直线即可交出点 JD,当路线直线很长时,可用经纬仪延长交会。最后现场检查线位是否合适并适当修改,确定路线位置。

支距法简便易行,较常用,多适用于地形不太复杂、地物障碍少、不需要用坐标控制、路线与导线相离不远的情况。

2. 解析法

解析法放线示例如图 3-2-4 所示。

解析法是用经纬距计算图上路线与导线的关系,再按极坐标原理在实地放出各路线点的方法。具体步骤如下。

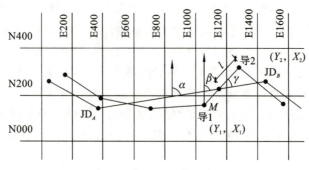

图 3-2-4 解析法放线示例

(1) 计算路线与导线的夹角。如图 3-2-4 所示,欲确定 JD_A—JD_B 的方向,必须计算夹角 γ 和距离 l。从平面图上可量出交点 JD_A、JD_B 的经纬距 (Y_A, X_A),(Y_B, X_B),则 JD_A—JD_B 的象限角可按下式计算:

$$\tan\alpha = \frac{Y_B - Y_A}{X_B - X_A} = \frac{\Delta Y}{\Delta X}$$

导1—导2的象限角 β 已知,则 JD_A—JD_B 与导1—导2的夹角为 $\gamma = \alpha - \beta$,计算时要注意经纬距的正负号(经距东正西负,纬距北正南负)。

(2) 计算距离 l。导线与路线交点 M 的位置可由 l 来确定。先计算 M 点的经纬距 (Y_M, X_M),解以下联立方程即可:

$$\frac{Y_B - Y_M}{X_B - X_M} = \frac{Y_M - Y_A}{X_M - X_A}$$

$$\frac{Y_2 - Y_M}{X_2 - X_M} = \frac{Y_M - Y_1}{X_M - X_1}$$

式中:(Y_1, X_1),(Y_2, X_2)——导1、导2的经纬距;

(Y_A, X_A),(Y_B, X_B)——JD_A、JD_B 的经纬距(可由平面图上量得)。

由此即可计算导2到 M 点的距离:

$$l = \frac{X_2 - X_M}{\cos\beta} = \frac{Y_2 - Y_M}{\sin\beta}$$

$$l = \sqrt{(X_2 - X_M)^2 + (Y_2 - Y_M)^2}$$

(3) 放线。置镜于导2,后视导1,量距 l 定出 M 点;移经纬仪于 M,后视导2,拨夹角 γ 定出 JD_A—JD_B 的方向。采用同样方法确定相邻直线的方向,即可交出 JD_A。当地形图比例较大时,亦可从图上直接按比例量取 l 长度。

解析法计算较准确,精度较高,但较繁杂,适用于地形较复杂、直线较长、线位控制要求较高的情况。

(二) 拨角法

拨角法是根据图上求得的经纬距计算每条线的距离、方向、转角和各控制桩的里程,按此资料直接拨角量距定出交点,不必再穿线定点。下面举例(见图 3-2-5)说明拨角法的步骤。

1. 内业计算

路线各直线的长度、象限角的计算与解析法相同,如图 3-2-5 所示。

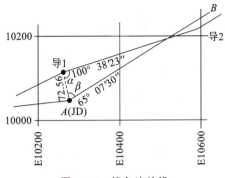

图 3-2-5 拨角法放线

计算路线起点 A 与导线的关系步骤如下。

已知导 1 的经纬距为 $Y_1=10259$，$X_1=10117$，导 1—导 2 的象限角为 N72°14′07″E；从平面图上量得 A、B 的经纬距为 $Y_A=10268$，$X_A=10045$，$Y_B=12094$，$X_B=11186$。导 1—A 的象限角为

$$\tan\alpha_A = \frac{Y_A - Y_1}{X_A - X_1}$$

$$\alpha_A = \arctan\frac{10268-10259}{10045-10117} = S7°07′30″E$$

A—B 的象限角为

$$\alpha_B = \arctan\frac{12094-10268}{11186-10045} = N58°00′00″E$$

$$\alpha = 180° - (7°07′30″ + 72°14′07″) = 100°38′23″$$
$$\beta = 58°00′00″ + 7°07′30″ = 65°07′30″$$

按上述方法依次计算各边的象限角、转向角、距离、列表以供放线之用。

$$\text{导 1—A 的距离} = \frac{|X_A - X_1|}{\cos\alpha_A} = \frac{|10045-10117|}{\cos7°07′30″}\ \text{m} = 72.56\ \text{m}$$

2. 外业放线

先由导1，按夹角 α 和距离 l 定出路线起点 A，在 A 点置镜拨角即可定出 A—B 方向，然后直接定出交点 B、C。

拨角法计算较烦琐，但外业工作不需要穿线，速度较快，放线精度受原始资料的可靠程度和放线累计误差影响较大。为减少累计误差，拨角法可与穿线交点法配合使用。

(三) 直接交点法

当地形平坦、视线开阔、路线受限不很严时，路线位置可直接根据地物明显目标确定，如图 3-2-6 所示，交点 JD 即可由桥头和房角的相对距离 (50 m 和 35 m) 量距交会确定。

(四) 坐标放线法

通过坐标计算，可编制出逐桩坐标表，根据实地的控制导线就可以将路线敷设在地面上。按各级公路对放线精度的要求和测设仪具条件选用不同的放线方法。一般来说，坐标放线法使用常规测设仪具（指普通经纬仪、钢卷尺等）十分困难，效率低、质量差、难以达到精度要求。一般可以采用全站仪等测设方法。

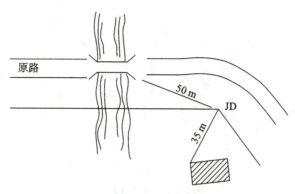

图 3-2-6 直接交点法放线

知识贴吧

　　各级公路应在地形测量之后,进行纸上定线;受条件限制或地形、方案较简单,也可采用现场定线。路线定线应符合《标准》《规范》的规定,正确掌握和运用技术标准。定线工作应做好总体布局,根据各类地形特点,结合人工构造物的布设,进行路线平、纵、横三个方面的协调布置,定出合理的线位。对地形、地质、水文条件复杂且工程艰巨的路段,应拟定出可能的比较方案,进行反复推敲、比较,确定采用的方案。

项目测试
及参考答案

模块三
路线设计模块

项目 4　宏观把握全局，细化平面设计

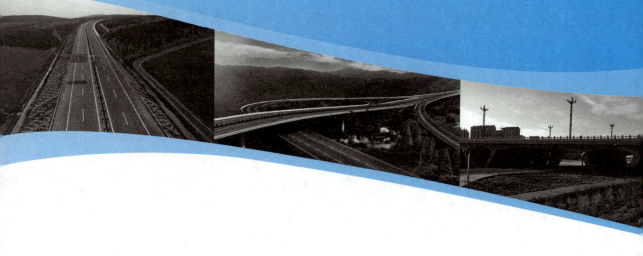

学习目标

【知识目标】

1. 掌握平面线形三要素（直线、圆曲线和缓和曲线）的含义和特点，以及现行规范的相关要求。
2. 掌握平曲线超高与加宽的原因、超高方式、超高缓和段构成、超高值计算、加宽缓和段长度的计算。
3. 能够分析在平曲线内设置超高与加宽的相关设计要点与计算要点。
4. 知道平面视距的基本含义、分类、组成和各自的适用场合。
5. 熟悉平面线形设计的原则、平面线形的基本组合及各基本组成的优点与缺点。
6. 熟悉公路线路平面设计成果的主要内容和主要成果。

【能力目标】

1. 能正确设置直线、圆曲线、缓和曲线并给出合理的取值。
2. 能够正确运用规范和相关设计要求，正确分析各类线形组合类型的优缺点。
3. 能够具备阅读公路平面线形工程图纸的能力。
4. 具备独立正确完成公路路线的平面线形初步设计的能力。

【素质目标】

1. 使学生具备严谨的科学态度和精益求精的工匠精神。
2. 使学生具备安全、法治、环保、创新意识。
3. 使学生具备良好的团队合作意识。

思维导图

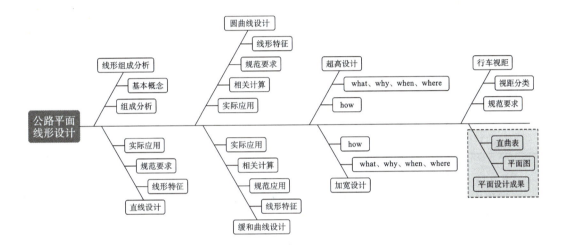

任务驱动

(1) 案例引导。

国道 306 线某公路是××市地区的路网主骨架、×××地方高等级公路网的重要组成，是该区域的重要出口，是国家高速公路网的重要补充。路线起点位于××区，起点桩号为 K180+200，终点位于××地，终点桩号为 K266+700，路线全长 86.253 km，路线走向基本为北南方向。路线所经主要控制点包含 20 多个村镇，沿线途径 2 条河流。

×××工程技术指标

项目	单位	主线 K180+200～K245+140.911	
		规定值	采用值
公路等级		一级	
路线长度	km	64.711	
设计速度	km/h	100	100
停车视距	m	100	100

续表

项目	单位	主线 K180+200～K245+140.911	
		规定值	采用值
路基宽度	m	26	26
中央分隔带宽度	m	2×(2×3.75)	2×(2×3.75)
平曲线极限最小半径	m	2.0	2.0
平曲线一般最小半径	m	400	1300
最小缓和曲线长度	m	700	200
最大纵坡	%	8.5	3.966
最小坡长	m	250	250
曲线一般(极限)最小半径(凸/凹)	m	10000(6500) 4500(3000)	10000 10000
竖曲线极限最小半径	m	85	210
路基设计洪水频率		1/100	1/100
桥涵荷载等级		公路-Ⅰ级	公路-Ⅰ级
桥涵设计洪水频率		1/100	1/100

(2) 任务描述。

以工程案例为依托,准备平面地形图、《标准》及《规范》和工程图纸(含平面设计图,直线、曲线及转角一览表(又称直曲表),以及相关设计要素)。学生分组(5～7人1组),各组在接到任务后,认真学习《标准》及《规范》的相关要求,结合教师讲课并搜集其他相关信息,每组各成员单独准备分析材料,然后分组讨论,最终以组为单位上交公路线形平面设计成果。

思政故事

×××公路
路线平面图

秦直道——世界公路鼻祖

秦直道,位于中华人民共和国内蒙古自治区、甘肃省和陕西省境内,是一条秦代修筑的交通干道。该道路始建于秦始皇三十五年(公元前212年),是秦始皇统一六国后为阻止和防范北国匈奴贵族的侵扰,令大将蒙恬率30万大军用两年时间修筑的南起陕西林光宫、北至今内蒙古包头九原区的一条南北长逾700 km的一条军事通道。秦直道是由咸阳通往北境阴山间最捷近的道路,大体南北相直,故称"直道",道路平均宽度30 m,它的平、直、宽都符合现代高速公路的特征,主干道可并排行驶12辆大卡车。2006年和2013年,秦直道遗址和秦直道起点遗址、秦直道遗址延安段、秦直道遗址庆阳段分别列入第六批和第七批全国重点文物保护单位。2021年10月12日,秦直道起点遗址、秦直道延安段、秦直道庆阳段、秦直道东胜段等入选国家文物局《大遗址保护利用"十四五"专项规划》"十四五"时期大遗址名单。

项目 4　宏观把握全局,细化平面设计 / 83

秦直道

任务 4.1　认知平面线形组成分析

任务引入

众所周知,中国公路在祖国大地上交织成一张密布的巨网,首尾相连足以绕行地球 100 多圈,这千万条公路、千万种风景,究竟如何得来的?每条公路都由哪些线形组成?

学习引导

任务布置—课堂教学(教师引导—小组讨论—动手实践)—课后拓展与总结—分组讨论并整理,完成任务工单—形成"××公路路线平面线形组成分析报告"。

任务工单　认知公路线形组成

模块名称		项目名称	
任务名称		学生姓名和学号	
日期		指导教师	
学习任务	1. 学会识别工程图纸。 2. 会分析公路组成结构。 3. 会分析公路线形组成及其特征		
学习资源	1. 在线课程任务点。 2. 教材。 3. 工程图纸		

续表

课前自主探究	学习方式	学生任务	要求
	文献查询	找寻中国公路发展史上你认为具有里程碑意义的1~2条公路,对公路的建设概况进行简单描述,查询公路的建设指标	完成任务工单
课中合作共研	课中学	1. 结合工程图纸和公路图片,指认公路的组成结构。  (a)  (b) 2. 结合下图中的线形组成,再认图片,对线性组成进行形象认知。 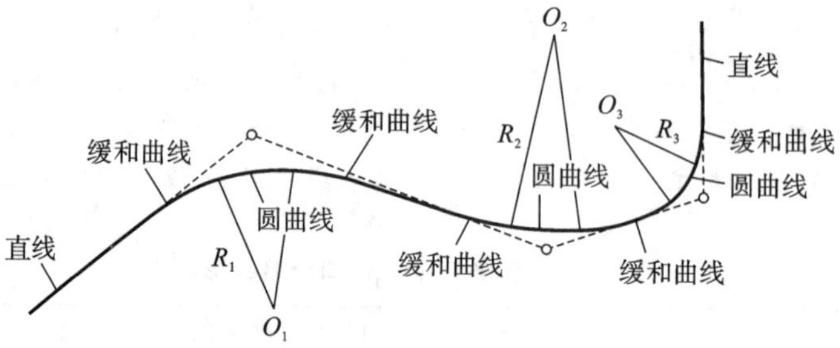 3. 初步评价题1中图(a)和图(b)的线形情况。 4. 展开空间想象,探索道路的平面、纵断面、横断面是如何获得的	完成任务工单
	课中做	1. 绘制直线、圆曲线和缓和曲线的曲率图。 2. 简单编制"××公路路线平面线形组成分析报告"	完成任务工单

续表

评分	学生1小组1	学生2小组2	学生3小组3	学生4小组4	学生5小组5	学生6小组6	平均分	总分
组内评分（30分）								
组间评分（30分）								
教师评分（40分）								
课后知识拓展	了解"两路"精神所指的那两条公路的建设史							拓展能力
反思与收获								

注：1. 任务工单要求同学们认真完成，字迹清楚、整洁并认真保存。
2. 任务工单将作为学期末成果上交资料，其完成质量和数量将计入技能考核成绩。

相关知识

一、概念解析

公路是一条带状的三维空间的实体，是由路基、路面、桥梁、涵洞、隧道和沿线设施所组成的线形构造物。

路线：工程中一般所说的路线，是指道路中线的空间位置，如图 4-1-1 中的 $ABCD$。

平面图：把路线在水平面上的投影称作路线的平面，如图 4-1-1 中的 $A'B'C'D'$。

纵断面图：沿着中线竖直剖切公路，再将直线竖直曲面展开成直面，即公路路线的纵断面，如图 4-1-1 中的 $A''B''C''D''$。

横断面图：道路中线上的任意一点处公路的法向剖面称为公路路线在该点的横断面，如图 4-1-1 中的截面 A。

路线设计：确定路线空间位置和各部分几何尺寸的工作。为方便设计，常把路线设计分解为路线平面设计、路线纵断面设计和路线横断面设计，三者既相互配合，又要与地形、地物、环境、景观相协调。

路线平面设计：在路线平面图上研究公路的基本走向及线形的过程。

路线纵断面设计：在路线纵断面图上研究公路纵坡及坡长的过程。

路线横断面设计：在路线横断面图上研究路基断面形状的过程。

二、平面线形的组成要素

公路主要服务对象是车辆，因此，在路线的平面设计过程中，主要考察汽车的行驶轨迹。只有当路线的平面线形和汽车的行驶轨迹相符合或相接近时，行车过程中才能确保行车的顺畅和安全。大量的观测研究表明，汽车行驶轨迹在几何性质上有轨迹连续、曲率连续、曲

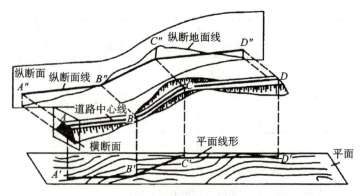

图 4-1-1 公路剖面图

率变化连续三个主要特征。

公路平面线形由直线、圆曲线和缓和曲线(见图 4-1-2)构成,通常称这三者为平面线形三要素。直线是曲率为零的线形,具有距离短、方向明确、易于布设的优点,但过长的直线又易引起驾驶员的单调和疲劳,出现过高的车速,因此有必要避免使用过长的直线,并注意与地形、地物、环境相适应。

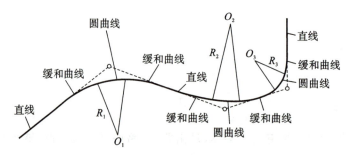

图 4-1-2 路线的平面图

圆曲线是曲率为常数的线形,具有一定的半径,在现场容易设置,可以自然地表明方向变化。采用平缓而适当的圆曲线,既可引起司机的注意,又可起到诱导视线的作用。

缓和曲线是曲率逐渐变化的线形,一般设置在直线和圆曲线之间或设置在不同半径的两圆曲线之间,采用曲率半径不断变化的过渡线形以适应汽车行驶轨迹,使圆曲线与直线平顺地衔接。

知识贴吧

一辆正常行驶的汽车,无论是直行还是转弯,留下的轨迹都相当顺滑,形成一条曲折有致的优美线形。最理想的路线平面是行车道的边缘能与汽车的前外轮和后内轮迹线完全符合或相平行。研究表明,行驶中的汽车重心的轨迹在几何上有以下特征。

(1) 这个轨迹不仅是连续的,而且是圆滑的。
(2) 这个轨迹的曲率是连续的,即轨迹上任意一点不出现两个曲率值。
(3) 这个轨迹的曲率变化是连续的,即轨迹上任意一点不出现两个曲率变化率值。

三要素的曲率图如图 4-1-3 所示。三要素是公路平面线形最基本的组成,只有运用科学的方法将三要素进行合理的组合设计,才能设计出与车辆行驶轨迹一致或接近的平面线形。

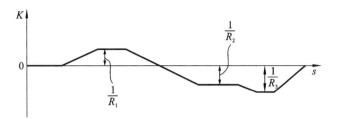

图 4-1-3　三要素的曲率图

任务 4.2　设 计 直 线

任务引入

众所周知,两点之间直线最短,宽阔笔直的公路一直以来都是驾驶员行车的舒适旅途,但在公路设计中,公路的直线长度是否越长越好?

学习引导

任务布置—课堂教学(教师引导—小组讨论—动手实践)—课后拓展与总结—分组讨论并整理,完成任务工单。

任务工单　直线设计

模块名称			项目名称	
任务名称			学生姓名和学号	
学习目标	1. 学会识别工程图纸。 2. 会分析公路线形组成。 3. 掌握直线设计规范要求和运用			
	学习资源/方式	学生任务		要求
课前自主探究	1. 在线课程任务点学习。 2. 教材预习。 3. 工程图纸。	1. 公路线形的组成三要素分别是什么? 2. 简述直线线形的优点和缺点。 3. 查阅资料,看一看我国已建的高速公路线形中长直线一般有多长		完成任务工单

续表

	学习资源/方式	学生任务			要求
课中合作共研	研讨	师生讨论,完成以下任务。 1. 什么是方位角和象限角？ 2. 直线表示的两种方法是什么？			完成任务工单
课中合作共研	规范学习	学习《规范》,按照设计速度 $v=100$ km/h,完成下列表格。			完成任务工单
		平面线形设计参数选取——直线	最大直线长度（建议值）/m	$v=$ 100 km/h	
			同向圆曲线间直线最小长度/m		
			反向圆曲线间直线最小长度/m		
课中合作共研	工程案例图纸	学习×××一级公路的路线平面图(已提供的图纸),结合《规范》,进行工程图纸识图,完成以下任务。			完成任务工单
		问题	答案	问题	答案
		图纸中有几个交点		该图纸中直线的表示方法	
		交点 JD_{24} 坐标		计算 JD_{23}—JD_{24} 之间的夹直线长度	
		存在几条同向曲线		计算 JD_{24}—JD_{25} 之间的夹直线长度	
		存在几条反向曲线		计算 JD_{25}—JD_{26} 之间的夹直线长度	
		JD_{23} 转角值		判断相邻两交点的夹直线长度是否满足《规范》要求	
		JD_{24} 转角值		涉及几座桥梁？位置在哪里？桥梁属于哪种类型	
		JD_{25} 转角值		涉及几座涵洞？位置在哪里？涵洞属于哪种类型	

续表

评分	学生1 小组1	学生2 小组2	学生3 小组3	学生4 小组4	学生5 小组5	学生6 小组6	平均分	总分
组内评分 (30分)								
组间评分 (30分)								
教师评分 (40分)								
课后知识拓展	结合工程测量知识以及图纸数据,学习计算直线长度、交点距离、计算方位角。 | 交点号	交点桩号	转角	直线长度	交点距离	计算方位角 | |---|---|---|---|---|---| | JD_{23} | | | | | | | JD_{24} | | | | | | | JD_{25} | | | | | |		拓展能力
反思与收获								

注:1. 任务工单要求同学们认真完成,字迹清楚、整洁并认真保存。
2. 任务工单将作为学期末成果上交资料,其完成质量和数量将计入技能考核成绩。

相关知识

一、直线的线形特征

直线是平面线形设计的基本要素之一。从线形本身来看,直线具有距离短、视线良好、易布设等特点,在公路设计中使用最为广泛。从驾驶员的操作角度分析,汽车在直线上行驶受力简单,方向明确,驾驶操作简易。但直线线形缺乏灵活性,大多难以与地形、地物相协调;强定直线,往往造成工程量大,破坏自然条件。过长的直线易使驾驶人员感到单调、疲倦,难以目测车间距离,易于产生尽快驶出直线的急躁情绪。长直线还容易导致高速行驶,危及交通安全。

二、直线的方法表示

(一) 直线的方向表示

路线方向的表示直线是公路平面线形中最常采用的基本线形。在路线平面中,直线的位置通常由两端的交点位置来确定。直线的方向决定了路线的走向,它的表达方法有以下两种。

(1) 用直线的夹角或转角表示。如图 4-2-1 所示,直线 $JD_{n-1}-JD_n-JD_{n+1}$ 之间的夹角叫作路线的转角,通常用 α 表示。转角有右转角与左转角之分,可分别用 α_y(表示右转)、α_z(表示左转)表示。如 $JD_{n-1}-JD_n$ 的方向已知,则由转角即可求得 JD_n-JD_{n+1} 的方向。

(2) 用方位角表示。方位角即路线某一直线方向与正北方向的夹角(由正北方向起按顺时针方向到该方向的夹角),通常用 $\theta_1, \theta_2, \cdots, \theta_n$ 表示,如图 4-2-2 所示。JD_1-JD_2 的方位角用 θ_2 表示,JD_n-JD_{n+1} 的主方位角用 θ_n 表示。

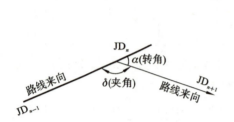

图 4-2-1 路线夹角与转角

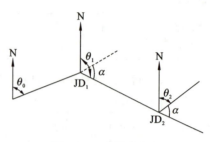

图 4-2-2 路线方位角

由图 4-2-2 可知,路线的转角等于后一方位角与前一方位角之差,即

$$\alpha = \theta_2 - \theta_1 \tag{4-2-1}$$

当 α 为正时,为右转;当 α 为负时,为左转。

(二) 直线的方位角计算

如图 4-2-3 所示,路线直线与 x 轴的夹角 β 按式 (4-2-2) 计算:

$$\beta = \arctan \frac{\Delta y}{\Delta x} = \arctan \left| \frac{y_2 - y_1}{x_2 - x_1} \right| \tag{4-2-2}$$

直线的方向即路线的方位角按下列公式计算。

第一象限:$\theta = \beta$。
第二象限:$\theta = 180° - \beta$。
第三象限:$\theta = 180° + \beta$。
第四象限:$\theta = 360° - \beta$。

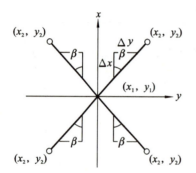

图 4-2-3 路线方位角计算

(三) 直线的表达式

直线的一般表达式为

$$\text{直线 } L_1 : A_1 x + B_1 y + C_1 = 0 \tag{4-2-3}$$

$$\text{直线 } L_2 : A_2 x + B_2 y + C_2 = 0$$

两直线 L_1 和 L_2 的夹角为

$$\delta = \arctan \frac{A_1 B_2 - A_2 B_1}{A_1 A_2 + B_1 B_2} \tag{4-2-4}$$

若直线上有两点的坐标为已知,则直线的数学表达式可用式(4-2-5)表示:

$$\frac{y - y_1}{y_2 - y_1} = \frac{x - x_1}{x_2 - x_1} \tag{4-2-5}$$

式中:x, y——直线上任意点的坐标;

x_1, y_1, x_2, y_2——直线上两已知点的坐标。

A、B 两点之间的直线长度为

$$AB = \sqrt{(x_2 - x_1)^2 + (y_2 - y_1)^2} \tag{4-2-6}$$

三、直线的设计标准

在设计中,过长和过短的直线都不是好的线形,因此对直线的最大长度和最小长度都要加以限制。

(一) 直线的最大长度

直线的极限长度(最大长度与最小长度),从理论上求解是非常困难的,主要应根据驾驶人员的视觉效果和心理上的承受能力来确定,目前尚在研究中。我国《标准》未能明确规定长直线的最大长度值,但在《标准》中规定:直线的最大长度应有限制,尽量避免使用长直线。

知识贴吧

澳大利亚的艾尔公路,早期是连接澳大利亚西南部的交通要道。艾尔公路前后经过了三次大规模改建,于1976年以现代高速公路的身份正式通车。艾尔公路也是世界上著名的柏油路(沥青占比99.5%)。这条公路最令人津津乐道的莫过于超长直线部分,1000 km仅设10个弯道,最长直线长约146 km,沿途设有"90 km""146 km""最长直道"等警示标语,警示驾驶员谨慎行车、注意安全,因此又被人称为"奇幻的艾尔公路"。

(二) 直线的最小长度

考虑到线形的连续和驾驶的方便,相邻两曲线之间应有一定的直线长度。

1. 反向曲线间的直线最小长度

反向曲线是指两条转向相反的相邻曲线间以直线形成的平面线形,如图 4-2-4 所示。两弯道转弯方向相反,考虑其超高和加宽缓和的需要以及驾驶员的操作方便,其间的直线最小长度应予以限制。《规范》规定,当设计速度≥60 km/h 时,反向曲线间的直线最小长度(以 m 计)以不小于设计速度(以 km/h 计)的 2 倍为宜,即 $L_1 \geqslant 2v$;当设计速度≤40 km/h 时,可参照上述规定执行。

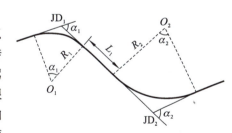

图 4-2-4 反向曲线

2. 同向曲线间的直线最小长度

同向曲线是指两条转向相同的相邻曲线间以直线形成的平面线形,如图 4-2-5 所示。其中间的直线长度就是指前一曲线的终点至后一曲线的起点之间的长度。当此直线长度很短时,在视觉上容易形成直线与两端的曲线构成反弯的错觉,使整个组合线形缺乏连续性,形成所谓的"断背曲线"。由于这种线形组合所产生的缺陷来自驾驶员的错觉,因此若将两曲线拉开,也就是限制中间直线的最短长度,使对向曲线在驾驶员的视觉以外,则可以避免上述缺点。大量的观测资料证明,行车速度越高,司机越是注视远处的目标,这个距离在数值上大约是计算行车速度 v(以 km/h 计)的 6 倍(以 m 计),所以《规范》规定,当设计速度≥60

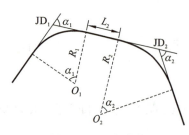

图 4-2-5　反向曲线

km/h 时,同向曲线间直线最小长度(以 m 计)以不小于设计速度(以 km/h 计)的 6 倍为宜,即 $L_2 \geqslant 6v$;当设计速度≤40 km/h 时,可参照上述规定执行。

三级、四级公路上,两相邻反向曲线无超高、无加宽时,可径向衔接;无超高有加宽时,中间应设有长度不小于 10 m 的加宽缓和段。工程特殊困难的山岭重丘区,三级、四级公路设置超高时,中间直线长度不得小于 15 m。

3. 相邻回头曲线间的直线最小长度

回头曲线是指山区公路为克服高差在同一坡面上回头展线时所采用的曲线。两回头曲线间,由一个回头曲线的终点到下一个回头曲线起点的距离,在二级、三级、四级公路上应分别不小于 200 m、150 m 和 100 m。

四、直线的设计要点

(一) 直线的运用要求

直线的运用应符合下列要求。

(1) 直线的运用应注意同地形、环境的协调与配合。采用直线线形时,其长度不宜过长。

(2) 农田、河渠规整的平坦地区及城镇近郊规划等以直线条为主体时,宜采用直线线形。

(3) 特长、长隧道或结构特殊的桥梁等构造物所处的路段,以及路线交叉点前后的路段,宜采用直线线形。

(4) 双车道公路为超车所提供的路段宜采用直线线形。

(二) 使用长直线的注意事项

当采用长直线时,为弥补景观单调之缺陷,应结合沿线具体情况采取相应的技术措施并注意下述问题。

(1) 在长直线上纵坡不宜过大——因为长直线再加下陡坡行驶更易导致高速度。

(2) 长直线宜与大半径凹形竖曲线组合,这样可以使生硬呆板的直线得到一些缓和。

(3) 道路两侧地形过于空旷时,宜采取种植不同树种或设置一定建筑广告牌等措施,以改善单调的景观。

(4) 长直线或长下坡尽头的平曲线,除曲线半径、超高、视距等必须符合规定外,还必须采取设置标志、增加路面抗滑能力等安全措施。

知识贴吧

为了在线形设计中更好地运用长直线,各国都从经验出发,通过调查确定限制最大直线长度,如德国规定不超过计算行车速度(km/h)的 20 倍。我国已建成的位于平原微丘区的多条高速公路的直线长不超过 3200 m;沈大高速公路多处出现 5 km 至 8 km 的长直线。国内外调查研究结果显示,最大直线长度为以汽车按计算行车速度行驶 70 s 左右的距离进行控制为宜。

任务 4.3　设计圆曲线

任务引入

郭亮挂壁公路全长 1250 m,有着"世界第九大奇迹"、"全球最奇特十八条公路"之一、"世界最险要十条路"之一、"太行隧道之父"等美誉。它的惊奇险主要体现在哪里?

学习引导

任务布置—课堂教学(教师引导—小组讨论—动手实践)—课后拓展与总结—分组讨论并整理,完成任务工单。

任务工单　圆曲线设计

模块名称		项目名称	
任务名称		学生姓名和学号	
学习目标	1. 掌握圆曲线半径的影响因素。 2. 掌握圆曲线半径的合理选取。 3. 具备识读平面线形设计图纸的能力。 4. 具备初步绘制平面线形的能力		
	学习资源/方式	学生任务	要求
课前自主探究	1. 在线课程任务点学习 2. 教材预习 3. 工程图纸	1. 请同学们列举一下生活中与圆有关的小实例。 2. 请同学们谈一谈汽车在圆曲线上行驶与在直线段上行驶相比,你的发现或是切身体会。 3. 学习圆曲线半径的计算和分类。 (1) 根据平衡方程式得到的圆曲线半径计算公式。 (2) 对圆曲线半径按类别排序	完成任务工单

续表

	学习资源/方式	学生任务				要求
课中合作共研	研讨	师生讨论,完成以下任务。 1. 什么是横向力系数 μ?μ 有哪些影响因素? 2. 在实际工程中圆曲线半径大小该如何选择?				完成任务工单
课中合作共研	规范学习	学习《规范》,按照设计速度 $v=100$ km/h,完成下列表格。				完成任务工单
		平面线形设计参数选取——圆曲线	圆曲线一般最小半径/m			
			圆曲线极限最小半径/m		最大超高为 8%	
			圆曲线不设超高最小半径/m		路拱 1.5%	
			圆曲线最大半径/m			
课中合作共研	工程案例图纸	学习×××一级公路的路线平面图(已提供的图纸),结合《规范》,进行工程图纸识图,以 JD_{25} 为例,完成以下任务。				完成任务工单
		问题	答案	问题	答案	
		JD_{25} 桩号		外距		
		圆曲线半径		校验值		
		转角		ZY 桩号		
		切线长		QZ 桩号		
		曲线长		YZ 桩号		
课中实战	案例练习	某圆曲线转角 $\alpha_{右}=19°8'2.5''$,圆曲线半径 $R=4500$ m,里程桩号 K229+589.349,计算圆曲线要素和主点桩号,并描述绘制该圆曲线草图。 计算过程: 草图绘制:				完成任务工单

续表

评分	学生1 小组1	学生2 小组2	学生3 小组3	学生4 小组4	学生5 小组5	学生6 小组6	平均分	总分
组内评分 （30分）								
组间评分 （30分）								
教师评分 （40分）								
课后知识拓展	通过查找网络资源，回答下列问题： 1. 什么是缓和曲线？ 2. 缓和曲线与圆曲线有何区别？ 3. 缓和曲线的作用是什么？							拓展 能力
反思 与收获								

注：1. 任务工单要求同学们认真完成，字迹清楚、整洁并认真保存。
2. 任务工单将作为学期末成果上交资料，其完成质量和数量将计入技能考核成绩。

相关知识

圆曲线设计

一、圆曲线的线形特征

由于受地形、地貌等其他障碍物的限制及出于对工程造价的考虑，在平面线形设计时，无论是各级公路还是城市道路，不论转角大小均应设置平曲线，而圆曲线是平面线形中的主要组成部分，平面线形中的单曲线、复曲线、虚交点曲线和回头曲线等，一般都包括圆曲线，如图4-3-1和图4-3-2所示。圆曲线具有与地形适应性强、可循性好、线形美观和易于测设等优点，使用十分普遍。

图4-3-1 圆曲线

图4-3-2 回头曲线

圆曲线的线形特征如下。

①圆曲线上任意点的曲率半径 R 等于常数,曲率 $1/R$ 等于常数,故测设和计算简单。

②圆曲线上任意一点都在不断地改变着方向,比直线更能适应地形、地物和环境的变化。

③汽车在圆曲线上行驶要受到离心力的作用,而且往往要比在直线上行驶多占用道路宽度。

④汽车在小半径的圆曲线内侧行驶时,视距条件较差,视线受到路堑边坡或其他障碍物的影响较大,因而容易发生行车事故。

二、圆曲线的设计标准(指标选取)

《规范》规定,公路圆曲线设计的主要技术标准有圆曲线半径和平曲线长度两类指标。

(一)圆曲线半径

1. 圆曲线半径标准的制定

半径是圆曲线的重要几何要素,半径一经确定,圆的大小和曲率就随之确定。根据汽车行驶在曲线路段上力的平衡式可知,圆曲线半径计算公式为

$$R = \frac{v^2}{127(\mu \pm i_b)} \tag{4-3-1}$$

式中:v——各级公路的设计速度,km/h;

μ——横向力系数;

i_b——路拱横向坡度,以小数计。

从上式可知,圆曲线半径越大,横向力系数就越小,汽车就越稳定。所以,从汽车行驶稳定性出发,圆曲线半径越大越好。但有时因受地形、地质、地物等因素的限制,圆曲线半径不可能设置得很大,往往会采用小半径的圆曲线,这时半径选用得太小,又会使汽车行驶不安全,甚至翻车。所以,必须综合考虑汽车安全、迅速、舒适和经济,并兼顾美观,使确定的最小半径能满足某种程度的行车要求。这种最起码的半径数值,就是圆曲线的最小半径限制值。

要确定圆曲线最小半径,使得满足行车的安全性和舒适性要求。由式(4-3-1)可以看出:在设计速度 v 一定的条件下,关键在于横向力系数 μ 的合理确定。根据汽车行驶稳定性和调查资料研究,μ 的合理确定需要考虑行车的安全性、舒适性和经济性以及驾驶员操纵的困难性。

(1)行车安全性分析。

汽车在弯道上安全行驶的必要条件是轮胎不会在路面上产生滑移,即要求横向力系数 μ 要小于或等于轮胎与路面间的横向摩阻系数 Ψ,即

$$\mu \leqslant \Psi \tag{4-3-2}$$

式中:Ψ——轮胎与路面间的横向摩阻系数。

Ψ 与路面的粗糙程度和潮湿泥泞程度、轮胎的花纹和气压、车速、荷载等诸多因素有关,具体取值可参考表 4-3-1。

(2)行车舒适性分析。

根据国内外大量资料分析,随 μ 值的变化,乘客心理反应如下。

①当 $\mu < 0.1$ 时,不感到有曲线存在,很平稳,近似于在直线上行驶。

②当 $\mu = 0.15$ 时,感到有曲线存在,但尚平稳。

③当 $\mu = 0.2$ 时,感到有曲线存在,略感不平稳。

表 4-3-1　路面的横向摩阻系数表

路面类型	路面状况描述			
	干燥	潮湿	泥泞	冰滑
水泥混凝土路面	0.7	0.5	—	—
沥青混凝土路面	0.6	0.4	—	—
过渡式及低等级路面	0.5	0.3	0.2	0.1

④当 $\mu=0.35$ 时，感到明显不平稳。
⑤当 $\mu\geq 0.4$ 时，感到非常不平稳，有倾倒的危险感。

由此可知，μ 值的采用关系到行车的舒适性。研究表明：μ 值以不超过 0.10 为宜，最大不超过 0.20。

（3）行车经济性分析。

行驶在曲线上的汽车比行驶在直线上的汽车的燃料消耗和轮胎磨损都要大，这是因为当汽车在曲线上行驶时，除了要克服行驶阻力外，还要克服横向力对行车的作用，才能使汽车沿着正确的方向行驶，为此增加了燃料的消耗。与此同时，在曲线上行驶时，横向力的作用使汽车轮胎发生变形，致使轮胎的磨损也额外增加了。由此可见，在确定 μ 值时，还应考虑汽车运营的经济性。根据试验分析，汽车在弯道上行驶与在直线上行驶，存在着如表 4-3-2 所示的关系。

表 4-3-2　横向力系数 μ 与燃料消耗、轮胎磨损对照表

横向力系数 μ	燃料消耗/(%)	轮胎磨损/(%)
0	100	100
0.05	105	160
0.10	110	220
0.15	115	300
0.20	120	390

（4）驾驶员操纵的困难性分析。

在横向力的作用下，具有弹性的轮胎会产生横向变形，使轮胎的中间平面与轮胎前进方向形成一个横向偏移角。它的存在增加了汽车在方向操纵上的困难性，特别是车速较高时，这种操纵的困难性就更大。经验表明，当横向偏移角超过 5°时，驾驶员就不易保持驾驶方向的稳定，对行车安全不利。

综上分析，μ 值的大小与行车安全性、经济性、舒适性以及驾驶员操纵的困难性等密切相关。因此，μ 值应根据行车速度、圆曲线半径及超高横坡度的大小，在合理的范围内选择。

知识贴吧

横向力系数与汽车行驶的横向性、稳定性息息相关。在进行汽车设计和制造时，应充分考虑横向力倾覆性，将汽车重心定得足够低，以保证在正常装载和行驶的情况下不发生倾覆。

2. 圆曲线半径的标准

(1) 圆曲线最小半径。

行驶在曲线上的汽车受到离心力的作用,稳定性受到了影响,离心力的大小又与曲线半径密切相关,半径越小越不利,所以在选择曲线半径时应尽可能采用较大的半径值,只有在地形或其他条件受到限制时才可使用较小的曲线半径。为了保证行车安全与舒适,《标准》根据各级公路的不同要求,规定了圆曲线最小半径有三类:极限最小半径、一般最小半径和不设超高的最小半径。

圆曲线最小半径的一般值是使按设计速度行驶的车辆能保证其安全性与舒适性,而建议的采用值。参考国内外使用的经验,确定圆曲线最小半径的一般值采用的横向力系数值为 0.05~0.06,经计算并取整数,即可得出一般最小半径值。公路项目采用的最大超高值不同,在同一设计速度条件下,曲线最小半径(极限值)是不相同的。依据《标准》的相关要求,《规范》规定了不同设计速度时与最大超高值相对应的圆曲线最小半径的极限值,如表 4-3-3 所示。

表 4-3-3　各级公路圆曲线的最小半径

设计速度/(km/h)		120	100	80	60	40	30	20
圆曲线最小半径(一般值)/m		1000	700	400	200	100	65	30
圆曲线最小半径(极限值)/m	$I_{max}=4\%$	810	500	300	150	65	40	20
	$I_{max}=6\%$	710	440	270	135	60	35	15
	$I_{max}=8\%$	650	400	250	125	60	30	15
	$I_{max}=10\%$	570	360	220	115	—	—	—
不设超高最小半径/m	路拱≤2.0%	5500	4000	2500	1500	600	350	150
	路拱≥2.0%	7500	5250	3350	1900	800	450	200

注:"一般值"为正常情况下的采用值;"极限值"为条件受限制时可采用的值;"I_{max}"为采用的最大超高值;"—"为不考虑采用对应最大超高值的情况。

以上三种圆曲线最小半径在具体应用时,应考虑以下几方面的要求。

①一般情况下尽量选用大于或等于一般最小半径,只有受地形限制或存在其他特殊困难时,才可采用极限最小半径。

②桥位处两端设置圆曲线时,一般大于一般最小半径。

③隧道内必须设置圆曲线时,应大于不设超高的最小半径。

④长直线或陡坡尽头,不得采用小半径圆曲线。

⑤不论偏角大小,均应设置圆曲线。

(2) 圆曲线最大半径。

选取圆曲线半径时,在地形条件允许的前提条件下,应尽可能采用大半径圆曲线,使得行车舒适。但选用过大的圆曲线半径,常常会造成平曲线过长。曲线过长且地形平坦、景观单调时,同样会使驾驶者感到疲劳、反应迟钝。调查表明,驾驶者并不希望在过长过缓的曲线上行驶,因此圆曲线半径不宜过大。《规范》规定,圆曲线最大半径值不宜超过 10000 m。

(二) 平曲线长度

1. 圆曲线最小长度

从驾驶员操纵方便、行车舒适以及视觉要求角度来看,应对平曲线长度加以限制。《规范》按 6 s 行程长度制定了平曲线最小长度指标,见表 4-3-4。

表 4-3-4　公路平曲线最小长度

设计速度/(km/h)		120	100	80	60	40	30	20
平曲线最小长度/m	一般值	600	500	400	300	200	150	100
	最小值	200	170	140	100	70	50	40

注:"一般值"为正常情况下采用的值;"最小值"为条件受限制时可采用的值。

2. 小偏角时的平曲线长度

当道路转角小于 7°时,曲线长度往往看上去较实际长度短,因为在曲线两端附近的曲线部分被误认为是直线,只有在交点附近的部分才能看出是曲线,这就会给驾驶员造成急转弯的错觉。为避免造成视觉错误、保证行车安全,在进行平曲线设计时应避免设置小于 7°的转角。当路线转角小于或等于 7°时,应设置较长的平曲线,且平曲线的长度应大于表 4-3-5 中规定的一般值。当受地形条件或其他特殊情况限制时,可采用表 4-3-5 中的最小值。

表 4-3-5　公路转角小于或等于 7°时的平曲线长度

设计速度/(km/h)	120	100	80	60	40	30	20
一般值/m	1400/α	1200/α	1000/α	700/α	500/α	350/α	280/α
最小值/m	200	170	140	100	70	50	40

注:表中"α"为路线转角值(°),当 α<2°时,按照 α=2°计算。

三、圆曲线几何要素的计算

圆曲线的形式及其要素如图 4-3-3 所示。

曲线的几何要素有路线转角 α、曲线半径 R、切线长 T、外距 E、曲线长 L、校正值 J(即切线长与曲线长之差)。通常 R、α 已知,其他各要素的计算公式如下。

切线长:　　$T = R \tan \dfrac{\alpha}{2}$　　(4-3-3)

曲线长:　　$L = R\alpha \dfrac{\pi}{180°}$　　(4-3-4)

外距:　　$E = R \left(\sec \dfrac{\alpha}{2} - 1 \right)$　　(4-3-5)

切曲差:　　$J = 2T - L$　　(4-3-6)

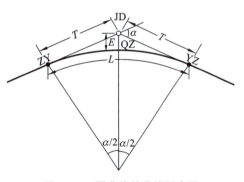

图 4-3-3　圆曲线的曲线要素图

式中:T——切线长,m;
　　　L——曲线长,m;
　　　E——外距,m;
　　　J——切曲差(校正值),m;
　　　R——圆曲线半径,m;
　　　α——转角,°。

(二) 曲线主点桩号计算

$$ZY(桩号) = JD(桩号) - T \tag{4-3-7}$$

$$YZ(桩号) = ZY(桩号) + L \tag{4-3-8}$$

$$QZ(桩号) = YZ(桩号) - L/2 \tag{4-3-9}$$

$$JD(桩号) = QZ(桩号) + J/2 \tag{4-3-10}$$

(三) 案例

已知某公路弯道处交点桩号为 K75+421.31，转角 $\alpha_右 = 26°52'16''$，$R = 300$ m，试计算曲线要素和主点桩号。

【解】 曲线要素为

$$T = R \tan \frac{\alpha}{2} = 300 \text{ m} \times \tan \frac{26°52'16''}{2} = 71.67 \text{ m}$$

$$L = \frac{\pi}{180°} \alpha R = \frac{\pi}{180°} \times 26°52'16'' \times 300 \text{ m} = 140.70 \text{ m}$$

$$E = R \left(\sec \frac{\alpha}{2} - 1 \right) = 300 \text{ m} \times \left(\sec \frac{26°52'16''}{2} - 1 \right) = 8.44 \text{ m}$$

$$J = 2T - L = 2 \times 71.67 \text{ m} - 140.70 \text{ m} = 2.64 \text{ m}$$

主点桩号计算如下：

$$ZY(桩号) = JD(桩号) - T = K75+421.31 - 71.67 = K75+349.64$$

$$YZ(桩号) = ZY(桩号) + L = K75+349.64 + 140.70 = K75+490.34$$

$$QZ(桩号) = YZ(桩号) - L/2 = K75+490.34 - 140.70/2 = K75+419.99$$

$$JD(桩号) = QZ(桩号) + J/2 = K75+419.99 + 2.64/2 = K75+421.31$$

经校核，计算无误。

四、圆曲线的设计要点 (应用)

(一) 圆曲线运用

(1) 设置圆曲线时，应与地形相适应，以采用超高为 2%～4% 的圆曲线半径为宜。

(2) 条件受限制时，可采用大于或接近圆曲线最小半径的一般值；地形条件特殊困难而不得已时，方可采用圆曲线最小半径的极限值。

(3) 设置圆曲线时，应同相衔接路段的平、纵线形要素相协调，使之构成连续、均衡的曲线线形，并避免小半径圆曲线与陡坡相重合的线形。

(二) 要点及注意问题

(1) 在适应地形的情况下宜选用较大的圆曲线半径。

(2) 圆曲线半径确定要点。圆曲线能较好地适应地形变化，并可获得圆滑的线形，使用范围较广且灵活。圆曲线在适应地形的情况下，应尽量选用较大的半径。在确定半径时，应注意以下几点：

① 一般情况下采用极限最小半径的 4～8 倍为宜。

② 地形条件受限制时，应采用大于或接近一般最小半径的圆曲线半径。

③地形条件特别困难而不得已时,方可采用极限最小半径。

④应同前后线形要素相协调,使之构成连续、均衡的曲线线形。

⑤应同纵面线形相配合,避免小半径圆曲线与陡坡相重叠。

⑥每个弯道半径值,应按技术标准根据实地的地形、地物、地质、人工构造物及其他条件的要求,按合理的曲线位置,用外距、切线长、曲线长、曲线上任意点线位、合成纵坡等控制条件反算并结合标准综合确定。

(3)圆曲线是平面线形三大要素之一,运用时应注意与前后直线、回旋线协调配合,参数的选用应符合标准及规范的要求。

知识贴吧

《曾国藩家书》:"立者,发奋自强,站得住也;达者,办事圆润,行得通也。"《淮南子·主术训》:"智欲圆而行欲方。""智圆行方"被古人当作境界极高的人生道德和智慧。

任务4.4 设计缓和曲线

任务引入

人体的血压和脉搏一样,经历大幅度的突变会严重影响人体健康。同理,直线到圆曲线的曲率突变会严重影响行车的舒适性。如何解决直线到圆曲线的曲率突变问题?

学习引导

任务布置—课堂教学(教师引导—小组讨论—动手实践)—课后拓展与总结—分组讨论并整理,完成任务工单。

任务工单　设计缓和曲线

模块名称		项目名称	
任务名称		学生姓名和学号	
学习目标	1. 掌握缓和曲线的作用。 2. 掌握缓和曲线几何要素计算。 3. 掌握缓和曲线的设计		

续表

	学习资源/方式	学生任务	要求
课前自主探究	1. 在线课程任务点学习。 2. 教材预习。 3. 工程图纸	1. 在什么情况下需要设置缓和曲线？ 2. 缓和曲线的作用有哪些？ 3. 缓和曲线与圆曲线有何区别？	完成任务工单
课中合作共研	研讨	师生讨论，完成以下任务。 缓和曲线的长度是否应该限制？若应该限制，应该限制最小长度还是最大长度？	完成任务工单
课中合作共研	规范学习	学习《规范》，按照设计速度 $v=100$ km/h，完成下列表格。 | 平面线形设计参数选取：缓和曲线	缓和曲线最小长度/m
---	---
			完成任务工单
课中合作共研	工程案例图纸	学习×××一级公路的路线平面图（已提供的图纸），结合《规范》，进行工程图纸识图，并以 JD_{23} 为例，完成以下表格。 | 问题	答案	问题	答案
JD_{23} 桩号		校验值	
圆曲线半径		ZH 桩号	
转角		HY 桩号	
缓和曲线长度		QZ 桩号	
切线长		YH 桩号	
曲线长		HZ 桩号	
外距					完成任务工单
课中实战	案例练习	某圆曲线转角 $\alpha_{左}=39°27'17.1''$，圆曲线半径 $R=1400$ m，里程桩号 K225+908.941，$l_h=60$ m，计算缓和曲线要素和主点桩号，并描述绘制该缓和曲线草图。 计算过程如下。 1. 重要缓和曲线常数计算。 (1) 切线增长值 q： (2) 内移值 p： (3) 缓和曲线总偏角：	完成任务工单

续表

	学习资源/方式	学生任务	要求
课中实战	案例练习	（4）缓和曲线切线角： 2. 缓和曲线要素。 3. 主点桩号。 草图绘制：	完成任务工单
课中合作共研	讨论	在什么情况下,缓和曲线能够省略？	
评分	学生1 小组1	学生2 小组2	学生3 小组3	学生4 小组4	学生5 小组5	学生6 小组6	平均分	总分

组内评分 （30分）								
组间评分 （30分）								
教师评分 （40分）								

课后知识拓展	通过查找网络资源,回答下列问题： 1. 什么是缓和曲线？ 2. 缓和曲线与圆曲线有何区别？ 3. 缓和曲线有哪些作用？	拓展能力
反思与收获		

注：1. 任务工单要求同学们认真完成,字迹清楚、整洁并认真保存。
2. 任务工单将作为学期末成果上交资料,其完成质量和数量将计入技能考核成绩。

缓和曲线

相关知识

缓和曲线是在直线与圆曲线之间或者半径相差较大的两条转向相同圆曲线之间设置的

一种曲率逐渐变化的曲线。缓和曲线常采用回旋线。

一、设置缓和曲线的条件和目的

（一）设置缓和曲线的条件

当圆曲线半径小于不设超高的最小半径，公路等级在三级及以上时，应在直线和圆曲线之间设置缓和曲线，以满足曲率半径逐渐过渡的要求。

（二）设置缓和曲线的目的

1. 有利于驾驶员操纵方向盘

汽车从直线驶入圆曲线，即从无限大的半径到一定值的半径或从大半径圆曲线驶入小半径圆曲线时，从汽车前轮转向角逐渐变化的必要性角度来讲，其中需要插入渐变的缓和曲线，才能在保持车速不变的情况下使汽车前轮的转向角从 0 至 α 逐渐变化，从而有利于驾驶员操纵方向盘。

2. 消除离心力的突变，提高舒适性

当圆曲线半径较小时，离心力很大。为了使汽车能安全、迅速、平稳舒适地从没有离心力的直线逐渐驶入离心力较大的圆曲线，或从离心力小的大半径圆曲线逐渐驶入离心力大的小半径圆曲线，消除离心力的突变，必须在直线和圆曲线间或大圆与小圆之间设置曲率半径逐渐变化的缓和曲线。

3. 完成超高和加宽的过渡

当圆曲线需要设置超高和加宽时，超高缓和段和加宽缓和段一般应在缓和曲线长度内完成超高或加宽的过渡。

4. 与圆曲线配合得当，增加线形美观度

圆曲线与直线径向连接，如果连接处曲率突变，在视觉上会有不平顺的感觉。在圆曲线与直线间设置缓和曲线，可使线形连续圆滑，增加线形美观度。

二、缓和曲线的设计标准

（一）缓和曲线的采用形式

《标准》规定直线与小于表 4-4-1 不设超高最小半径的圆曲线相衔接处，应设置缓和曲线，缓和曲线采用回旋线，回旋线的基本公式为

$$rl = A^2 \tag{4-4-1}$$

式中：r——回旋线上任意给定点的曲率半径，m；

l——回旋线上任意给定点到原点的曲线长，m；

A^2——回旋线参数，m。

经公式推导，式（4-4-1）可推导为

$$A = \sqrt{Rl_h} \tag{4-4-2}$$

式中：R——回旋线所连接的圆曲线半径，m；

l_h——回旋线的缓和曲线长度，m。

只要设计选定圆曲线半径和缓和曲线长度，回旋线参数就已经确定。

表 4-4-1 不设超高的圆曲线最小半径

设计速度/(km/h)		120	100	80	60	40	30	20
不设超高的圆曲线最小半径/m	路拱≤2.0%	5500	4000	2500	1500	600	350	150
	路拱>2.0%	7500	5250	3350	1900	800	450	200

(二)缓和曲线规范要求

《规范》规定,高速公路、一级公路、二级公路、三级公路的直线同表 4-4-1 小于不设超高的圆曲线最小半径径向连接处,应设置回旋线。四级公路的直线同小于不设超高的圆曲线最小半径径向连接处,可不设置回旋线,但应设置超高、加宽过渡段。

(三)缓和曲线最小长度

由于汽车要在缓和曲线上完成不同曲率的过渡行驶,因此要求缓和曲线有足够的长度,以使驾驶员能从容地操纵方向盘、乘客感觉舒适、线形美观流畅,并且能顺利完成超高与加宽过渡。

1. 根据离心加速度变化率求缓和曲线最小长度

为了保证乘客乘车的舒适性,需要控制离心力的变化率,要求

$$l_h \geq \frac{v^3}{47 R a_s} \tag{4-4-3}$$

式中:v——设计速度,km/h;

R——圆曲线半径,m;

a_s——离心加速度的变化率,m/s²,有

$$a_s = \frac{\Delta a_s}{t}$$

式中:Δa_s——离心加速度的变化率,m/s³;

t——汽车在曲线上行驶的时间,s,一般取 $t=3$ s。

我国公路设计中采用 $a_s \leq 0.6$ m/s²,因此缓和曲线的最小长度为

$$l_h \geq 0.035 \frac{v^3}{R} \tag{4-4-4}$$

2. 依驾驶员操纵方向盘所需时间求缓和曲线最小长度

试验表明,驾驶员在缓和曲线上操纵方向盘的最合适时间为 $t=3\sim 5$ s,我国采用 $t=3$ s,所以缓和曲线最小长度为

$$l_h = \frac{v}{3.6} t = \frac{v}{1.2} \tag{4-4-5}$$

式中:v——设计速度,km/h。

3. 根据超高渐变率适中来确定缓和曲线最小长度

在缓和曲线上要完成超高过渡,设置超高缓和段,如果缓和曲线太短,使超高渐变太快,不但对行车和路容不利,而且影响乘客的舒适性;如果缓和曲线太长,使超高渐变率太小,则对排水不利。《规范》规定了适中的超高渐变率,由此可导出超高过渡段长度的计算公式:

$$L_c = \frac{B}{P} \Delta i \tag{4-4-6}$$

式中:L_c——超高过渡段长度,m;

B——超高旋转轴至行车道（设路缘带时为路缘带）外侧边缘的宽度，m；

Δi——超高横坡度与路拱坡度的代数差，‰；

P——超高渐变率。

4．根据视觉上应有平顺感的要求计算缓和曲线最小长度

实践得知，从回旋线起点至终点形成的方向变位最好在 $3°\sim29°$ 之间，缓和曲线角 β 如图 4-4-1 所示，即 $\beta=\dfrac{l_h}{2R}\cdot\dfrac{180}{\pi}$，其中 $3°\leqslant\beta\leqslant29°$（该范围最适合），同时结合公式 $A=\sqrt{Rl_h}$，可推导出：

$$\frac{R}{3}\leqslant A\leqslant R \tag{4-4-7}$$

或

$$S_1\leqslant l_h\leqslant S_2 \tag{4-4-8}$$

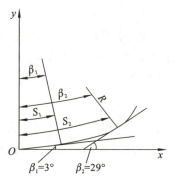

图 4-4-1　按视觉要求的缓和曲线长度范围

按上述 4 种方法，计算缓和曲线最小长度的公式与设计速度的关系最大，与半径关系则有差异。为此，我国《规范》规定按设计速度来确定缓和曲线最小长度，同时考虑了行车时间和附加纵坡的要求。各级公路的缓和曲线最小长度见表 4-4-2。

表 4-4-2　各级公路缓和曲线最小长度

设计速度/(km/h)	120	100	80	60	40	30	20
最小长度/m	100	85	70	60	40	30	20

互通立交实景图如图 4-4-2 所示。

图 4-4-2　互通立交实景图

知识贴吧

头脑风暴:高速公路上的匝道设计存在回旋线吗?它与交叉路线的回旋线设计在指标选取方面相同吗?回旋线长度是越长越好吗?

(四) 半径不同的圆曲线间的缓和曲线省略

半径不同的同向圆曲线径向连接处,应设置回旋线,但符合下列条件可不设回旋线。

(1) 小圆半径大于表 4-4-1 所列"不设超高的圆曲线最小半径"规定时。

(2) 小圆半径大于表 4-4-3 所列小圆"临界圆曲线半径"规定,且符合下列条件之一者。

①小圆按最小回旋线长度设回旋线,大圆与小圆的内移值之差小于 0.10 m 时。

②设计速度大于或等于 80 km/h,大圆半径与小圆半径之比小于 1.5 时。

③设计速度小于 80 km/h,大圆半径与小圆半径之比小于 2.0 时。

表 4-4-3 复曲线中的小圆临界圆曲线半径

计算行车速度/(km/h)	120	100	80	60	40	30
临界圆曲线半径/m	2100	1500	900	500	250	130

三、带有缓和曲线的平曲线计算

公路平面线形三要素的基本组成为直线—缓和曲线—圆曲线—缓和曲线—直线。这里以单交点对称型为例,计算带有缓和曲线的平曲线几何元素。

(一) 常用缓和曲线常数计算

根据图 4-4-3、图 4-4-4,可以计算以下缓和曲线参数。

(1) 主曲线的内移值 p(设有缓和曲线后圆曲线内移距离为 p)及切线增长值 q(设有缓和曲线的圆曲线起点(终点)至缓和曲线起点距离为 q)。由图 4-4-3 可知:

$$p = \frac{l_h^2}{24R} \tag{4-4-9}$$

$$q = \frac{l_h}{2} - \frac{l_h^3}{240R^2} \tag{4-4-10}$$

(2) 起、终点的切线交点距起、终点之距离 T_d 及 T_k。由图 4-4-4 可知:

$$\begin{cases} T_d = \frac{2}{3}l_h + \frac{11l_h^3}{360R^2} \\ T_k = \frac{1}{3}l_h + \frac{l_h^3}{126R^2} \end{cases} \tag{4-4-11}$$

(3) 缓和曲线的总偏角及缓和曲线的弦长 C_h。

由图 4-4-4 可求得缓和曲线的弦长 C_h(又称动径)及该弦与横轴之夹角即总偏角 Δ_h。

$$\Delta_h = \frac{l_h^2/(6R)}{l_h} = \frac{l_h}{6R} = \frac{\beta}{3} \tag{4-4-12}$$

$$C_h = l_h - \frac{l_h^3}{90R^2} \qquad (4\text{-}4\text{-}13)$$

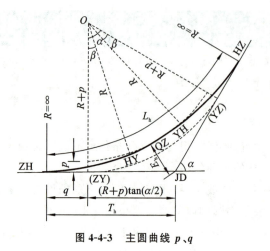

图 4-4-3 主圆曲线 p、q

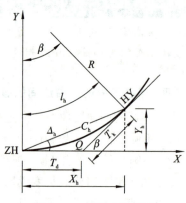

图 4-4-4 缓和曲线常数

(4)缓和曲线切线角 β。

$$\beta = \frac{l_h}{2R} \cdot \frac{180}{\pi} \quad \text{或} \quad \beta = \frac{l_h}{2R}(\text{弧度})$$

(二)平曲线几何要素计算

如图 4-4-5 所示,缓和曲线要素可按照下列公式计算:

切线长:

$$T_h = T + p = (R+p)\tan\frac{\alpha}{2} + q \qquad (4\text{-}4\text{-}14)$$

外距:

$$E_h = E + p = (R+p)\sec\frac{\alpha}{2} - R \qquad (4\text{-}4\text{-}15)$$

曲线长:

$$L_h = \frac{\pi}{180}R(\alpha - 2\beta) + 2l_h = \frac{\pi}{180}\alpha R + l_h \qquad (4\text{-}4\text{-}16)$$

主圆曲线长:

$$L_y = L_h - 2l_h \qquad (4\text{-}4\text{-}17)$$

曲切差:

$$D_h = 2T_h - L_h \qquad (4\text{-}4\text{-}18)$$

(三)主点桩号计算

在平曲线上设置缓和曲线后整个平曲线有五个基本桩,即

ZH——第一段缓和曲线的起点(直缓点);

HY——第一段缓和曲线的终点(缓圆点);

QZ——平曲线的中点(曲中点);

YH——第二段缓和曲线的起点(圆缓点);

HZ——第二段缓和曲线的终点(缓直点)。

$$\text{ZH}(\text{桩号}) = \text{JD}(\text{桩号}) - T_h \qquad (4\text{-}4\text{-}19)$$

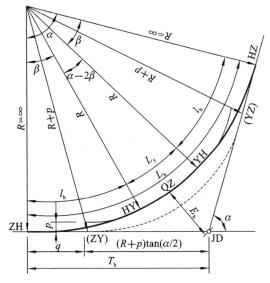

图 4-4-5 带缓和曲线平曲线要素

$$HY(桩号)=ZH(桩号)+l_h \quad (4\text{-}4\text{-}20)$$
$$YH(桩号)=HY(桩号)+L_y \quad (4\text{-}4\text{-}21)$$
$$HZ(桩号)=YH(桩号)+l_h \quad (4\text{-}4\text{-}22)$$
$$QZ(桩号)=HZ(桩号)-L_h/2 \quad (4\text{-}4\text{-}23)$$
$$JD(桩号)=QZ(桩号)+D_h/2 \quad (4\text{-}4\text{-}24)$$

(四) 案例

某平原微丘区二级公路,设计车速 80 km/h,有一弯道,其平曲线半径 $R=260$ m,交点 JD 桩号为 K16+721.26,偏角为 $\alpha=29°23'24''$,试计算该曲线上设置缓和曲线后的五个基本桩号。

【解】

(1) 确定缓和曲线长度。

由题意可知,该公路为平原微丘区二级公路,其设计速度 $v=80$ km/h,则

$$l_h \geqslant 0.035 \frac{v^3}{R} = 0.035 \times \frac{80^3}{260} \text{ m} = 68.92 \text{ m}$$

$$l_h \geqslant \frac{v}{1.2} = \frac{80}{1.2} \text{ m} = 66.67 \text{ m}$$

查《规范》得,缓和曲线长度 $l_h=70$ m。

(2) 计算缓和曲线常数。

$$p = \frac{l_h^2}{24R} = \frac{70^2}{24 \times 260} \text{ m} = 0.78 \text{ m}$$

$$\beta = \frac{l_h}{2R} \times \frac{180}{\pi} = \frac{70 \times 180}{2 \times 260 \times \pi} = 7°42'46''$$

$$X_h = l_h - \frac{l_h^3}{40R^2} = 70 \text{ m} - \frac{70^3}{40 \times 260^2} \text{ m} = 69.87 \text{ m}$$

$$Y_h = \frac{l_h^2}{6R} - \frac{l_h^4}{336R^3} = \frac{70^2}{6 \times 260} \text{ m} - \frac{70^4}{336 \times 260^3} \text{ m} = 3.14 \text{ m}$$

(3) 判断能否设置缓和曲线,即 $\alpha > 2\beta$ 是否成立。

$$2\beta = 2 \times 7°42'46'' = 15°25'32'' < \alpha = 29°23'24''(符合要求)$$

(4) 曲线要素计算。

切线长:

$$q = \frac{l_h}{2} - \frac{l_h^3}{240R^2} = \frac{70}{2} \text{ m} - \frac{70^3}{240 \times 260^2} \text{ m} = 34.98 \text{ m}$$

$$T_h = (R+p)\tan\frac{\alpha}{2} + q = (260+0.78)\tan\frac{29°23'24''}{2} \text{ m} + 34.98 \text{ m} = 103.37 \text{ m}$$

曲线长:

$$L_h = \alpha R \frac{\pi}{180} + l_h = 29°23'24'' \times 260 \frac{\pi}{180} \text{ m} + 70 \text{ m} = 203.36 \text{ m}$$

外距:

$$E_h = (R+p)\sec\frac{\alpha}{2} - R = (260+0.78)\sec\frac{29°23'24''}{2} \text{ m} - 260 \text{ m} = 39.30 \text{ m}$$

圆曲线长:

$$L_y = L_h - 2l_h = 203.36 \text{ m} - 140 \text{ m} = 63.36 \text{ m}$$

曲切差:

$$D_h = 2T_h - L_h = 2 \times 103.37 \text{ m} - 203.36 \text{ m} = 3.38 \text{ m}$$

(5) 基本桩桩号计算。

JD	K16 +721.26
$-T_h$	-103.37
ZH	+617.89
$+l_h$	+70.00
HY	+687.89
$+L_y$	+63.36
YH	+751.25
$+l_h$	+70.00
HZ	+821.25
$-L_h/2$	-101.68
QZ	+719.57
$+D_h/2$	+1.69
JD	K16 +721.26(计算无误)

知识贴吧

本任务中的缓和曲线计算案例是单交点对称型平曲线计算,假设为单交点非对称型平曲线,在计算曲线要素时,哪些参数会发生变化呢?

任务 4.5　设计平曲线超高

任务引入

运动员在快速弯道跑时,会自然地向内侧倾斜身体的原因是什么?汽车在转弯时是否也存在相同问题?如何解决这一问题?

学习引导

任务布置—课堂教学(教师引导—小组讨论—动手实践)—课后拓展与总结—分组讨论并整理,完成任务工单。

任务工单　平曲线超高设计

模块名称			项目名称	
任务名称			学生姓名和学号	
学习目标	1. 掌握超高的定义和目的。 2. 掌握超高方式及超高缓和段设置。 3. 掌握超高的计算			
	学习资源/方式		学生任务	要求
课前自主探究	1. 在线课程任务点学习。 2. 教材预习。 3. 工程图纸		1. 什么是超高?超高设置的目的是什么?在公路的什么位置设置超高? 2. 尝试通过网络资源或实际道路查找超高位置	完成任务工单
课中合作共研	研讨		师生讨论,完成以下任务。 1. 超高设计在道路平、纵、横三方面哪些地方能有体现?超高设计的实际应用是什么? 2. 以有中央分隔带的高速公路为例,画出超高三种旋转的过程简图,并在图中标注旋转轴位置	完成任务工单

	学习资源/方式	学生任务			要求
课中合作共研	规范学习	学习《规范》，按照设计速度 $v=100$ km/h 的一级公路设计，完成超高值的选取。 | 平面线形设计参数选取——超高	一般地区最大超高值	以通行中小型客车为主的一级公路 | |---|---|---| | | | | | | 积雪冰冻地区最大超高值 | |			完成任务工单
	工程案例图纸	学习×××一级公路的路线平面图(已提供的图纸)，结合《规范》，判断 JD_{23}—JD_{26} 交点是否需要设置超高。 | 交点号	圆曲线半径	缓和曲线长度	是否需要设置超高 | |---|---|---|---| | JD_{23} | | | | | JD_{24} | | | | | JD_{25} | | | | | JD_{26} | | | |			完成任务工单
课中实战	案例练习	全超高值的计算任务具体如下。 (1) 指认图中各符号代表的含义并计算 h_c 的值。 (2) 计算 h_c'。			

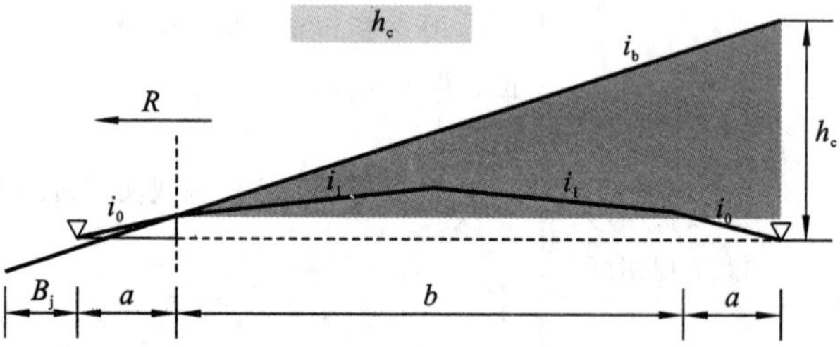

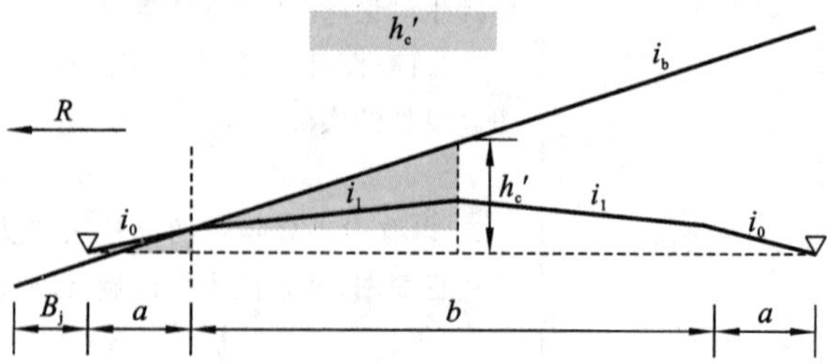

续表

	学习资源/方式	学生任务	要求
课中实战	案例练习	(3) 计算 h_c''。	
课后知识拓展	能力训练	任务布置:结合课时所讲知识,完成以下表格的填写。其中:$a=0.75$ m,$b=7$ m,$i_1=2\%$,$i_0=3\%$,$i_b=6\%$。 | 桩号	路基宽度/m		各点与设计高程之高差/m		| |---|---|---|---|---|---| | | 左 | 右 | 左 | 中 | 右 | | | | | | | | | | | | | | |	完成任务工单

评分	学生1 小组1	学生2 小组2	学生3 小组3	学生4 小组4	学生5 小组5	学生6 小组6	平均分	总分
组内评分 (30分)								
组间评分 (30分)								
教师评分 (40分)								
反思 与收获								

注:1. 任务工单要求同学们认真完成,字迹清楚、整洁并认真保存。
2. 任务工单将作为学期末成果上交资料,其完成质量和数量将计入技能考核成绩。

相关知识

一、超高的概念、设置原因及设置条件

(1) 什么是超高:为了抵消汽车在曲线路段上行驶时所产生的离心力,在该路段横断面

上设置的外侧高于内侧的单向横坡称为超高(见图 4-5-1)。

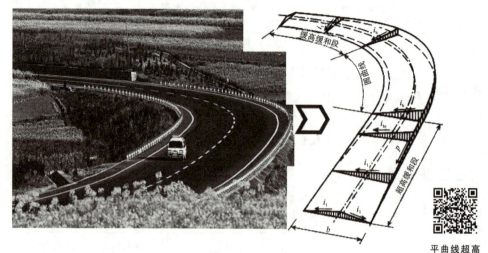

图 4-5-1 超高及超高缓和段

平曲线超高加宽设计动画

(2)为什么设置超高:当圆曲线半径小于不设超高的最小半径时,半径越小,离心力较大,汽车行驶条件就越差,为改善汽车行驶条件、减小横向力,将此弯道横断面做成向内倾斜的单向横坡形式,利用重力向内侧分力抵消一部分离心力,改善汽车的行驶条件。

(3)什么情况下设置超高:当圆曲线半径小于规定的不设超高圆曲线最小半径时,应在曲线上设置超高。

二、圆曲线全超高的设计标准

(一)超高横坡度的确定

超高横坡度的大小与公路等级、平曲线半径及公路所处的环境、自然条件、路面类型、车辆组成等因素有关。

超高横坡度可按下式计算:

$$i_b = \frac{v^2}{127R} - \mu \tag{4-5-1}$$

对于上式中横向力系数 μ,主要考虑设置超高后抵消离心力的剩余横向力系数。μ 的大小在 $0 \sim \mu_{max}$ 之间,也与多种因素有关,如车速的大小,并需考虑快慢车的不同要求、乘客的舒适与路容之间的矛盾等。

(二)圆曲线上全超高横坡度的确定

圆曲线超高横坡度应按公路等级、计算行车速度、圆曲线半径、路面类型、自然条件和车辆组成等情况查规范确定。因圆曲线段半径不变,故超高横坡度从圆曲线起点至圆曲线终点是一个不变的定值,称为全超高。

(三)圆曲线上的超高横坡度的最大值

为了保证慢车特别是停在弯道上的车辆,不产生向内侧滑移现象,特别是冬季路面有积雪结冰情况下,避免出现滑移危险,超高横坡度不能太大。我国《规范》限制了各级公路圆曲线最大超高值,见表 4-5-1。

表 4-5-1　各级公路圆曲线最大超高值

公路等级		高速公路、一级公路	二级公路、三级公路、四级公路
圆曲线最大超高值	一般地区/(%)	8 或 10	8
	积雪冰冻地区/(%)	6	
	城镇区域/(%)	4	

注：一般地区公路，圆曲线最大超高应采用 8%；以通行中、小型客车为主的高速公路和一级公路，最大超高可采用 10%。

二级公路、三级公路、四级公路接近城镇且混合交通量较大的路段，车速受到限制时，最大超高值可按表 4-5-2 采用。

表 4-5-2　车速受限制时最大超高值

设计速度/(km/h)	80	60	40	30	20
最大超高值/(%)	6	4	2		

（四）圆曲线上的超高横坡度的最小值

各级公路圆曲线部分的最小超高横坡度应是该级公路直线部分的路拱坡度。

知识贴吧

其他各国对最大超高的要求：美国规定对冰雪地区公路通常使用的最大超高率为 10%，以不超过 12% 为限；在潮湿多雨以及季节性冰冻地区，过大的超高易引起车辆向内侧滑移，采用最大超高率为 8%。澳大利亚规定在超高较大的路段上，当货车的运行车速小于设计速度时，将受到向心加速的作用，超高达 10% 时，上述作用足以使货物发生位移并导致翻车。

三、超高缓和段

（一）超高缓和段设置条件和原因

对于平面圆曲线部分，当半径小于不设超高的最小半径时必须设置全超高，汽车从没有超高的双向横坡直线段进入设有单向横坡全超高的圆曲线上是一个突变，不能顺利行车；从立面来看，这个突变也影响美观。所以，在直线和圆曲线之间必须设置超高缓和段，形成从直线双向横坡逐渐过渡到圆曲线上的单向超高横坡，使汽车顺势地从直线驶入圆曲线，如图 4-5-1 所示。

（二）超高缓和段长度

由于在超高缓和段上逐渐超高，引起行车道外侧边缘或内侧边缘的纵坡逐渐增大或减小，因此边缘纵坡与原路线纵坡不一，这个由于逐渐超高而引起外侧边缘纵坡与路线原设计纵坡的差值称为超高渐变率。在考虑超高缓和段长度时，应将超高渐变率控制在一定的数值范围内。超高渐变率的取值要考虑以下两个方面的问题。

(1) 要控制路面外侧边缘的加高速度（或路面内侧边缘的降低速度）。

(2) 以路面前进方向为旋转轴的路面旋转角速度不超过一定的限度。

超高渐变率大，即渐变速度快，所需的缓和段长度可短些，但乘客不舒适；超高渐变率太小，即渐变速度太慢，则乘客舒适，但超高缓和段长度太长，设计和施工麻烦。我国《规范》对超高渐变率的规定见表 4-5-3。

表 4-5-3 超高渐变率

设计速度 /(km/h)	超高旋转轴位置	
	中线	边线
120	1/250	1/200
100	1/225	1/175
80	1/200	1/150
60	1/175	1/125
40	1/150	1/100
30	1/125	1/75
20	1/100	1/50

双车道公路超高缓和段长度按下式计算：

$$L_c = \frac{B \Delta i}{P} \tag{4-5-2}$$

式中：L_c——超高缓和段长度，m；

B——旋转轴至行车道外侧边缘的宽度，m；

Δi——超高旋转轴外侧的最大超高横坡度与原路拱横坡度的代数差；

P——超高渐变率。

(三) 超高缓和段形式

超高缓和段上的超高横坡从直线上的双向横坡逐渐过渡到圆曲线上的单向超高横坡，其间每一个微分横断面上的公路横断面随前进方向逐渐旋转过渡，这就是缓和段上超高横坡度逐渐变化规律。

1. 无中间分隔带公路的超高过渡

超高横坡度等于路拱坡度时，将外侧车道绕中线旋转，直至路拱坡度值；当超高横坡度大于路拱坡度时，可分别采用以下三种方式。

(1) 绕内边缘线旋转。

先将外侧车道绕路面未加宽前的中心线旋转，待达到与内侧车道构成单向横坡后，整个断面绕路面未加宽前的内侧边缘线旋转，直至全超高横坡度值，如图 4-5-2(a)所示。

(2) 绕中线旋转。

先将外侧车道绕路面未加宽前的路中心线旋转，待达到与内侧构成单向横坡后，整个断面一同绕路面未加宽前的路中心线旋转，直至全超高横坡度值，如图 4-5-2(b)所示。

(3) 绕外边缘线旋转。

先将外侧车道绕路面外侧边缘线旋转，与此同时，内侧车道随中线的降低而相应降低，待构成单向横坡后，整个断面仍绕外侧车道边缘旋转，直至超高横坡值，如图 4-5-2(c)所示。

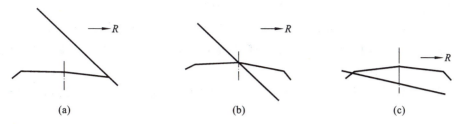

图 4-5-2　无中央分隔带公路的超高过渡

2. 有中间分隔带公路的超高过渡

(1) 绕中央分隔带的中心线旋转。

先将外侧行车道绕中央分隔带的中心线旋转,待达到与内侧行车道构成单向横坡后,整个断面一同绕中央分隔带的中心线旋转,直至全超高横坡值,如图 4-5-3(a)所示。

(2) 绕中央分隔带两侧边缘线旋转。

将两侧行车道分别绕中央分隔带两侧边缘线旋转,使之各自成为独立的单向超高断面。此时中央分隔带维持原水平状态,如图 4-5-3(b)所示。

(3) 绕各自行车道中线旋转。

将两侧行车道分别绕各自的行车道中心线旋转,使之各自成为独立的单向超高断面,此时中央分隔带两边缘分别升高与降低而成为倾斜断面,如图 4-5-3(c)所示。

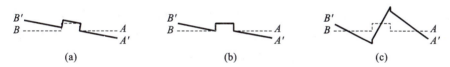

图 4-5-3　有中央分隔带公路的超高过渡

3. 超高过渡的规范要求

《规范》规定:对于无中间带的公路,当超高横坡度等于路拱坡度时,将外侧车道绕路中线旋转,直至超高横坡度;当超高横坡度大于路拱坡度时,应采用绕内侧车道边缘旋转、绕路中线旋转或绕外侧车道边缘旋转的方式。设计中应视情况确定。

(1) 新建工程宜采用绕内侧车道边缘旋转的方式。

(2) 改建工程可采用绕路中线旋转的方式。

(3) 路基外缘高程受限制或路容美观有特殊要求时,可采用绕外侧车道边缘旋转的方式。

对于有中间带的公路,应采用绕中间带的中心线旋转、绕中央分隔带边缘旋转或分别绕行车道中线旋转的方式,设计中应视情况确定。

(1) 有中间带的公路均可采用绕中央分隔带边缘旋转的方式。

(2) 中间带宽度较小的公路还可采用绕中间带中心线旋转的方式。

(3) 车道数大于 4 条的公路可采用分别绕行车道中线旋转的方式。

采用分离式路基断面的公路,超高过渡方式宜按无中间带公路分别予以过渡。

四、横断面超高值计算

在明确超高缓和段的构成及计算缓和段长度的基础上,可以计算缓和段上任意一桩位处横断面的超高值。在设计中考虑到施工方便,实际使用的不是超高横坡度,也不是路面内(外)侧的超高值,而是加宽后由超高横坡度推算出路肩内(外)边缘和路中线与原设计标高

（未加宽和超高时的路肩边缘设计标高）的抬高或降低值。

路基设计标高是指路基断面上某一位置相对于水平面基准点的相对高度。高速公路、一级公路设计标高一般指中央分隔带的外侧边缘标高，二级、三级、四级公路一般指未超高加宽之前的路肩边缘标高。

改建公路的设计标高，一般按新建公路的规定执行，也可按行车道中线标高或公路中线标高执行。

当圆曲线半径小于不设超高最小半径时，圆曲线段应按要求设置全超高，在直线和圆曲线相连接处应设置超高缓和段。

公路中线和路基内、外侧边缘线与路基设计标高的差应予以计算并列于"路基设计表"中，以便于施工。

知识贴吧

《论语·先进》："过犹不及。"西汉政论家、文学家贾谊《新书·容经》："故过犹不及，有余犹不足也。"这两句话的意思是事情做得过分了，就像做得不够一样，都是不好的。超高设置亦如此。

对于新建二级、三级、四级公路，圆曲线半径小于不设超高最小半径时，平曲线段超高值计算公式列于表 4-5-4 中，计算图式可参见图 4-5-4。对于改建二级、三级、四级公路，超高值的计算公式列于表 4-5-5 中，计算图式可参见图 4-5-5。

表 4-5-4　绕内边轴旋转的超高值计算公式

超高值		计算公式		备注
		$0 \leqslant x \leqslant L_1$	$L_1 \leqslant x \leqslant L_c$	
圆曲线线段	外缘 h_c	$h_c = ai_0 + (a+b)i_b$		各超高值均与设计标高比较，h_c'' 和 h_{cx}'' 为降低值 $$L_1 = \frac{i_1}{i_b} \cdot L_c$$ $$B_{jx} = \frac{x}{L_c} B_j$$
	中线 h_c'	$h_c' = ai_0 + \dfrac{b}{2} i_b$		
	内缘 h_c''	$h_c'' = ai_0 - (a + B_j)i_b$		
超高缓和段	外缘 h_{cx}	$h_{cx} = a(i_0 - i_1) + [ai_1 + (a+b)i_b] \dfrac{x}{L_c}$	或 $h_{cx} = \dfrac{x}{L_c} \cdot h_c$	
	中线 h_{cx}'	$h_{cx}' = ai_0 + \dfrac{b}{2} i_1$	$h_{cx}' = ai_0 + \dfrac{b}{2} \cdot \dfrac{x}{L_c} i_b$	
	内缘 h_{cx}''	$h_{cx}'' = ai_0 - (a + B_{jx}) i_1$	$h_{cx}'' = ai_0 - (a + B_{jx}) \cdot \dfrac{x}{L_c} \cdot i_b$	

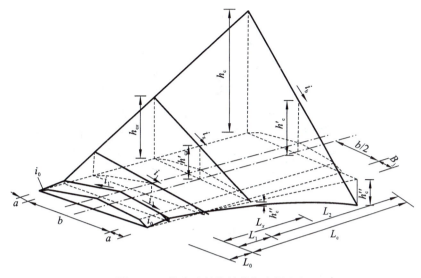

图 4-5-4 绕内边轴旋转的超高缓和段

表 4-5-5 绕中线旋转的超高值计算公式

超高值		计算公式		备注
		$0 \leqslant x \leqslant L_1$	$L_1 \leqslant x \leqslant L_c$	
圆曲线线段	外缘 h_c	$h_c = a(i_0 - i_1) + \left(a + \dfrac{b}{2}\right)(i_1 + i_b)$		各超高值均与设计高程比较，h_c'' 和 h_{cx}'' 为降低值，其中：$L_1 = \dfrac{2i_1}{i_1 + i_b} \cdot L_c$ $B_{jx} = \dfrac{x}{L_c} B_j$
	中线 h_c'	$h_c' = a i_0 + \dfrac{b}{2} i_1$		
	内缘 h_c''	$h_c'' = a i_0 + \dfrac{b}{2} i_1 - \left(a + \dfrac{b}{2} + B_j\right) i_b$		
超高缓和段	外缘 h_{cx}	$h_{cx} = a(i_0 - i_1) + \left(a + \dfrac{b}{2}\right)\dfrac{x}{L_c} \cdot (i_1 + i_b)$ 或 $h_{cx} = \dfrac{x}{L_c} \cdot h_c$		
	中线 h_{cx}'	$h_{cx}' = a i_0 + \dfrac{b}{2} i_1$		
	内缘 h_{cx}''	$h_{cx}'' = a i_0 - (a + B_{jx}) i_1$	$h_{cx}'' = a i_0 + \dfrac{b}{2} i_1 - \left(a + \dfrac{b}{2} + B_{jx}\right)\dfrac{x}{L_c} i_b$	

上两表中：

h_c——路肩外边缘最大超高值，m；

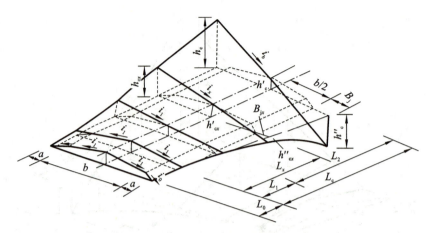

图 4-5-5 绕中轴旋转的超高缓和段计算图

h'_c——路中线最大超高值，m；

h''_c——路基内边缘最大降低值，m；

h_{cx}——缓和段上任意断面处外侧路肩的超高值，m；

h'_{cx}——缓和段上任意断面处加宽前路中线的超高值，m；

h''_{cx}——缓和段上任意断面处加宽后路肩内边缘的降低值，m；

L_c——缓和段长度全长，m；

L_1——双向坡路面过渡到超高坡度为路拱坡度时所需的临界长度，m；

B_j——圆曲线部分路基的全加宽值，m；

B_{jx}——超高缓和段上 x 处距离路基的加宽值，m；

a——路肩宽度，m；

b——路面宽度，m；

i_0——原路肩横坡度，%；

i_1——原路拱横坡度，%；

i_b——圆曲线超高横坡度，%

x——缓和段内任意点处距缓和段起点的距离，m；

任务 4.6　设计平曲线加宽

任务引入

众所周知，在转急弯过程中，与小汽车相比，大型车辆转弯困难大，所需车道宽度大，小半径弯道处可能会超出车道宽度，如何解决这一问题？

学习引导

任务布置—课堂教学(教师引导—小组讨论—动手实践)—课后拓展与总结—分组讨论并整理,完成任务工单。

任务工单　平曲线加宽设计

模块名称			项目名称		
任务名称			学生姓名和学号		
学习目标	1. 掌握加宽的定义和目的。 2. 掌握加宽方式及加宽缓和段设置。 3. 了解加宽的计算				
	学习资源/方式	学生任务			要求
课前自主探究	1. 在线课程任务点学习。 2. 教材预习。 3. 工程图纸	1. 什么是加宽?加宽设置的目的是什么?在公路的什么位置加宽? 2. 尝试通过网络资源或是实际公路查找加宽位置			完成任务工单
课中合作共研	研讨	师生讨论,完成以下任务。 加宽设计在公路平、纵、横三方面哪些地方能有体现?加宽设计的实际应用是什么?			完成任务工单
课中合作共研	规范学习	学习《规范》,完成以下任务。 1. 加宽的条件是什么? 2. 加宽多少较为合适?			完成任务工单
课中合作共研	工程案例图纸	学习×××一级公路的路线平面图(已提供的图纸),结合《规范》,判断 $JD_{23}-JD_{26}$ 交点是否需要设置加宽。			完成任务工单
		交点号	圆曲线半径	缓和曲线长度	是否需要设置加宽	
		JD_{23}				
		JD_{24}				
		JD_{25}				
		JD_{26}				

续表

学习资源/方式		学生任务						要求
课中实战	能力训练	具体任务如下。 某三级公路,设计速度为 40 km/h,某一弯道处 $R = 150$ m,请查阅相关资料,完成下表的填写。(写出计算步骤)						完成任务工单
		桩号	$W_{左}$	$W_{右}$	桩号	$W_{左}$	$W_{右}$	
课后知识拓展	网络资源	探索:对于公路加宽,只有平曲线内侧加宽吗?外侧不加宽吗?在什么情况下外侧可以加宽?						拓展能力

评分	学生1 小组1	学生2 小组2	学生3 小组3	学生4 小组4	学生5 小组5	学生6 小组6	平均分	总分
组内评分 (30 分)								
组间评分 (30 分)								
教师评分 (40 分)								
反思 与收获								

注:1. 任务工单要求同学们认真完成,字迹清楚、整洁并认真保存。
2. 任务工单将作为学期末成果上交资料,其完成质量和数量将计入技能考核成绩。

相关知识

平曲线加宽设计

一、平曲线上设置加宽的原因

(1)汽车在圆曲线上行驶时,各个车轮的轨迹半径是不相等的,后轴内侧车轮的行驶轨迹半径最小,前轴外侧车轮的行驶轨迹半径最大,因而在圆曲线半径较小时,车道内侧需要更宽一些的路面,以满足后轴外侧车轮的行驶轨迹要求,故当曲线半径小时需要加宽曲线上的行车道宽度。

(2)汽车在圆曲线上行驶时,驾驶员不可能将前轴中心的轨迹操纵得完全符合理论轨迹,而是有一定的摆幅(其摆幅值的大小与实际行车速度有关),汽车在圆曲线上行驶时的摆幅要比在直线上大。所以,当圆曲线半径小时,要加宽曲线上的行车道宽度,以利于安全。

二、圆曲线上设置加宽的条件

我国《规范》规定,当平曲线半径小于或等于 250 m 时,应在平曲线内侧设置加宽。

三、全加宽值的确定

(一) 加宽值计算

(1) 圆曲线上的全加宽值计算。

路面加宽值与平曲线半径、车型尺寸及会车时的行车速度有关。圆曲线上的加宽值计算示意图如图 4-6-1 所示。

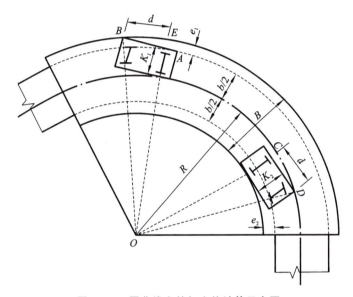

图 4-6-1　圆曲线上的加宽值计算示意图

由图 4-6-1 可推导出圆曲线上的全加宽值的计算公式为

$$B_{\mathrm{j}} = \frac{d^2}{R} + \frac{0.1v}{\sqrt{R}} \tag{4-6-1}$$

式中:B_{j}——圆曲线上路面的全加宽值,m;

d——汽车后轴至汽车保险杠前缘之距离,m;

R——圆曲线半径,m;

v——计算行车速度,按会车时的速度计算,一般取 $v = 40$ km/h。

(2) 半挂车对加宽的要求。

$$B_{\mathrm{j}} = \frac{d_1^2}{R} + \frac{d_2^2}{R} + \frac{0.1v}{\sqrt{R}} \tag{4-6-2}$$

式中:d_1——牵引车后轴至保险杠前缘之距离,m;

d_2——拖车后轴至牵引车后轴之距,m。

其他符号同前。

(二) 加宽的标准规定

《规范》规定加宽的标准如下。

（1）二级公路、三级公路、四级公路的圆曲线半径小于或等于 250 m 时，应在平曲线内侧设置加宽。双车道公路路面加宽值应符合表 4-6-1 的规定，圆曲线加宽值应根据公路功能技术等级和实际交通组成确定，并应符合下列规定。

①作为干线公路的二级公路，应采用第 3 类加宽。

②作为集散公路的二级公路和三级公路，在考虑铰接列车通行时，应采用第 3 类加宽值；不考虑通行铰接列车时，可采用第 2 类加宽值。

③作为支线公路的三级公路、四级公路可采用第 1 类加宽值。

④有特殊车辆通行的专用公路，应根据特殊车辆验算确定其加宽值。

表 4-6-1 双车道路面加宽值

加宽类别	设计车辆	圆曲线半径/m							
		200～250	150～200	100～150	70～100	50～70	30～50	25～30	20～25	15～20
第 1 类	小客车	0.4	0.5	0.6	0.7	0.9	1.3	1.5	1.8	2.2
第 2 类	载重汽车	0.6	0.7	0.9	1.2	1.5	2.0	—	—	—
第 3 类	铰接列车	0.8	1.0	1.5	2.0	2.7	—	—	—	—

注：单车道公路路面加宽值应为表列规定值的一半。

（2）圆曲线上的路面加宽设置在圆曲线的内侧。各级公路的路面加宽后，路基也应相应加宽。

（3）双车道公路在采取强制性措施实行分向行驶的路段，其圆曲线半径较小时，内侧车道的加宽值应大于外侧车道的加宽值，设计时应通过计算分别确定。

（4）加宽过渡段设置应符合下列规定。

①设置回旋线或超高过渡段时，加宽过渡段长度应采用与回旋线或超高过渡段长度相同的数值。

②不设回旋线或超高过渡段时，加宽过渡段长度应按渐变率为 1∶15 且长度不小 10 m 的要求设置。

（5）二级公路、三级公路、四级公路的加宽过渡段应在加宽过渡段全长范围内，按其长度或比例增加的方式设置。

（6）四级公路可不设回旋线而用超高、加宽过渡段代替。当直线同半径小于不设超高的最小半径和规定应设置加宽的圆曲线衔接时，应设置超高、加宽过渡段。

（7）四级公路的超高、加宽过渡段长度应分别按超高和加宽的有关规定计算，取其较长者，但最短应符合渐变率为 1∶15 且不小于 10 m 的要求。

（8）四级公路的超高、加宽过渡段应设在紧接圆曲线起点或终点的直线上。受地形条件或其他特殊情况限制时，可将超高、加宽过渡段的一部分插入曲线，但插入曲线内的长度不得超过超高、加宽过渡段长度的一半。不同半径的同向圆曲线径向连接构成的复曲线，其超高、加宽过渡段应对称地设在衔接处的两侧。

（9）四级公路设人工构造物处，当因设置超高、加宽过渡段而在圆曲线起、终点内侧边缘产生明显转折时，可采用路面加宽边缘线与圆曲线上路面加宽后的边缘圆弧相切的方法予以消除。

四、加宽缓和段

(一) 加宽缓和段设置原因

当圆曲线段设置全加宽而直线段不加宽时,为了使路面由直线段正常宽度断面过渡到圆曲线段全加宽断面,需要在直线和圆曲线之间设置加宽缓和段,见图 4-6-2。在加宽缓和段上,路面宽度应逐渐变化。加宽过渡段设置应根据公路性质和等级可采用不同的方法。

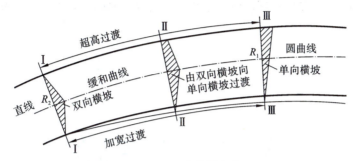

图 4-6-2 平曲线缓和段

(二) 加宽缓和段形式

(1) 比例过渡。

二级、三级、四级公路的加宽缓和段的设置,应采用在相应的缓和曲线或超高、加宽缓和段全长范围内按长度成比例增加的方法。

$$B_{jx} = \frac{x}{L_s} B_j \tag{4-6-3}$$

式中:B_{jx}——加宽缓和段上任意点加宽值,m;

x——任意点距加宽缓和段起点的距离,m;

B_j——圆曲线上的全加宽值,m;

L_s——加宽缓和段全长,可取缓和曲线长度为加宽缓和段长度,m;

(2) 高次抛物线过渡。

高速、一级公路设置加宽缓和段时,应采用高次抛物线过渡。如图 4-6-3(a)所示,任一点的加宽值可按下式计算:

$$B_{jx} = (4k^3 - 3k^4) B_j \tag{4-6-4}$$

式中:k——加宽值参数,$k = x/l_h$。

其他符号意义同前。

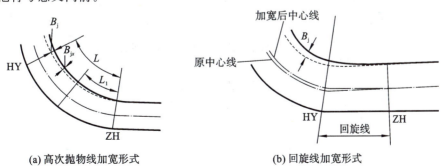

(a) 高次抛物线加宽形式 (b) 回旋线加宽形式

图 4-6-3 高次抛物线加宽和回旋线加宽

(3) 在城郊路段、桥梁、高架桥、挡土墙、隧道等结构物及各种安全防护设施的地段采用缓和曲线过渡,如图 4-6-3(b)所示。

课后探索

对于道路加宽,只有平曲线内侧加宽吗?外侧不加宽吗?什么情况下外侧可以加宽?

任务 4.7　保证路线平面视距

任务引入

2024 年 5 月 1 日凌晨,梅州市梅大高速公路茶阳路段突发塌方,造成惨重的人员伤亡,其中包括 48 人不幸遇难、30 人受伤。这起事故不仅震惊了全国,也激起了公众对高速公路建设质量与安全保障的深刻反思和广泛关注。

学习引导

任务布置—课堂教学(教师引导—小组讨论—动手实践)—课后拓展与总结—分组讨论并整理,完成任务工单。

任务工单　行车视距

模块名称		项目名称	
任务名称		学生姓名和学号	
学习目标	1. 掌握行车视距的分类。 2. 掌握行车视距的重要意义。 3. 学会运用《规范》合理设置行车视距			
	学习资源/方式	学生任务	要求
课前自主探究	1. 在线课程任务点学习。 2. 教材预习。 3. 工程图纸	什么是行车视距?行车视距和视线盲区是否是一回事? 公路是三维立体的空间实体工程。结合生活常识说明公路设计中哪些情况会易造成视距不良	完成任务工单

续表

	学习资源/方式	学生任务	要求
课中合作共研	研讨	师生讨论,完成以下任务: 在公路的弯道设计中,除了要考虑曲线半径、超高、加宽等因素外,我们还要考虑哪些因素?	完成任务工单
	规范学习	学习《规范》,完成以下任务。 | 道路等级	二级	设计速度	60 km/h | |---|---|---|---|
停车视距		会车视距	
超车视距一般值		超车视距极限值			完成任务工单
课中实战	能力训练	任务如下。 设计资料为:某山岭区三级公路双车道,设计速度为30 km/h。 (图:路基横断面示意图,总宽850 cm,行车道350+350,路肩75+75,边坡1:0.5和1:1.5,路拱横坡3%、2%,单位:cm) 绘制一张1:2000路线草图,在图中注明各弯道的平曲线主点位置,并注明对应各点的里程桩号,初步分析各弯道的平面视距保证情况,绘制弯道的视距包络图	完成任务工单
课后知识拓展	网络资源	探索解决办法:如何在视距不足的情况下,提高驾驶员行车的安全性?	拓展能力

评分	学生1 小组1	学生2 小组2	学生3 小组3	学生4 小组4	学生5 小组5	学生6 小组6	平均分	总分
组内评分 (30分)								
组间评分 (30分)								
教师评分 (40分)								
反思 与收获								

注:1. 任务工单要求同学们认真完成,字迹清楚、整洁并认真保存。

2. 任务工单将作为学期末成果上交资料,其完成质量和数量将计入技能考核成绩。

相关知识

一、视距概念及种类

1. 视距概念

为了保证行车安全,驾驶员驾驶汽车在公路上行驶时,任意点位置都应看到汽车前方相当远的距离,以便在发现路面障碍物或迎面来车时,能采取措施,避免相撞,这一必要距离称为行车视距。行车视距直接关系到汽车行驶的安全性,是公路主要技术指标之一。为了计算方便,《规范》规定行车轨迹为离路面内侧边缘(曲线段为路面内侧未加宽前)1.5 m处,驾驶员眼高为1.2 m,障碍物高0.1 m。

2. 视距的种类

驾驶员发现路面障碍物或迎面来车时,根据其采取措施不同,行车视距可分为以下几种。

(1)停车视距:汽车行驶时,自驾驶员看到障碍物时起,至在障碍物前安全停止,所需要的最短距离。

(2)会车视距:在同一车道上两对向汽车相遇,从互相发现起,至同时采取制动措施使两车安全停止,所需要的最短距离。

(3)错车视距:在没有明确划分车道线的双车道公路上,两对向行驶的汽车相遇,当双方驾驶员发现后即采取减速避让措施安全错车所需要的最短距离。

(4)超车视距:在双车道公路上,后车超越前车时,从开始驶离原车道之处起,至在与对向来车相遇之前,完成超车安全回到自己的车道,所需要的最短距离。

在上述四种视距中,超车视距最长,需单独研究;错车视距最短,容易保证。经研究分析,会车视距约等于停车视距的两倍,所以停车视距是最基本视距,双车道公路也应保证足够长度的超车视距路段。

知识贴吧

货车存在空载时制动性能差、轴间荷载难以保证均匀分布、一条轴侧滑会引发其他车轴失稳、半挂车铰接制动不灵等现象。尽管货车驾驶者因眼睛位置高,比小客车驾驶者看得更远,但仍需要比小客车更长的停车视距。《规范》规定,货车停车视距的眼高为2.00 m,物高为0.10 m。

二、视距的标准及运用

(一)停车视距

停车视距是指驾驶员从发现障碍物时起,至在障碍物前安全停止,所需要的最短距离,如图 4-7-1 所示。停车视距可分解为反应距离、制动距离和安全距离三部分。计算停车视距规定:驾驶员眼高为 1.2 m,物高为 0.1 m。

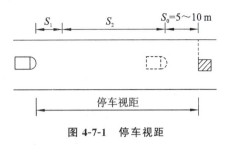

图 4-7-1　停车视距

1. 反应距离 S_1

反应距离是指驾驶员发现前方的障碍物,经过判断决定采取制动措施的那一瞬间到制动器真正开始起作用的瞬间汽车所行驶的距离。在这段时间过程中,可分为感觉时间和制动反应时间来分析,并用实验来测定。感觉时间在很大程度上取决于物体的外形、颜色、驾驶员的视力和灵敏程度以及大气的可见度等。根据测定资料设计上采取感觉时间为 1.5 s,制动反应时间取 1.0 s 是较适当的,感觉和制动反应总时间 $t=2.5$ s,在这个时间内汽车行驶的距离为

$$S_1 = \frac{vt}{3.6} \tag{4-7-1}$$

2. 制动距离 S_2

制动距离是指汽车从制动生效到汽车完全停住这段时间所行驶的距离,记为 S_2,计算公式为

$$S_2 = \frac{(v/3.6)^2}{2gf_1} \tag{4-7-2}$$

式中:f_1——路面纵向摩阻系数,与路面种类和状况有关;

v——计算行车速度,km/h。

3. 安全距离 S_0

安全距离是指汽车停住至障碍物前的距离,记为 S_0,一般取 5～10 m,以保证汽车在障碍物前停车而不发生冲撞,所以根据上述可知停车视距为

$$S_\text{T} = \frac{vt}{3.6} + \frac{(v/3.6)^2}{2gf_1} + S_0 \tag{4-7-3}$$

高速公路、一级公路应满足停车视距的要求;其他各级公路一般应满足会车视距的要求,会车视距的长度不应小于停车视距的两倍。我国《规范》所采用的停车视距见表 4-7-1、表 4-7-2。

表 4-7-1　高速公路、一级公路停车视距

设计速度/(km/h)	120	100	80	60
停车视距/m	210	160	110	75

表 4-7-2　二级、三级、四级公路会车视距与停车视距

设计速度/(km/h)	80	60	40	30	20
停车视距/m	110	75	40	30	20
会车视距/m	220	150	80	60	40

(二) 会车视距

会车视距(见图 4-7-2)由以下三部分组成。

(1) 双方驾驶员在反应时间内所行驶的距离(S_{A1}, S_{B1})。
(2) 双方汽车的制动距离(S_{A2}, S_{B2})。
(3) 安全距离(S_0)。

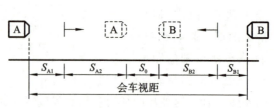

图 4-7-2 会车视距

会车视距的规定值应不小于停车视距的两倍。二级公路、三级公路、四级公路的视距应采用会车视距。受地形条件或其他特殊情况限制而采取分道行驶措施的路段，可采用停车视距。会车视距与停车视距应不小于表 4-7-2 的规定。

(三) 超车视距

在对向混合行驶的双车道公路，各种车辆的行驶速度不同，快速行驶的车辆追上慢速行驶的车辆并超车，需占用对向一定长度的车道，为保证车辆行驶的安全，驾驶员必须看见前面足够长度的车流空隙，以便顺利完成超车，并在超车过程中不影响被超车的行驶状态及其他车流，如图 4-7-3 所示。

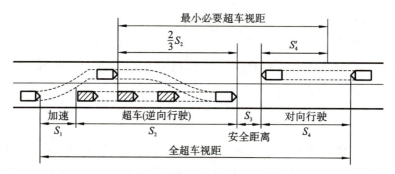

图 4-7-3 超车视距

$$S_{超} = S_1 + S_2 + S_3 + S_4 \tag{4-7-4}$$

式中：S_1——加速行驶距离，m；

S_2——超车车辆在对向车道行驶的距离，m；

S_3——超车完成以后超车汽车与对向汽车之间的安全距离，一般取 15～100 m；

S_4——超车汽车从开始超车到超车完成后对向汽车的行驶距离。

在式(4-7-4)中，S_1、S_2、S_4 的计算公式如下。

$$S_1 = \frac{v_0}{3.6} t_1 + \frac{1}{2} a t_1$$

式中：v_0——被超汽车的速度，km/h；

t_1——加速时间，s；

a——平均加速度，m/s²。

$$S_2 = \frac{v}{3.6} t_2$$

式中：v——超车汽车的速度，km/h；

t_2——在对向车道行驶时间，s。

$$S_4 = \frac{v_1}{3.6}(t_1 + t_2)$$

式中：v_1——对向车的速度，km/h。

当地形困难时，超车视距也可按下式计算：

$$S_{超} = \frac{2}{3} S_2 + S_3 + S_4 \qquad (4\text{-}7\text{-}5)$$

超车视距的最小值应符合表 4-7-3 的规定。

表 4-7-3　超车视距的最小值

设计速度/(km/h)		80	60	40	30	20
超车视距最小值/m	一般值	550	350	200	150	100
	极限值	350	250	150	100	70

（四）各级公路对视距要求

三种视距标准主要根据公路等级、车辆类型以及道路的具体条件进行运用。

（1）高速公路、一级公路的视距采用停车视距。原因是高速公路和一级公路设有中央分隔带、无对向车流，不存在会车问题；同向车道数均在两个车道以上，快慢车通过画线分隔行驶，各行其道，也不存在超车问题。同向车辆只需考虑制动停车视距。

（2）二级公路、三级公路、四级公路的视距，应满足会车视距的要求，其长度应不小于停车视距的两倍。受地形条件或其他特殊情况限制而采取分道行驶的地段，可采用停车视距，此时该视距路段对向车辆应通过画线等措施分道分向行驶。

（3）二级公路、三级公路、四级公路双车道公路，应间隔设置满足超车视距的路段。具有干线功能的二级公路宜在 3 min 的行驶时间内提供一次满足超车视距要求的超车路段。

（4）积雪冰冻地区的停车视距宜适当增长。

（5）高速公路、一级公路及大型车比例高的二级、三级公路下坡路段，应采用下坡段货车停车视距对相关路段进行检验。

（6）各级公路的互通式立体交叉、服务区、停车区、客运汽车停靠站等各类出口路段应满足识别视距要求，并符合下列规定。

①不同设计速度对应的识别视距应符合表 4-7-4 的规定。

表 4-7-4　识别视距

设计速度/(km/h)	120	100	80	60
识别视距/m	350(460)	290(380)	230(300)	170(240)

注：括号中为行车环境复杂、路侧出口提示信息较多时应采取的视距值。

②受地形、地质等条件限制路段，识别视距可采用 1.25 倍的停车视距，但应采取必要的限速控制和管理措施。

(7) 路线设计应对采用较低几何指标、线形组合复杂、中间带设置护栏或防眩设施、路侧设有高边坡或构造物、公路两侧各类出入口、平面交叉、隧道等各种可能存在视距不良的路段和区域,进行视距检验。不符合对应的视距要求时,应采取相应的技术和工程措施予以改善。

三、视距保证

汽车在直线上行驶时,一般会车视距、停车视距和超车视距是容易保证的。但汽车在平面弯道上行驶时内侧的建筑物、树木、路堑边坡等均可能阻碍视线,这种处于隐蔽地段的弯道称为暗弯。凡属于暗弯都应该进行视距检查,若不能保证该级公路的设计视距长度,则应该将阻碍视线的障碍物清除。常见的平曲线视距检查方法有最大横净距法和视距包络曲线法。

知识贴吧

驾驶员的视线盲区和行车视距区别

视线盲区指的是驾驶员在驾驶过程中,车辆结构、座椅位置、后视镜设置等因素导致视线无法覆盖到的区域。这些区域可能包括车辆的侧后方、车前下方、车顶上方等。视线盲区是造成交通事故的一个重要因素。

行车视距指的是驾驶员驾驶汽车在公路上行驶时,任意点位置都应看到汽车前方相当远的距离。行车视距也是影响交通事故的一个重要因素。

任务4.8　把握路线平面设计要点

任务引入

天门山盘山公路是位于张家界天门山的一条公路。它有"通天大道"之称,全长10.77 km,海拔从200 m急剧提升到1300 m,大道两侧绝壁千仞,空谷幽深,共计99个弯,似玉带环绕,弯弯紧连,层层迭起,被誉为"天下第一公路奇观"。

学习引导

任务布置—课堂教学(教师引导—小组讨论—动手实践)—课后拓展与总结—分组讨论并整理,完成任务工单。

任务工单　把握路线平面设计要点

模块名称			项目名称	
任务名称			学生姓名和学号	
学习目标	1. 掌握平面线形设计的一般原则。 2. 掌握公路平面线形的组合形式和应用。 3. 能够运用《规范》进行线形组合择选和分析			
	学习资源/方式	学生任务		要求
课前自主探究	1. 在线课程任务点学习。 2. 教材预习。 3. 工程图纸	1. 平面线形设计的一般原则有哪些？ 2. 通过文献综述，找寻一条你认为平面线形设计原则运用比较典型的公路进行讲解（可以PPT展示或视频讲解）		完成任务工单
课中合作共研	研讨	学生展示找寻到的公路典型案例并进行讲解		完成任务工单
课中实战	能力训练	1. 结合工程图纸，找寻工程图纸中所运用到的线形组合形式。 2. 借助计算机辅助软件，进行常见线形组合的设计		完成任务工单
课后知识拓展	网络资源	工程中哪些实际场合能运用到S型、卵型、凸型、复合型、C型、复曲型和回头曲线？进行案例搜集整理		拓展能力

续表

评分	学生1小组1	学生2小组2	学生3小组3	学生4小组4	学生5小组5	学生6小组6	平均分	总分
组内评分（30分）								
组间评分（30分）								
教师评分（40分）								
反思与收获								

注：1. 任务工单要求同学们认真完成，字迹清楚、整洁并认真保存。
2. 任务工单将作为学期末成果上交资料，其完成质量和数量将计入技能考核成绩。

相关知识

一、平面线形设计要求

平面线形设计应符合下列要求。

（1）平面线形应直捷、连续、均衡，并与地形相适应，与周围环境相协调。

（2）受条件限制采用长直线时，应结合具体情况采用相应的技术措施。

（3）连续的圆曲线间应采用适当的曲线半径比。

（4）各级公路不论转角大小均应敷设曲线，并宜选用较大的圆曲线半径。转角过小时，不应设置较短的圆曲线。

（5）两同向圆曲线间应设有足够长度的直线，两反向圆曲线间不应设置短直线。

（6）六车道及以上的高速公路和作为干线的一级公路，同向或反向圆曲线间插入的直线长度，应符合路基外侧边缘超高过渡渐变率的规定。

（7）设计速度小于或等于 40 km/h 的双车道公路，两相邻反向圆曲线无超高时可径向衔接，无超高有加宽时应设置长度不大于 10 m 的加宽过渡段，两相邻反向圆曲线设有超高时，地形条件特殊困难路段的直线长度不得小于 15 m。

（8）设计速度小于或等于 40 km/h 的双车道公路，应避免连续急弯的线形。地形条件特殊困难不得已而设置时，应在曲线间插入规定长度的直线或回旋线。

二、平面线形组合类型

平面线形组合形式主要有简单型、基本型、S 型、卵型、凸型、复合型、C 型、复曲型和回头曲线型九种。

(一) 简单型

1. 定义

由直线和圆曲线组成的线形称为简单型,即直线—圆曲线—直线组合,如图 4-8-1 所示。

2. 特征及运用

简单型组合曲线在 ZY 和 YZ 点处有曲率突变点,对行车不利。当圆曲线半径较小时,曲线不平顺,一般限于四级公路采用。其他等级公路当平曲线半径大于不设超高最小半径时,缓和曲线可以省略,省略后即为简单型曲线。

(二) 基本型

1. 定义

基本型是按直线—回旋线—圆曲线—回旋线—直线的顺序组合的线形,如图 4-8-2 所示。

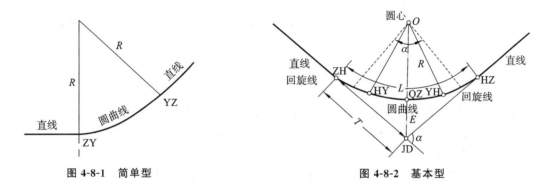

图 4-8-1 简单型　　　　　图 4-8-2 基本型

2. 特征及运用

基本型的两条回旋线可以根据地形条件设计成对称的或非对称的曲线,当回旋线两个参数 $A_1=A_2$ 时称为对称型,这种线形经常采用。根据线形、地形变化的需要也可在圆曲线两侧采用 $A_1 \neq A_2$ 的回旋线,设计成非对称型。为使线形连续协调,回旋线、圆曲线、回旋线的长度之比宜为 1:1:1 左右,并注意设置基本型的几何条件:$\alpha > 2\beta_0$(α 为圆曲线转角,β_0 为回旋线角)。

(三) S 型

1. 定义

两条反向圆曲线用回旋线连接起来的组合线形为 S 型,如图 4-8-3 所示。

2. 特征及运用

①S 型曲线的两回旋线参数 A_1 和 A_2 宜相等。

②当采用不同的回旋线参数时 A_1 与 A_2 之比应小于 2,有条件时以小于 1.5 为宜。当 $A_1 \leqslant 200$ m 时,A_1 和 A_2 之比应小于 1.5。

③两圆曲线半径之比不宜过大,以 $R_1/R_2 \leqslant 2$ 为宜(R_1 为大圆曲线半径,R_2 为小圆曲线半径)。

(四) 凸型

1. 定义

两条同向回旋线间不插入圆曲线而径向衔接的线形称为凸型,如图 4-8-4 所示。

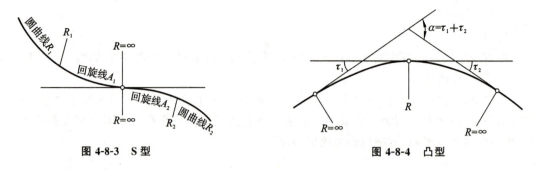

图 4-8-3　S 型　　　　　　　图 4-8-4　凸型

2．特征及运用

凸型曲线只有在路线严格受地形限制，且对接点的曲率半径相当大时方可采用。

（1）凸型曲线的回旋线参数及其对接点的曲率半径，应分别符合容许最小回旋线参数和圆曲线最小半径的规定。

（2）对接点附近的 $0.3v$（以 m 算；v 为设计速度，单位为 km/h）长度范围内应保持以对接点的曲率半径确定的路拱横坡度。

（五）复合型

1．定义

受地形条件限制时，大半径圆曲线与小半径圆曲线相衔接处，可采用两条或两条以上同向回旋线在曲率相同处径向连接而组合为复合型曲线，如图 4-8-5 所示。

2．特征及运用

复合型曲线的两个回旋线参数之比以小于 1.5 为宜。复合型曲线在受地形条件限制，或互通式立体交叉的匝道设计中可采用。

（六）C 型

1．定义

受地形条件或其他特殊情况限制时，可将两同向圆曲线的回旋线曲率为零处径向衔接而组合为 C 型曲线，如图 4-8-6 所示。

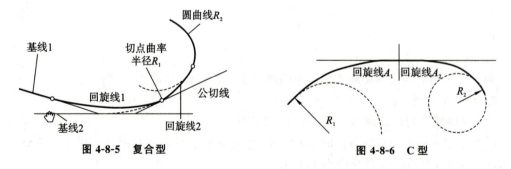

图 4-8-5　复合型　　　　　　　图 4-8-6　C 型

2．特征及应用

C 型曲线仅限于地形条件特殊困难、路线严格受限制时方可采用。

（七）复曲线

（1）直线与两同向圆曲线直接相连形式。

两同向圆曲线按直线—圆曲线 R—圆曲线 R'—直线的顺序组合构成。

(2) 两同向圆曲线两端设置回旋线形式。

两同向圆曲线按直线—回旋线 A'—圆曲线 R'—圆曲线 R—回旋线 A'—直线的顺序组合构成。

(3) 卵型。

两同向圆曲线径向衔接或插入直线长度不足时,可用回旋线将两同向圆曲线连接组合为卵型曲线,如图 4-8-7 所示。卵型曲线按直线—回旋线 A_1—圆曲线 R_1—回旋线—圆曲线 R_2—回旋线 A_2—直线顺序组合构成。

①卵型曲线的回旋线参数宜选 $R_2/2 \leqslant A \leqslant R_2$,$R_2$ 为小圆曲线半径。

②两圆曲线半径之比以 $R_2/R_1=0.2\sim0.8$ 为宜。

③两圆曲线的间距以 $D/R_2=0.003\sim0.3$ 为宜(D 为两圆曲线间最小间距)。

(八) 回头曲线

1. 定义

回头曲线指在山区公路为克服高差在同一坡面上展线时所采用的线形,其圆心角一般接近或大于 $180°$,如图 4-8-8 所示。

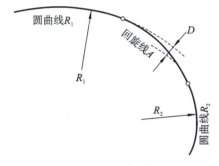

图 4-8-7 卵型

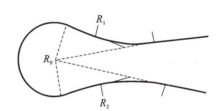

图 4-8-8 回头曲线

2. 特征及运用

(1) 回头曲线转角大、半径小、线形差,一般较少采用。只有在三级、四级公路中当自然展线无法争取到需要的距离以克服高差时,或当受地形、地质条件所限不能采取自然展线时,可采用回头曲线。

(2) 回头曲线的前后线形应有连续性,两头宜布设过渡性曲线,此外还应设置限速标志,并采取保证通视良好的技术措施。回头曲线的主要技术指标见表 4-8-1。

(3) 设计速度为 40 km/h 的公路可采用 35 km/h、30 km/h 的回头曲线速度。

(4) 两相邻回头曲线之间应有较长的距离。由一条回头曲线的终点至下一条回头曲线起点的距离,设计速度为 40 km/h、30 km/h、20 km/h 时,应分别不小于 200 m、150 m、100 m。

表 4-8-1 回头曲线技术指标

主线设计速度 /(km/h)	40		30	20
回头曲线设计速度 /(km/h)	35	30	25	20

续表

圆曲线最小半径 /m	40	30	20	15
回旋线最小长度 /m	35	30	25	20
超高横坡度 /(%)	6	6	6	6
双车道路面加宽值 /m	2.5	2.5	2.5	3.0
最大纵坡 /(%)	3.5	3.5	4.0	4.5

任务 4.9　编制平面线形设计成果

任务引入

公路工程设计图纸是整个工程项目实施过程中不可或缺的重要文件。它们不仅在设计阶段发挥关键作用，而且在整个施工、维护和运营过程中具有极其重要的价值。

学习引导

任务布置—课堂教学(教师引导—小组讨论—动手实践)—课后拓展与总结—分组讨论并整理，完成任务工单。

任务工单　直线、曲线与转角一览表的填制实操训练

模块名称		项目名称	
任务名称		学生姓名和学号	
教学任务	1. 掌握直线、曲线及转角一览表的绘制。 2. 掌握直线、曲线及转角一览表的数据填写		
课前知识准备	1. 直线、曲线及转角一览表有何作用？ 2. 直线、曲线及转角一览表中包含的主要内容有哪些？		在任务工单上完成

续表

	实操训练：自己绘制并完善"直线、曲线及转角一览表"，资料如下。QD 坐标为 $X=10000.000$ m, $Y=10000.00$ m, QD—JD_1 的方位角为 $a_{01}=45°00'00''$。							
课中任务	交点号	交点桩号	转角值		曲线要素值 /m		直线长度 /m	备注
			左	右	半径	缓和曲线长度	交点间距 /m	
	1	2	5	6	7	8	18	20
	QD	K0+000						在自制的"直线、曲线及转角一览表"中完成本项任务（或在 Excel 中完成）
	JD_1			24°22′37″	200	80	311.259	
	JD_2		26°18′22″		200	80	472.235	
	JD_3			36°37′35″	200	80	1046.260	
	JD_4		16°40′44″		500	75	642.714	
	JD_5			34°32′23″	200	80	445.702	
	JD_6			35°57′29″	400	50	923.954	
	JD_7		18°58′10″		300	50	351.217	
	JD_8		31°53′52″		200	80	766.766	
	JD_9			18°18′6″	1600		502.725	
	JD_{10}		9°37′21″		600	50	720.610	
	JD_{11}		43°15′40″		130	90	717.097	
	ZD						135.798	
课后预习	纵断面绘制的方法和步骤							预习

注：1. 任务工单要求同学们认真完成，字迹清楚、整洁并认真保存。
2. 任务工单将作为学期末成果上交资料，其完成质量和数量将计入技能考核成绩。

相关知识

完成路线平面设计以后应该及时绘制各类图纸和表格。其中，主要的图纸有路线平面图、路线交叉图、平面布置图和纸上移线图等；主要表格有直线、曲线及转角一览表（简称直曲表），路线交点坐标表，逐桩坐标表，总路程及断链桩号表等。本任务主要针对"直线、曲线及转角一览表""逐桩坐标表"和主要图纸公路路线平面图做简单说明。

一、编制直线、曲线及转角一览表

直线、曲线及转角一览表和计算

1. 直线、曲线及转角一览表的作用

直线、曲线及转角一览表是道路设计的主要成果之一,是在测角、中线测量和平曲线设计之后获得的。该表较为全面地反映了路线的平面位置和路线平面线形的各项技术指标,含有绘制路线平面图的基础数据和基本资料,同时也为路线的纵断面设计、横断面设计和其他构造物设计提供数据。完成该表后才能计算"逐桩坐标表"和绘制路线平面图。

2. 直线、曲线及转角一览表的编制方法

(1) 计算思路。

计算流程图如图 4-9-1 所示。

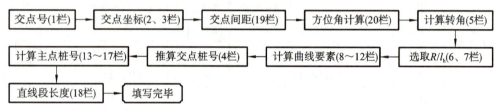

图 4-9-1　计算流程图

(2) 填写步骤(注:计算机辅助软件设计会自动生成该表)。

第一步:填写交点号。交点号依据外业勘测或者是纸上选线时所定出的交点填写。交点号用 JD 表示,按照 1,2,3,…进行排序。

第二步:填写交点的坐标。交点的坐标来自外业作业,交点坐标注意 X 坐标为北方向坐标,Y 轴坐标为东方向坐标。

第三步:计算交点的间距。所谓的交点间距,就是两交点之间的直线距离。交点的间距通过量测或利用两点间的坐标计算公式获得。

第四步,计算方位角。根据外业测量资料填写,也可根据交点坐标进行计算(注意根据坐标差的正负,判断直线所在象限)。

第五步,计算转角。后一导线的方位角减前一导线的方位角得到交点转角值,数值为正代表右转,数值为负代表左转。

第六步:根据公路的等级、设计速度等技术指标。根据规范的相关要求来合理选取圆曲线的半径以及缓和曲线的长度。

第七步:根据 R、l_h、转角值计算曲线要素。

第八步:推算交点桩号(2栏):JD_1=QD+交点间距(19栏),其余交点桩号=上一曲线的 HZ 桩号(17栏)+交点间距(19栏)-上一个交点的切线长(9栏)。

第九步:利用交点桩号和曲线要素的相应公式来计算出曲线的主点桩号,如直缓、缓圆、曲中、圆缓、缓直点的桩号。

第十步:计算直线段的长度。直线段的长度指相邻两个平曲线之间夹直线的长度。此指标为平面设计控制性指标,需要满足规范要求。

至此,直曲表的数据就填写完毕。

直线、曲线及转角一览表如表 4-9-1 所示。

表 4-9-1　直线、曲线及转角一览表

工程名称：××公路某路段　　　　第 1 页　共 1 页　　S-05

交点号	交点坐标 N(X)	交点坐标 E(Y)	交点桩号	转角值	半径	缓和曲线长度	曲线要素值/m 缓和曲线参数	切线长度	曲线长度	外距	校正值	曲线主点桩号 第一缓和曲线起点	第一缓和曲线终点或圆曲线起点	曲线中点	第二缓和曲线起点或圆曲线终点	第二缓和曲线终点	直线段长/m	直线长度及方向 交点间距/m	计算方位角	备注
1	2	3	4	5	6	7	8	9	10	11	12	13	14	15	16	17	18	19	20	21
BP	4683293.181	489090.370	K4+000														311.764	441.153	71°58′54.4″	
JD₁	4683429.639	489509.888	K4+441.153	31°08′39.5″(Z)	320	80	160.000	129.389	253.943	13.058	4.836	K4+311.764	K4+391.764	K4+438.735	K4+485.706	K4+565.706	309.765	601.584	40°50′14.9″	
JD₂	4683884.778	489903.273	K5+037.901	46°32′11.9″(Y)	260	100	161.245	162.430	311.177	24.762	13.683	K4+875.471	K4+975.471	K5+031.059	K5+086.648	K5+186.648	352.072	627.602	87°22′26.8″	
JD₃	4683913.531	490530.217	K5+651.820	23°11′57.1″(Z)	380	70	163.095	113.100	223.863	8.471	2.338	K5+538.720	K5+608.720	K5+650.651	K5+692.583	K5+762.583	351.996	664.231	64°10′29.7″	
JD₄	4684202.886	491128.109	K6+313.713	59°44′07.7″(Y)	240	120	169.706	199.134	370.219	39.636	28.049	K6+114.579	K6+234.579	K6+299.689	K6+364.798	K6+484.798	249.025	563.019	123°54′37.4″	
JD₅	4683888.781	491595.365	K6+848.683	23°42′25.5″(Z)	380	70	163.095	114.860	227.231	8.829	2.488	K6+733.823	K6+803.823	K6+847.439	K6+891.055	K6+961.055	162.906	378.943	100°12′11.9″	
JD₆	4683821.654	491968.314	K7+225.137	20°28′00.6″(Y)	380	65	157.162	101.177	200.741	6.613	1.613	K7+123.960	K7+188.960	K7+224.331	K7+259.701	K7+324.701	154.502	355.069	120°40′12.5″	
JD₇	4683640.536	492273.715	K7+578.593	19°56′42″(Z)	380	65	157.162	99.390	197.280	6.300	1.499	K7+479.203	K7+544.203	K7+577.843	K7+611.483	K7+676.483	133.517	232.907	100°43′30.4″	
EP	4683597.192	492502.553	K7+810																	

编制：　　　　　　　　　　　　　　　　　　复核：

知识贴吧

"路是人走出来的,设计是心绘出来的。"

二、编制逐桩坐标表

高等级公路的线形指标高,表现在平面上是圆曲线半径较大、缓和曲线较长,在测设和放样时采用坐标法,方能保证其测量精度。逐桩坐标表是线路测设的重要参考依据,示例如表 4-9-2 所示。

表 4-9-2 逐桩坐标表

桩号	坐标		桩号	坐标	
	N(X)	E(Y)		N(X)	E(Y)
K4+000	4683293.181	489090.370	K4+440	4683441.219	489503.716
K4+020	4683299.368	489109.389	K4+460	4683452.861	489519.974
K4+040	4683305.554	489128.408	K4+480	4683465.497	489535.472
K4+060	4683311.741	489147.427	K4+485.706	4683469.277	489539.747
K4+080	4683317.927	489166.447	K4+500	4683479.062	489550.165
K4+100	4683324.113	489185.466	K4+520	4683493.363	489564.144
K4+120	4683330.300	489204.485	K4+540	4683508.155	489577.604
K4+140	4683336.486	489223.504	K4+560	4683523.214	489590.765
K4+160	4683342.673	489242.523	K4+565.706	4683527.530	489594.497
K4+180	4683348.859	489261.542	K4+580	4683538.345	489603.844
K4+200	4683355.045	489280.562	K4+600	4683553.476	489616.923
K4+220	4683361.232	489299.581	K4+620	4683568.607	489630.001
K4+240	4683367.418	489318.600	K4+640	4683583.739	489643.079
K4+260	4683373.605	489337.619	K4+660	4683598.870	489656.158
K4+280	4683379.791	489356.638	K4+680	4683614.001	489669.236
K4+300	4683385.977	489375.657	K4+700	4683629.133	489682.314
K4+311.764	4683389.616	489386.844	K4+720	4683644.264	489695.393
K4+320	4683392.167	489394.675	K4+740	4683659.395	489708.471
K4+340	4683398.489	489413.650	K4+760	4683674.527	489721.549
K4+360	4683405.228	489432.479	K4+780	4683689.658	489734.627

续表

桩号	坐标		桩号	坐标	
	N(X)	E(Y)		N(X)	E(Y)
K4+380	4683412.671	489451.041	K4+800	4683704.790	489747.706
K4+391.764	4683417.489	489461.772	K4+820	4683719.921	489760.784

三、绘制平面图

(一) 路线平面图的作用

路线平面图是公路设计文件的重要组成部分。该图全面、清晰地反映公路平面位置和经过地区的地形、地物、各种控制点(三角点、导线点、图根点、水准点等)等。它是平面设计的重要成果之一,示例如图 4-9-2 所示。

(二) 平面图的比例尺和测绘范围

路线平面图是指包括公路中线在内的有一定宽度的带状地形图。若供工程可行性研究,可采用 1:10000 的比例尺测绘(或向国家测绘部门和其他工程单位搜集),但初步设计、施工图设计的设计文件组成部分应采用较大的比例尺,一般测绘时常用 1:2000,在地形复杂地段的路线初步设计、施工图设计可采用 1:500 或 1:1000。路线带状地形图的测绘宽度,一般路中线两侧各 100~200 m,对 1:5000 的地形图,测绘宽度每侧应不小于 250 m,若有比较线,测绘宽度应将比较线包括进去。

路线平面图应示出地形、地物、路线位置和桩号、断链、平曲线主要桩位与其他主要交通路线的关系,以及县以上境界等,标注水准点、导线点及坐标格网或指北图式,示出特大桥、大桥中桥、隧道、路线交叉位置等。图中还应列出平曲线要素表。

(三) 路线平面图的内容及测绘步骤

1. 路线平面图的内容

(1) 公路沿线的地形、地物情况。
(2) 公路交点位置及里程桩标注、公路沿线各类控制桩位置及有关数据。
(3) 路线所经地段的地名,重要地理位置情况标注。
(4) 各类结构物设计成果的标注。
(5) 若图纸中包含弯道,应包括曲线要素表和导线、交点坐标表。
(6) 图签和有关说明。

2. 测绘步骤

(1) 按要求选定比例尺。
(2) 依直线、曲线及转角一览表及中线资料绘制公路中线图。
(3) 在公路中线图上标出公路起终点里程桩、百米桩、公里桩、曲线要素桩、桥涵桩及位置。
(4) 实地测绘沿线带状地形图并现场勾绘出等高线。
(5) 根据设计情况在图纸上标出各类结构物的平面位置并在图上列出曲线元素表等有关内容。

交点号 (JD)	交点桩号	偏角 (α)	半径 (R)	缓和曲线长 (l_h)	切线长 (T)	曲线长 (L)	外距 (E)
4	K0+770.46	左31°05′34″	88.65	30	39.76	78.11	3.81
5	K0+842.23	右23°35′21″	100	25	33.43	66.17	2.42
6	K0+932.84	左18°58′40″	110	25	30.92	61.43	1.77
7	K0+997.02	右22°10′05″	107.8	25	33.66	66.71	2.3
8	K1+070.54	左28°32′16″	60	25	27.85	54.88	2.36
9	K1+143.46	右17°51′18″	120	25	31.38	62.4	1.69
10	K1+245.28	左19°30′41″	110	25	31.45	62.46	1.85
11	K1+309.70	右14°10′36″	168	25	33.41	66.57	1.45
12	K1+392.80	右35°05′10″	150	25	32.38	64.5	1.48

K0+700.00~K1+400.00	
第2页	共40页

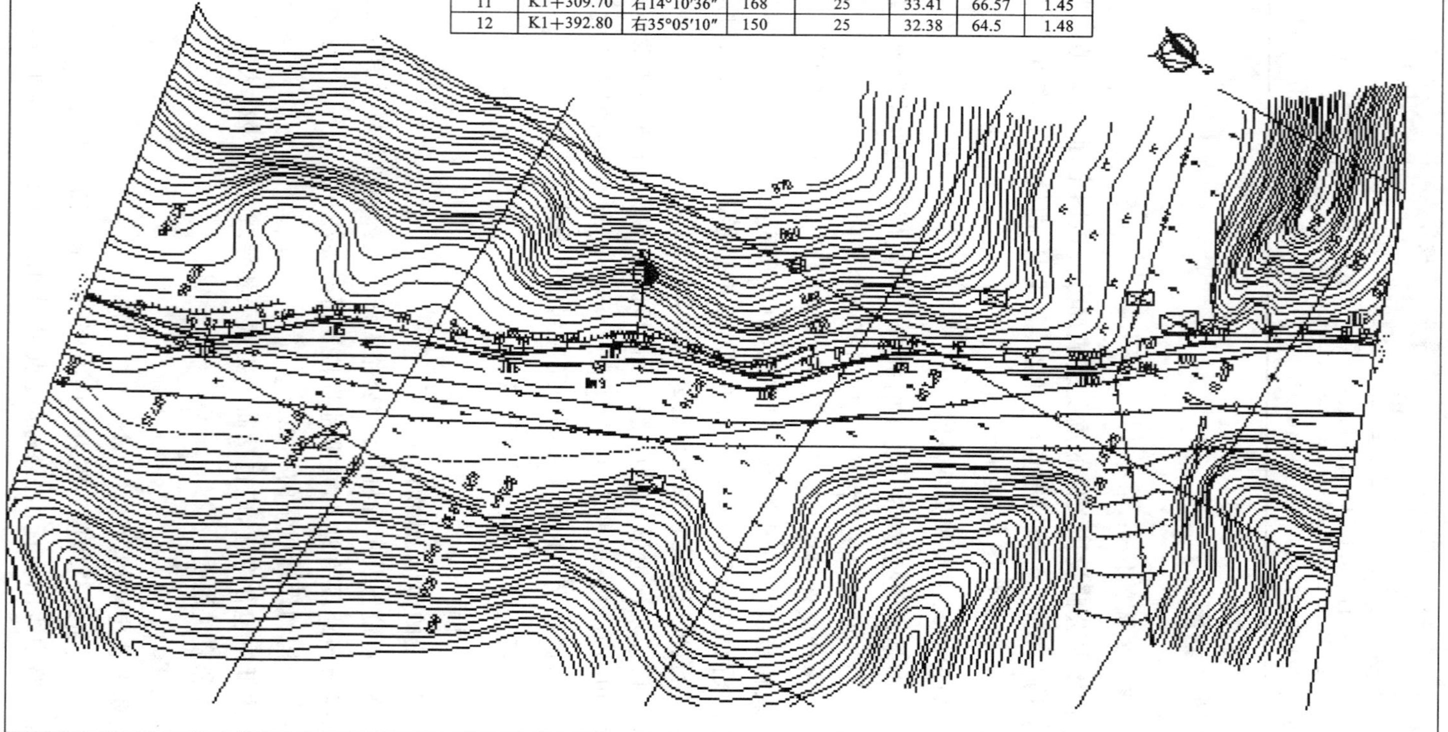

××公路勘察设计院	××至××公路改建工程	路线平面图	设计		复核		审核		图号		日期	
									比例	1：2000		

图 4-9-2　公路路线平面图

项目实战

(1) 任务布置。

以学院位于夏家店乡平房村的公路实景教学基地为平台,采用纸上选线,要求学生拟设计一条新建公路,公路等级为二级,设计速度为 60 km/h,路拱为 1.5%,最大超高为 8%,超高渐变率为 1/330,渐变方式为线性,二类内侧加宽,渐变方式为线性。要求遵循《规范》并结合地形,初步完成平面线形布线任务。

(2) 设计手段。

① 手绘法。

② 计算机辅助软件。

(3) 所需资源。

① 数字地形图(纸质版和电子版)。

② 手绘法(绘图工具+米格纸)。

③ 计算机辅助绘图(计算机、绘图软件)。

④ 外业测量数据。

(4) 提交材料。

① 路线平面图。

② 直线、曲线及转角一览表。

③ 逐桩坐标表。

项目测试
及参考答案

项目 5　运筹帷幄控点，深化纵断设计

学习目标

【知识目标】

1. 掌握纵断面线形中纵坡、坡长和竖曲线的含义及相关要求。
2. 掌握纵断面设计的目的、组成及设计高程的规定。
3. 熟悉纵断面设计线中直坡段与坡长限制的原因及合理取值的方法。
4. 熟悉变坡点位置选择的相关知识。
5. 熟悉纵断面设计的方法与步骤，了解纵断面的极限指标的应用。
6. 熟悉路线纵断面外业勘测的方法。

【能力目标】

1. 能够正确设置竖曲线并给出合理的取值。
2. 能够正确分析平纵线形的组合类型的优缺点。
3. 能够完成 1 km 公路路线纵断面的设计。
4. 能够绘制路线纵断面图和填写路基设计表。

【素质目标】

1. 使学生具有独立自主学习、分析问题、解决问题的能力。
2. 使学生具有团队协作、创新意识和严谨求实、一丝不苟的工匠精神。

项目5　运筹帷幄控点，深化纵断设计

思维导图

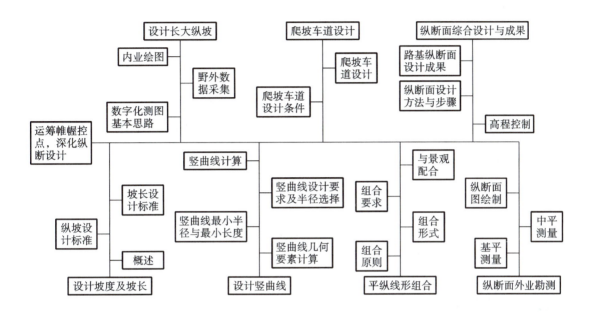

任务驱动

（1）案例引导。

给出××××工程实际纵断面图，完成相应任务。

（2）任务描述。

教师准备任务资料，包括纵断面图、《标准》及《规范》和路基设计表相关设计要素。学生分组（5至7人一组），各组在接到任务后，认真学习《标准》及《规范》的相关要求，结合教师讲课并搜集其他相关信息，每组各成员单独准备分析材料，然后分组讨论，最终以组为单位上交纵断面设计资料，主要包括纵断面图设计、平纵组合设计、路基设计表等纵断面设计成果。

×××公路纵断面图

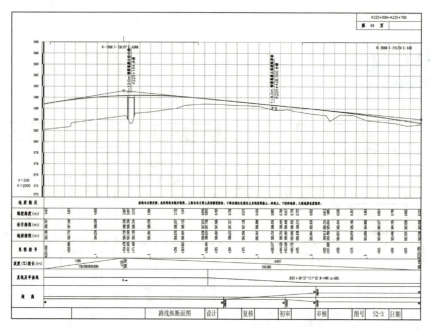

××××工程实际纵断面图

思政故事

典型人物：牟廷敏——让蜀道变通途的纯料造桥人

牟廷敏，四川省南部县人，原四川省交通运输厅公路规划勘察设计研究院（现为四川省公路规划勘察设计研究院有限公司）总工程师、教授级高工，享受国务院政府特殊津贴的桥梁专家，首届"四川杰出人才奖"获得者，四川省学术和技术带头人，交通运输部首届中青年科技领军人才，四川省工程设计大师，获全国五一劳动奖章、交通运输行业科技特殊贡献奖、交通运输部2017年感动交通十大年度人物荣誉。

2012年，"国家勘察设计和科技双示范工程"、有"天梯高速"之称的雅西高速公路通车。牟廷敏主持设计的雅西高速公路上最具代表性的干海子特大桥和腊八斤沟特大桥，气势磅礴，自然秀美，成为沿线最亮丽的风景之一。

雅西高速公路

任务 5.1　纵坡及坡长设计

任务引入

江岛大桥全长约 1446 m,高约 44 m,松江市一侧的坡度为 6.1%,坡度陡峭。每前进 100 m 升高约 6 m。从境港市一侧上桥,从"桥顶"眺望,能够将中海湖的景色尽收眼底,美景著名。

江岛大桥

学习引导

任务布置—课堂教学(教师引导—小组讨论—动手实践)—课后拓展与总结—分组讨论并整理,完成任务工单。

任务工单　纵坡及坡长设计

模块名称		项目名称	
任务名称		学生姓名和学号	
学习目标	1. 识读实际工程图纸,核对纵断面设计指标是否符合规范要求。 2. 会依据合同文件、图纸、《规范》和《标准》进行科学、合理的纵坡坡度设计和坡长设计		
	学习资源/方式	学生任务	要求
课前自主探究	1. 在线课程任务点学习。 2. 教材预习。 3. 工程图纸	1. 根据提供的工程实际纵断面图,结合《规范》《标准》判断纵坡坡度设计、纵坡坡长设计是否符合规范要求。 2. 路线纵断面纵坡坡度和坡长设计要点有哪些? 3. 结合图纸、《规范》和《标准》总结纵坡坡度和坡长设计的方法	完成任务工单

续表

	学习资源/方式	学生任务			要求
课中合作共研	研讨	师生讨论,完成以下任务。 1. 如何科学合理设计纵坡坡度? 2. 如何科学合理设计纵坡坡长?			完成任务工单
课中合作共研	规范学习	通过学习工程实际纵断面设计图纸,完成下列表格。 <table><tr><td rowspan="2">纵坡坡度和坡长</td><td>坡度、坡长</td><td>坡度或坡长值</td><td>是否符合规范</td></tr><tr><td>最大纵坡度/(%)</td><td></td><td></td></tr><tr><td></td><td>最小纵坡度/(%)</td><td></td><td></td></tr><tr><td></td><td>最大纵坡坡长/m</td><td></td><td></td></tr><tr><td></td><td>最小纵坡坡长/m</td><td></td><td></td></tr></table>			完成任务工单
课中合作共研	工程案例图纸	学习×××一级公路的路线纵断面图(已提供的图纸),结合《规范》,进行路线纵坡坡长设计,完成以下任务。 <table><tr><td>问题</td><td>答案</td><td>问题</td><td>答案</td></tr><tr><td>最小纵坡在什么情况下设计</td><td></td><td>最大纵坡在什么情况下设计</td><td></td></tr><tr><td>最小坡长设计要求</td><td></td><td>最大坡长设计要求</td><td></td></tr></table>			完成任务工单

评分	学生1 小组1	学生2 小组2	学生3 小组3	学生4 小组4	学生5 小组5	学生6 小组6	平均分	总分
组内评分 (30分)								
组间评分 (30分)								
教师评分 (40分)								

课后知识拓展	结合工程实际路线纵断面图中的数据,学习分析坡度、坡长设计要点,总结坡度和坡长设计方法	拓展能力
反思与收获		

注:1. 任务工单要求同学们认真完成,字迹清楚、整洁并认真保存。
2. 任务工单将作为学期末成果上交资料,其完成质量和数量将计入技能考核成绩。

相关知识

一、概述

沿着公路中线竖向剖切后展开得到的断面称为纵断面。纵断面图是公路设计的重要技术图表之一。它主要反映路线起伏、纵坡与原地面的切割等情况。把公路的纵断面图与平面图、横断面图结合起来,就能够完整地表达出公路的空间位置和立体线形。

公路的纵断面线形应根据公路的性质、任务、等级和地形、地物、地质、水文等因素,考虑路基稳定、排水及工程量等的要求,对纵坡的大小、长短,前后纵坡情况,竖曲线半径大小以及与平面线形的组合关系等进行组合设计。

沿路中线位置测得的原地面标高称为地面标高,地面标高的连线称为地面线。对于纵断面上的设计标高即路基(包括路面厚度)的设计标高,有如下规定。

(1) 新建公路的路基设计标高。高速公路、一级公路采用中央分隔带的外侧边缘标高;二级、三级、四级公路采用路基边缘标高,在设置超高、加宽的路段,路基设计标高是指设超高、加宽前该处路基边缘的标高。

(2) 改建公路的路基设计标高。改建公路的路基设计标高一般按新建公路的规定办理,也可视具体情况而采用中央分隔带或行车道中线标高。

在路线纵断面图中有两条主要的线:一条是地面线,它是根据路中线上各桩点实测的地面高程点绘出的一条不规则的折线,反映路中线处天然地面的起伏变化情况;另一条是设计线,它是经过技术、经济以及美学上的比较后,由设计人员制定出来的,主要反映公路建成后纵面坡度的变化情况。路线纵断面设计线是由均匀坡度线(直线)和竖曲线(圆曲线或二次抛物线)组成的。坡度线和竖曲线是纵断面线形的两个基本线形要素。显然,坡度线有上坡和下坡,是以坡度和水平长度表示的,一般上坡坡度为正,下坡坡度为负;竖曲线则是在坡度转换处设置的过渡性曲线,有凸型和凹型两种,其大小以半径和水平长度表示。

在任意一横断面上,设计标高与地面标高之差称为该处的施工高度,如图 5-1-1 所示。施工高度的大小决定了路堤的高度或路堑的深度。当设计线在地面线上面时,路基修筑成路堤(填方);当设计线在地面线下面时,路基修筑成路堑(挖方)。

二、纵坡设计标准

(一) 纵坡设计的一般要求

为使纵坡达到经济合理的目的,设计时必须全面掌握勘测资料,结合选(定)线的意图进行综合分析、比较,并满足以下要求。

(1) 纵坡设计必须满足《标准》中有关纵坡的各项规定,做到坡度平坦、起伏缓和,纵断面线形与平面设计相协调。

(2) 为保证汽车以一定的车速安全行驶,纵坡应具有一定的平顺性,起伏不宜过大或过于频繁,应尽量避免采用极限纵坡值;缓和坡段最好配合地形很自然地设置,不宜连续采用极限长度的陡坡夹最短坡长的缓坡,应争取采用较均匀的纵坡。垭口处的纵坡应尽量放缓

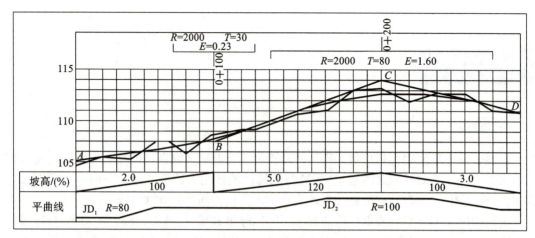

图 5-1-1 路线纵断面简图

一些。连续升坡或降坡路段,应避免设置反坡段。

(3) 纵坡设计时,对沿线的自然条件,如地形、土壤地质、水文、气候等,应做综合考虑,根据具体情况加以处理,以保证公路的畅通和稳定。

(4) 纵坡设计在一般情况下应考虑填挖平衡,尽量利用挖方运作就近路段的填方,以减少废方和借方量,节省土石方及其他工程数量,降低工程造价。

(5) 地下水位较高的平原微丘区和潮湿地带的路段,应满足最小填土高度的要求,以保证路基稳定。对于沿河及受水浸淹的路线,纵坡设计应保证路基设计标高一般高出设计洪水频率对应的计算水位以上 0.5 m。

(6) 纵坡设计应尽可能照顾当地民间运输工具、农用机械、农田水利等方面的要求。一个好的设计还必须尽量照顾到人的视觉和心理上的要求,使驾驶者有足够的安全感、舒适感和视觉上的美感。

(二) 最大纵坡、高原纵坡折减与最小纵坡

1. 最大纵坡

最大纵坡是指在设计纵坡时,各级公路允许采用的最大坡度值。它是路线设计中一项重要的控制指标。特别是在山区,纵坡的大小直接影响路线的长短、使用品质的好坏、工程量的大小以及运输成本的高低。因此,决定公路的最大纵坡时必须慎重。

在制定最大纵坡时,主要由以下 3 个方面来决定最大纵坡。

(1) 汽车的动力特性。不同类型的车辆具有不同的动力特性和制动性能,其上坡时的爬坡能力和下坡时的制动效能也各不相同。按照公路上行驶的车辆类型及其所具有的动力特性来确定汽车在规定速度下的爬坡能力和下坡的安全性,是确定公路最大纵坡的常用方法。

通过对汽车在坡道上行驶情况的调查发现,汽车上坡时因克服升坡阻力,需要增大牵引力,车速会降低;若陡坡过长,汽车水箱可能出现"开锅"、气阻的情况,严重时发动机可能熄火,使驾驶条件恶化。另外,车辆沿陡坡下行时,刹车次数明显增多,制动器易发热而失效,加之司机下坡行驶时心理紧张,很容易引发事故。

(2) 公路等级。不同的公路等级对应于不同的设计速度,从汽车的动力特性曲线可知,汽车的爬坡能力与行驶速度成反比。公路等级越高,行车密度越大,要求的行车速度也越

快,相应的纵坡也需减小。因而,不同等级、性质的公路,最大纵坡的限制值也不一样。在确定最大纵坡时,必须把保证各等级的公路具有规定的行车速度作为前提。

(3) 自然条件。公路所经地区的地形起伏情况、海拔高度、气温、降水、冰雪等自然因素对汽车的行驶条件和爬坡能力都会产生影响。处于长期冰冻地区的公路就须避免采用大坡,以防止行车滑溜等不安全现象的产生。

根据上述的行车速度、行车安全和驾驶条件等各种实践的要求,并综合事故与纵坡的关系、下坡刹车次数及陡坡累计长度的分析,普遍认为公路的最大纵坡以不超过8%为宜。从工程经济的角度考虑,《规范》规定的公路最大纵坡值见表5-1-1。

表 5-1-1 最大纵坡

设计速度/(km/h)	120	100	80	60	40	30	20
最大纵坡/(%)	3	4	5	6	7	8	9

注:1. 高速公路受地形条件或其他特殊情况限制时,经技术、经济论证,最大纵坡可增加1%。
2. 公路改建中,设计速度为 40 km/h、30 km/h、20 km/h 的利用原有公路的路段,经技术、经济论证,最大纵坡可增加1%。

大中型桥梁的纵坡不宜大于4%,桥头引道的纵坡不宜大于5%,位于市镇附近的非汽车交通较多地段,桥上及桥头引道的纵坡均不得大于3%,紧接桥头不短于 10 m 范围内的引道纵坡应与桥上纵坡相同(山岭、重丘区可减至 5 m)。

隧道内的纵坡不应大于3%并不小于0.3%,紧接隧道洞口 30 m 范围内的纵坡不应大于3%(明洞和长度小于 50 m 的隧道,可不受上述规定限制)。

非汽车交通比例较大的路段,可根据具体情况将纵坡适当放缓,平原微丘区一般不大于3%,山岭、重丘区一般不大于5%。

2. 高原纵坡折减

在海拔较高的高原地区,汽车发动机的功率因空气稀薄而减小,相应地降低了汽车的爬坡能力。此外,在高原地区,汽车水箱中的水容易开锅而破坏冷却系统。因此,《规范》规定,在海拔 3000 m 以上的高原地区,各级公路的最大纵坡值应按表5-1-2的规定予以折减;最大纵坡折减后,如小于4%,则仍用4%。

表 5-1-2 高原纵坡折减值

海拔高度	3000~4000 m	4000~5000 m	5000 m 以上
折减值/(%)	1	2	3

3. 最小纵坡

为保证挖方路段、设置边沟的低填方路段和横向排水不畅路段的排水,以防止积水渗入路基而影响其稳定性,应采用不小于0.3%的纵坡(一般情况下以采用不小于0.5%为宜)。当必须设计小于0.3%的纵坡时,边沟应做单独排水设计。如干旱地区,横向排水良好、不产生路面积水的路段,也可不受此最小纵坡的限制。

(三) 平均纵坡

平均纵坡是指在一定长度路段内,路线在纵向所克服的高差值与该路段的距离之比,用百分率(%)表示。它是衡量纵面线形设计好坏的一个重要指标。平均纵坡计算公式为

$$i_{平均} = H/L \times 100\%$$ (5-1-1)

式中：H——相对高差，m；

L——路线长度，m。

在路线纵坡设计时往往会有这样的情况：当地形困难，高差很大时，设计者可能不断交替地运用最大纵坡（并达到限制坡长）和缓和坡段（往往接近最短坡长）。这样做看似符合纵坡设计的有关标准，但是纵面线形很不好，不能保证使用质量。因此，有必要从行车顺利和安全的角度来控制纵坡的平均值。这样既可保证路线的平均纵坡不致过陡，又可以避免局部地段使用过大的平均纵坡。

设计时应合理地考虑最大纵坡、坡长限制及缓和坡段的规定，保证纵坡均衡匀顺，确保行车安全和舒适。《规范》规定，二级、三级、四级公路越岭路线的平均纵坡一般以接近 5.5%（相对高差 200~500 m 时）和 5%（相对高差大于 500 m 时）为宜，同时注意任何相连 3 km 路段的平均纵坡不宜大于 5.5%。

（四）合成坡度

合成坡度是指由路线纵坡与弯道超高横坡或路拱横坡组合而成的坡度，其方向即流水线方向，如图 5-1-2 所示。合成坡度记为 $i_合$，计算公式为

$$i_合 = \sqrt{i_纵^2 + i_横^2} \tag{5-1-2}$$

式中：$i_合$——合成坡度，%；

$i_横$——超高横坡或路拱横坡，%；

$i_纵$——路线纵坡，%。

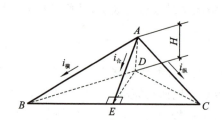

图 5-1-2 合成坡度

由于合成坡度是由纵向坡度与横向坡度组合而成的，合成坡度的值比原路线纵坡大，汽车在设有超高的坡道上行驶时，不仅要受坡度阻力的影响，而且要受离心力的影响。尤其是当纵坡大而平曲线半径小时，汽车重心往往由于合成坡度的影响而发生偏移，给汽车行驶带来危险。因此，当弯道与坡度组合时，为防止汽车向合成坡度方向倾斜、滑移，应将超高横坡与纵坡的组合控制在适当的范围以内。

实践证明，合成坡度对于控制急弯和陡坡相互重叠是非常必要的，在条件许可时，以采用较小的合成坡度为宜。

《规范》规定，在设有超高的平曲线上，超高与纵坡的合成坡度值不得超过表 5-1-3 的规定，在积雪或冰冻地区、自然横坡较陡峻的傍山路段、非汽车交通量比率高的路段，合成坡度值不应大于 8%。

为保证路面排水，《规范》还规定，各级公路的最小合成坡度不宜小于 0.5%；当合成坡度小于 0.5% 时，应采取综合排水措施，以保证路面排水畅通。

表 5-1-3　公路最大合成坡度表

公路等级	高速公路、一级公路			
设计速度/(km/h)	120	100	80	60
合成坡度/(%)	10.0	10.0	10.5	10.5
公路等级	二级、三级、四级公路				
设计速度/(km/h)	80	60	40	30	20
合成坡度/(%)	9.0	9.5	10.0	10.0	10.0

三、坡长设计标准

(一) 坡长限制

坡长是指纵面线形上两个变坡点之间的长度。坡长限制包括两方面的内容：一是对一般纵坡的最小坡长予以限制；二是对较陡纵坡的最大坡长予以限制。

1. 最小坡长限制

之所以要对最小坡长加以限制，从行车来看，主要是因为纵坡上若变坡点过多，会使纵面线形起伏，导致车辆行驶颠簸频繁，车速越高则越显得突出，从而影响行车的舒适性和安全性。为提高行车的平顺性，一般要求纵坡上的转折点较少。

从线形的几何构成来看，相邻变坡点之间的距离也不宜过短。最短应不小于相邻竖曲线的切线长，以便插入适当的竖曲线来缓和纵坡的突变，同时也便于平纵面线形的合理组合与布置。此外，为保证行车安全，还必须使两个凸形变坡点之间的距离满足行车视距的要求。如相邻两纵坡之间的坡度相差较大，为便于汽车运行时换挡操作，其坡长更不宜太短。

最小坡长通常以汽车按设计速度行驶 9～15 s 的行程作为规定值。在设计速度较高的高等级公路上，因车速较快，9 s 的行程已能满足行车操作和布设几何线形的需要；而在设计速度较低的一般公路上，行程时间应取长些，方能更好地满足行车和布设线形的需要。《规范》据此给出了各级公路和城市公路的最小坡长，见表 5-1-4。

表 5-1-4　公路最小坡长

设计速度/(km/h)	120	100	80	60	40	30	20
最小坡长/m	300	250	200	150	120	100	60

2. 最大坡长限制

当路线为连续陡坡时，汽车上坡时为发挥更大的牵引力，多使用低速挡（如一、二挡）。如坡长过长，长时间使用低速挡会使发动机发热过分而使效率降低、水箱"开锅"、行驶无力；而下坡时，因坡度过陡、坡段过长而使刹车频繁，影响行车安全。因此，为保证行车安全，对较陡纵坡的坡长应加以限制，见表 5-1-5。

表 5-1-5　各级公路纵坡长度限制

纵坡坡度/(%)	设计速度/(km/h)						
	120	100	80	60	40	30	20
	最大纵坡/m						
3	900	1000	1100	1200			

续表

纵坡坡度/(%)	设计速度/(km/h)						
	120	100	80	60	40	30	20
	最大纵坡/m						
4	700	800	900	1000	1100	1100	1200
5		600	700	800	900	900	1000
6			500	600	700	700	800
7					500	500	600
8					300	300	400
9						200	300
10							200

当连续陡坡由几个不同坡度值的坡段组合而成时,应按不同坡度的坡长限值折算确定,如某山区三级公路设计速度为 40 km/h,一坡段纵坡为 8%,长 120 m,该长度是相应限制坡长(300 m)的 2/5,如相邻坡段的纵坡为 7%,则其坡长不应超过相应坡长限值 500 m 的 3/5,即 500 m×3/5=300 m,也就是说,8%纵坡设计 120 m 后,还可接着设计 7%纵坡段 300 m 或 6%纵坡段 700 m×3/5=420 m。

(二) 缓和坡段

缓和坡段的作用主要是改善汽车在连续陡坡上行驶的紧张状况,避免汽车长时间低速行驶或汽车下坡产生不安全因素。因此,当陡坡的长度达到限制坡长时,应安排一段缓坡,用以恢复在陡坡上行驶所降低的速度。汽车在缓坡上行驶的长度,从理论上应满足汽车加速或减速行驶过程的需要。

《规范》规定,对于二级、三级、四级公路,当连续纵坡大于 5.0%时,应在规定的长度处设置缓和坡段。缓和坡段的纵坡应不大于 3%,长度应符合规定。

任务 5.2 竖曲线设计与计算

任务引入

坡度错觉

1. 由于眼睛对远处的景物会出现平面化,因此视距较远的坡道容易被看成是平路,当车子行驶到坡道前时,突然出现的上坡或者下坡会让驾驶员措手不及。

2. 上坡途中当感觉坡度变缓时,往往会造成已经变成了下坡路段的错觉,此时减小油门,容易造成汽车溜坡的现象。

3. 下坡到坡底或者是坡度逐渐变小时,也会产生要上坡的错觉,此时加大车速,很可能在坡底的时候造成托底。

学习引导

任务布置—课堂教学(教师引导—小组讨论—动手实践)—课后拓展与总结—分组讨论并整理,完成任务工单—形成"××公路路线纵断面坡度、坡长计算与分析评价"。

任务工单 竖曲线设计与计算

模块名称		项目名称				
任务名称		学生姓名和学号				
学习目标	1. 识读实际工程图,认知竖曲线设计位置、竖曲线类型、竖曲线要素计算、竖曲线设计要点。 2. 会依据合同文件、图纸、《规范》和《标准》进行科学、合理的竖曲线设计					
	学习资源/方式	学生任务				要求
课前自主探究	1. 在线课程任务点学习。 2. 教材预习。 3. 工程图纸	1. 根据提供的工程实际纵断面图,结合《规范》《标准》分析竖曲线设计是否符合要求。 2. 简述竖曲线要素计算。 3. 结合图纸、《规范》和《标准》科学合理设计竖曲线				完成任务工单
课中合作共研	研讨	师生讨论,完成以下任务。 1. 简述竖曲线类型、竖曲线要素计算、最小半径和最小长度设计。 2. 如何科学合理设计竖曲线?				完成任务工单
	规范学习	学习工程实际纵断面设计图纸,完成下列表格。				完成任务工单
		竖曲线设计	半径、长度	竖曲线半径、长度值	是否符合规范	
			竖曲线半径			
			竖曲线长度			

续表

	学习资源/方式	学生任务					要求
课中合作共研	工程案例图纸	学习×××一级公路的路线纵断面图(已提供的图纸),结合《规范》,进行路线竖曲线设计,完成以下任务。 | 问题 | 答案 | 问题 | 答案 | |---|---|---|---| | 竖曲线设计要求 | | | | | 竖曲线半径的选取 | | | | | | | | | | | | | |					完成任务工单

评分	学生1 小组1	学生2 小组2	学生3 小组3	学生4 小组4	学生5 小组5	学生6 小组6	平均分	总分
组内评分 (30分)								
组间评分 (30分)								
教师评分 (40分)								

课后知识拓展	结合工程实际路线纵断面图中的数据,学习分析竖曲线设计要点,总结竖曲线设计方法	拓展能力
反思与收获		

注:1. 任务工单要求同学们认真完成,字迹清楚、整洁并认真保存。
2. 任务工单将作为学期末成果上交资料,其完成质量和数量将计入技能考核成绩。

相关知识

一、竖曲线设计

当纵断面上两条坡度不同的相邻纵坡线相交时,就出现了变坡点,汽车在变坡点上行驶不顺,故在变坡点处都必须用曲线将前后两条相邻纵坡线顺适连接起来,以适应行车的需要。这条连接两纵坡线的曲线(二次抛物线)称为竖曲线。竖曲线分为凸型竖曲线和凹型竖曲线两种形式,所以纵断面设计线由直坡段和竖曲线组成。

(一)竖曲线的特点及几何要素计算

纵断面图上的设计线是由直坡段和竖曲线组成的。在两个直坡段的转折处(变坡点),为保证行车安全、舒适以及满足视距的要求而设置的一段曲线,叫作竖曲线;相邻两直坡段

的交角 ω 叫作坡度角,如图 5-2-1 所示。坡度角 ω 的大小近似地等于相邻两纵坡段坡度的代数差,即

$$\omega = i_2 - i_1 \tag{5-2-1}$$

式中:i_2、i_1——相邻坡度线的坡度值,上坡为正,下坡为负。

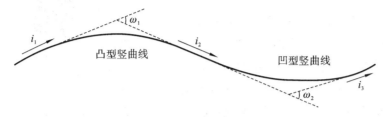

图 5-2-1 竖曲线示意图

当变坡点在竖曲线的上方即 ω 为负时,其相应的竖曲线称为凸型竖曲线,反之则称为凹型竖曲线。

竖曲线的线形有用圆曲线线形的,也有用抛物线线形的。通常在公路使用范围内,圆弧和抛物线几乎没有差别,但在设计和计算上,抛物线则比圆曲线方便得多。抛物线的特点是:抛物线的纵轴保持直立,且与两相邻纵坡线相切。因此,设计上一般采用二次抛物线作为竖曲线。

(1) 竖曲线基本方程式。我国采用二次抛物线线形作为竖曲线的常用形式。其基本方程为 $x^2 = 2py$,若取抛物线参数 p 为竖曲线的半径 R,则有

$$y = \frac{x^2}{2R} \tag{5-2-2}$$

(2) 竖曲线要素计算公式。由于路线纵坡度 i_1、i_2 的值很小(最大不超过 0.09),而高程变化值与水平距离之比相差甚大,因而在实际生产中均假定竖曲线的切线长度与弧长(曲线长度)等于其在水平面上的投影长度,切线支距是竖直的高程差,如图 5-2-2 所示。在纵断面设计时,竖曲线的几何要素计算公式如下:

$$\omega = i_2 - i_1$$
$$L = R\omega$$
$$T \approx \frac{L}{2} = \frac{R\omega}{2}$$
$$E = \frac{T^2}{2R}$$

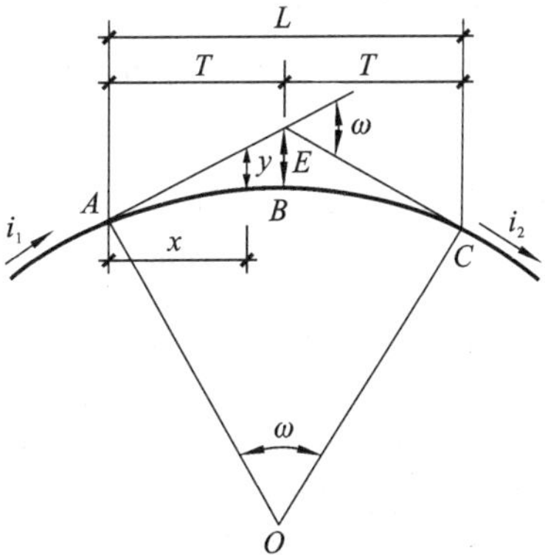

图 5-2-2 竖曲线几何元素

竖曲线上任意点纵距为

$$h = \frac{l^2}{2R}$$

式中:R——二次抛物线的参数,一般称作竖曲线半径,m;

T——竖曲线的切线长,m;

L——竖曲线长度,m;

E——竖曲线变坡点处的切线支距(纵距)，m；

l——竖曲线上任意一点距竖曲线起点或终点的水平距，m；

h——竖曲线上任意一点距切线的纵距，m。

(二) 竖曲线的最小半径与最小长度

1. 竖曲线最小半径与最小长度的考虑因素

(1) 缓和冲击。汽车在竖曲线上行驶时会产生径向离心力，在凸型竖曲线上行驶会减重，在凹型竖曲线上行驶会增重，如果这种离心力达到某种程度，乘客就会有不舒适的感

竖曲线指标选取和应用

竖曲线最小半径动画

觉，同时对汽车的悬挂系统也有不利影响，故应在确定竖曲线半径时对径向离心力加速度加以控制。根据试验得知，离心加速度 a 限制在 $0.5 \sim 0.7 \text{ m/s}^2$ 之间比较合适。

(2) 行程时间不宜过短。汽车从直坡段驶入竖曲线时，如果竖曲线长度过短，汽车迅速驶过，一方面会增大冲击力，引起旅客不适；另一方面从视觉上也会感到线形突然转折，影响美观。因此，应限制汽车在竖曲线上的行程时间，其值一般不宜小于 3 s。

(3) 满足视距要求。汽车行驶在凸型竖曲线上，若半径过小，公路凸起部分会阻挡驾驶员的视线；汽车行驶在凹型竖曲线上，若半径过小，也同样存在视距问题。为了行车安全，竖曲线的最小半径或最小长度还应从保证视距的角度加以限制。

总之，竖曲线无论是凹型还是凸型，都受到以上三种因素的控制。就凸型、凹型竖曲线来说，由于汽车在凹型、凸型两种竖曲线上行驶时的受力、视距等情况不同，其控制因素也不相同。

2. 凸型竖曲线最小半径与最小长度

根据缓和冲击、行程时间不宜过短、满足视距要求三种限制因素，分别计算出凸型竖曲线的最小长度和最小半径，取其中的较大者作为确定依据。根据计算比较，凸型竖曲线最小半径和最小长度以满足视距要求为控制因素。

《规范》规定的凸型竖曲线极限最小半径和一般最小半径见表 5-2-1。竖曲线最小长度相当于各级公路设计速度的 3 s 行程。

表 5-2-1　公路竖曲线最小半径与最小长度

设计速度/(km/h)		120	100	80	60	40	30	20
凸型竖曲线半径/m	一般值	17000	10000	4500	2000	700	400	200
	极限值	11000	6500	3000	1400	450	250	100
凹型竖曲线半径/m	一般值	6000	4500	3000	1500	700	400	200
	极限值	4000	3000	2000	1000	450	250	100
竖曲线长度/m	一般值	250	210	170	120	90	60	50
	极限值	100	85	70	50	35	25	20

3. 凹型竖曲线最小半径与最小长度

根据缓和冲击、行程时间不宜过短、满足视距要求三种限制因素，分别计算出凹型竖曲线的最小长度和最小半径，取其中的较大者作为确定依据。根据计算比较，凹型竖曲线最不

利的情况是由径向离心力产生的冲击力过大,因此,凹型竖曲线最小半径和最小长度应依据缓和冲击的要求来确定。

《规范》规定的凹型竖曲线极限最小半径和一般最小半径见表 5-2-1。凹型竖曲线最小长度与凸型竖曲线相同。

(三) 竖曲线设计的要求及半径的选择

1. 竖曲线设计的要求

(1) 宜选用较大的竖曲线半径,当条件许可时,应尽量采用一般最小半径,只有当地形受到限制或遇到其他特殊困难时,才采用极限最小半径。

(2) 同向竖曲线(见图 5-2-3)间,特别是同向凹型竖曲线之间,如果直坡段不长,应合并为单曲线或复曲线,以免出现断背曲线。

(3) 反向竖曲线(见图 5-2-4)之间应尽量设置一段直坡段,直坡段的长度一般以不小于设计速度的 3 s 行程为宜,以使汽车的增重与减重之间有一过渡段,利于汽车行驶。当插入直坡段有困难时,也可径向连接。

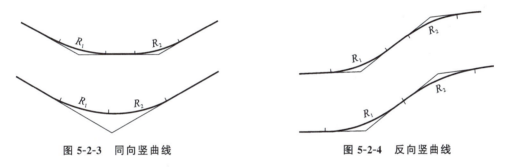

图 5-2-3　同向竖曲线　　　　　图 5-2-4　反向竖曲线

2. 竖曲线半径的选择

(1) 所选半径应符合规范要求。

(2) 在不过分增加土石方数量的情况下,为使行车舒适,应尽量采用较大竖曲线半径。

(3) 根据竖曲线范围内的纵断面地面线起伏情况和高程控制要求,确定合适的外距值,按外距控制选择半径。

(4) 考虑相邻竖曲线的连接或平纵组合,确定竖曲线长度,按其切线长度选择半径。

(5) 在夜间行车交通量较大的路段,应适当加大半径,使汽车前照灯有较长的照射距离。

(6) 过大的竖曲线半径将使竖曲线过长,对排水不利,选择半径时应注意。

头脑风暴

相邻纵坡之代数差很小,采用大半径竖曲线时,如果导致竖曲线上的纵坡小于 0.3%,不利于排水,应该采取什么措施?

> **知识贴吧**
>
> 结合前面所学知识,回想一下高速公路、一级公路、二级公路、三级公路、四级公路、改建公路的路基设计标高在什么位置。

(四) 竖曲线计算

竖曲线计算的目的是确定设计纵坡上指定桩号的路基设计标高,具体计算步骤如下。

(1) 选择半径。纵坡设计完成后,在各变坡点处需设置合适的竖曲线。竖曲线设计主要按照《标准》和《规范》的要求,选择恰当的竖曲线半径(或竖曲线长度)。通常情况下,竖曲线半径可采用外距(E)、切线长(T)等控制条件来计算确定(通常取整到 50 m)。

① 按竖曲线外距 E 控制选择半径:$R = \dfrac{T^2}{2E}$。

② 按切线长 T 控制选择半径:$R = \dfrac{2T}{\omega}$。

(2) 计算竖曲线的基本要素(竖曲线长 L、切线长 T、外距 E)。

(3) 计算竖曲线起点、终点的桩号。

$$竖曲线起点的桩号 = 变坡点的桩号 - T$$
$$竖曲线终点的桩号 = 变坡点的桩号 + T$$

(4) 计算竖曲线上任意点切线高程。

$$切线高程 = 变坡点的高程 \pm (T - l) \cdot i$$

(5) 计算竖曲线上任意点的纵距:$h = \dfrac{l^2}{2R}$。

(6) 计算竖曲线上任意点设计高。

$$某桩号在凸型竖曲线的设计标高 = 该桩号在切线上的设计标高 - h$$
$$某桩号在凹型竖曲线的设计标高 = 该桩号在切线上的设计标高 + h$$

二、案例

某三级公路,有一变坡点,其桩号为 K5+032.18,高程为 258.78 m,两相邻坡道的纵坡为 $i_1 = 0.05$,$i_2 = -0.03$,竖曲线半径 $R = 1000$ m。求:

(1) 竖曲线各基本要素;

(2) 竖曲线起点、终点桩号及设计标高;

(3) K5+000.00,K5+032.18,K5+050.00 的设计标高。

解:(1) 竖曲线要素计算。

$$\omega = i_2 - i_1 = -0.03 - 0.05 = -0.08$$

因此,为凸型竖曲线。

$$L = R\omega = 1000 \times 0.08 \text{ m} = 80 \text{ m}$$

$$T = \frac{L}{2} = \frac{80}{2} \text{ m} = 40 \text{ m}$$

$$E = \frac{T^2}{2R} = \frac{40^2}{2 \times 1000} \text{ m} = 0.8 \text{ m}$$

(2) 竖曲线起、终点桩号。

竖曲线起点桩号＝K5＋032.18－40＝K4＋992.18

竖曲线终点桩号＝K5＋032.18＋40＝K5＋072.18

(3) K5＋000.00，K5＋032.18，K5＋050.00 的切线高程、改正值和设计高程。

K5＋000.00 的切线高程＝{258.78 m－[(K5＋032.18)－(K5＋000.00)]×5‰}m＝257.17 m

$$\text{K5＋000.00 的改正值} = \frac{[(\text{K5＋000.00}) - (\text{K4＋992.18})]^2}{2 \times 1000} \text{ m} = 0.03 \text{ m}$$

K5＋000.00 的设计高程＝257.17 m－0.03 m＝257.14 m

K5＋032.18 为变坡点桩号，切线设计高程和改正值(为外距 E)见题中给的数据和竖曲线要素计算内容。

K5＋032.18 的设计高程＝258.78 m－0.8 m＝257.98 m

K5＋050.00 的切线高程、改正值和设计高程如下。

K5＋050.00 的切线高程＝{258.78－[(K5＋050.00)－(K5＋032.18)]×3‰}m＝258.25 m

$$\text{K5＋050.00 的改正值} = \frac{[(\text{K5＋072.18}) - (\text{K5＋050.00})]^2}{2 \times 1000} \text{ m} = 0.25 \text{ m}$$

K5＋050.00 的设计高程＝258.25－0.25 m＝258.00 m

任务 5.3　路线平纵面线形组合

任务引入

在实际公路设计中，如何通过技术创新来降低急弯陡坡路段的事故率？

学习引导

任务布置—课堂教学(教师引导—小组讨论—动手实践)—课后拓展与总结—分组讨论并整理，完成任务工单。

任务工单　路线平纵面线形组合

模块名称		项目名称	
任务名称		学生姓名和学号	

续表

学习目标	1. 识读工程实际图纸,认知路线平纵面线形组合。 2. 会依据合同文件、图纸、《规范》和《标准》科学、合理地进行路线平纵面线形组合设计			
	学习资源/方式	学生任务		要求
课前自主探究	1. 在线课程任务点学习。 2. 教材预习。 3. 工程图纸	1. 根据提供的工程实际图纸,认知路线平纵面线形组合是否满足《规范》《标准》要求,总结路线平纵面线形组合设计原则。 2. 根据图纸资料分析路线平纵面线形组合形式。 3. 结合图纸、《规范》和《标准》科学、合理分析平纵面线形组合设计		完成任务工单
课中合作共研	研讨	师生讨论,完成以下任务。 1. 结合提供的工程实际图纸,讨论平纵面线形组合的原则,以及组合的形式。 2. 如何科学、合理进行平纵面线形组合设计? 3. 设计的路线如何与景观配合?		完成任务工单
课中合作共研	规范学习	学习工程实际设计图纸,完成下列表格。 		问题	答案	备注
---	---	---	---
平纵面线形组合	平纵面线形组合原则		
	竖曲线半径长度值是否符合规范要求					完成任务工单

续表

	学习资源/方式	学生任务							要求
课中合作共研	工程案例图纸	学习×××一级公路的路线图(已提供的图纸),结合《规范》,进行平纵面线形组合分析,完成以下任务。 	问题	答案	问题	答案
---	---	---	---
路线的平纵面线形组合形式			
平纵面线形组合是否满足规范要求			
平纵面线形组合是否与景观协调										完成任务工单
评分	学生1 小组1	学生2 小组2	学生3 小组3	学生4 小组4	学生5 小组5	学生6 小组6	平均分		总分
组内评分 (30分)									
组间评分 (30分)									
教师评分 (40分)									
课后知识拓展	结合工程实际路线图中的数据,学习分析路线平纵面线形组合设计要点,总结平纵面线形组合设计方法								拓展能力
反思与收获									

注:1. 任务工单要求同学们认真完成,字迹清楚、整洁并认真保存。
2. 任务工单将作为学期末成果上交资料,其完成质量和数量将计入技能考核成绩。

一、路线平纵面线形的组合原则

平面线形与纵面线形是按照工程建设情况,从不同角度来评价公路构造物空间实际线形的两个要素。实际上,公路的线形最终是以平面线形和纵面线形所组合成的立体线形映入驾驶员眼帘的。驾驶员在驾驶过程中所选定的实际行驶速度也是由他对公路立体线形的判断而确定的。公路立体线形的好坏,最后集中反映在汽车的实际行驶速度上。为此,设计公路平纵面线形时,除必须满足《标准》和《规范》规定的最小值要求外,还应考虑满足视觉、心理方面连续、舒适的要求,这对平纵面线形的组合设计提出更高的要求。

高速公路和一级公路以及设计速度大于或等于60 km/h的公路,应注重空间线形设计,尽量做到线形连续、指标均衡、视觉良好、景观协调和安全舒适。设计速度越高,平纵面线形组合设计所考虑的因素应越周全。

平纵面线形组合设计是在平面和纵面线形初步确定的基础上,采用公路透视图法或模型法进行视觉分析,研究如何满足驾驶员视觉和心理方面的要求并以立体线形连续、行车舒适、与周围环境协调和排水良好等为目的,再对平纵面线形进行修改和优化的过程。

平面线形与纵面线形的组合设计是线形设计的最后阶段,是保证公路成为连续、圆滑、顺适、美观的空间立体线形的重要过程,也是真正实现安全、迅速和舒适营运的重要保障。

平纵面线形的组合应综合考虑汽车行驶的安全性和舒适性,工程造价、营运的经济性,以及驾驶员视觉和心理上的需要并与公路周围的环境相协调。设计时,平面线形和纵面线形的组合一般应满足以下原则。

(1) 满足驾驶员视觉和心理上的要求,能在视觉上自然地诱导驾驶员的视线并保持视觉的连续性。

公路的线形、周围的景观、行车标志以及其他有关公路的情报,几乎都是以驾驶员的眼睛为媒体从视觉上感受到的。因此,线形设计要使驾驶员保持视觉的连续性并且具有足够的舒适感和安全感,使视觉与心理反应达到均衡。

(2) 除满足汽车行驶力学上的要求外,平纵面两种线形的技术指标大小应均衡。

(3) 从行驶安全和有利于排水的角度考虑,设计时不要选择形成过大或过小合成坡度的组合。

二、路线平纵面线形的组合形式

通过分解立体线形要素,可得出平纵面线形有 6 种组合形式,如图 5-3-1 所示。

(1) 平面上为直线,纵面上也是直线,构成具有恒等坡度的直线。
(2) 平面上为直线,纵面上是凹型竖曲线,构成凹下去的直线。
(3) 平面上为直线,纵面上是凸型竖曲线,构成凸起的直线。
(4) 平面上为曲线,纵面上为直线,构成具有恒等坡度的平曲线。
(5) 平面上为曲线,纵面上为凹型竖曲线,构成凹下去的平曲线。
(6) 平面上为曲线,纵面上为凸型竖曲线,构成凸起的平曲线。

上述(1)~(3)型是在垂直平面内的线形类型,(4)~(6)型是立体曲线。从视觉、心理分析来看,它们各有优势和不足。

(1)型组合往往线形单调、枯燥,行车过程中视景缺乏变化,司机容易疲劳和频繁超车。设计时应采用画行车道线,设置标志、绿化,注意与路侧设施配合等方法来调节单调的视觉,加强视线诱导。

(2)型组合具有较好的视距条件,能给驾驶员以动态的视觉效果,行车条件较好。设计时要注意避免采用较短的凹型竖曲线,尤其在两个凹型竖曲线间注意不要插入短的直坡段;在长直线的末端不宜插入小半径的凹型竖曲线。

(3)型组合视距条件差,线形单调,应注意避免,无法避免时应采用较大的竖曲线半径;与(2)型组合相配合时,应注意克服"驼峰""暗凹"和"浪形"等不良视觉现象的出现。

(4)型组合,一般来说,只要平曲线半径选择适当,纵坡不太陡,即可获得较好的视觉和心理感受,设计时须注意检查合成坡度是否超限。

(5)、(6)型组合是常见又比较复杂的组合形式。如果平纵面线形几何要素的大小适宜,则位置适当。平纵面均衡协调,可以获得视觉舒顺、视线诱引良好的立体线形。否则,会出现一些不良的后果,设计时应引起特别重视。

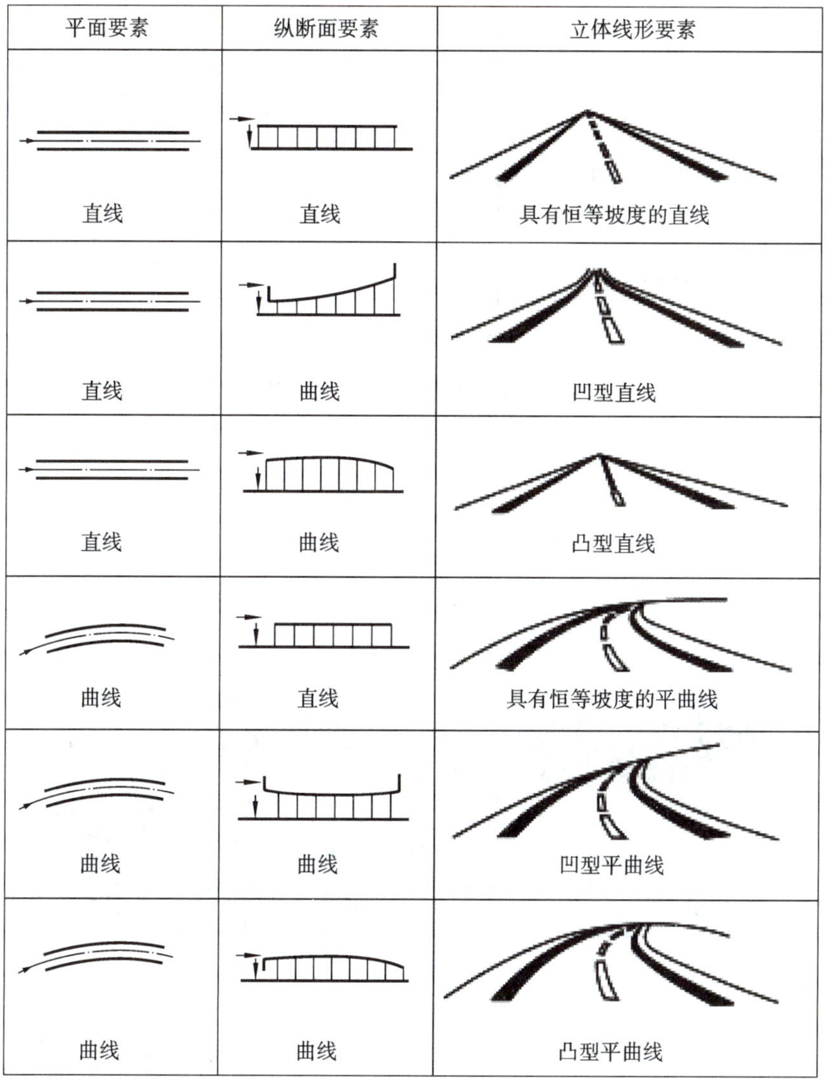

平面要素	纵断面要素	立体线形要素
直线	直线	具有恒等坡度的直线
直线	曲线	凹型直线
直线	曲线	凸型直线
曲线	直线	具有恒等坡度的平曲线
曲线	曲线	凹型平曲线
曲线	曲线	凸型平曲线

图 5-3-1　空间线形要素

三、路线平纵面线形的组合要求

为使线形组合设计达到以上要求并得到较好的效果，除可采用透视图法检查外，根据经验还应做到以下 4 点，如图 5-3-2 所示。

（1）当竖曲线与平曲线组合时，竖曲线宜包含在平曲线之内且平曲线应稍长于竖曲线。这种布置通常称为平曲线与竖曲线的对应。这种布置的优点是在车辆驶入凸型竖曲线的顶点之前，驾驶员能清楚地看到平曲线的始端，辨明弯道的走向，不致因判断错误而发生事故。

若平、竖曲线的半径都很大，则平、竖曲线的位置可不受上述限制；若做不到竖曲线与平曲线较好地配合且两者的半径都小于某限度，则应把平、竖曲线拉开适当距离，使平曲线位于直坡段上或竖曲线位于直坡线上。

（2）要保持平曲线与竖曲线大小的均衡。平曲线与竖曲线的大小不均衡，会给人以不愉快的感觉，失去视觉上的均衡性。如果平曲线和竖曲线中一方大而平缓，那么另一方就不

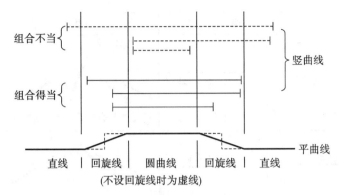

图 5-3-2　平曲线与竖曲线的组合

要多而小。若一条长的平曲线内有两条以上的竖曲线,或者一条大的竖曲线含有两条以上的平曲线,则看上去会非常别扭,如图 5-3-3、图 5-3-4、图 5-3-5 所示。

图 5-3-3　反复变坡使视线中断

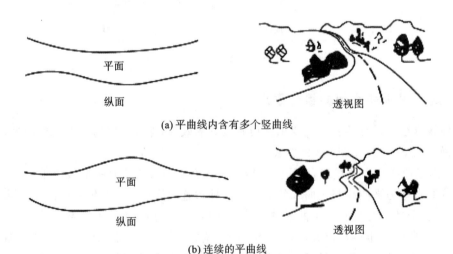

图 5-3-4　不均衡的平、竖曲线组合

根据经验,平曲线半径不大于 1000 m,竖曲线的半径为平曲线的 10~20 倍,便可达到线形的均衡性。表 5-3-1 所示为德国的经验值,可供设计时参考。

图 5-3-5 不均衡的平、竖曲线组合的视觉效果

表 5-3-1 平、竖曲线半径的均衡

平曲线半径/m	竖曲线半径/m	平曲线半径/m	竖曲线半径/m
500	10000	1100	30000
700	12000	1200	40000
800	16000	1500	60000
900	20000	2000	100000
1000	25000		

（3）要选择适当的合成坡度。合成坡度过大对行车不利（特别是在冬季结冰期更危险）；合成坡度过小对排水不利，也影响行车（车辆行驶时有溅水干扰）。虽然《规范》对合成坡度的最大容许值做了规定，但在进行平纵面线形组合时，如条件允许，最好使合成坡度小于 8%。

（4）平纵面线形设计中应避免以下组合。

①设计速度大于或等于 40 km/h 的公路，凸型竖曲线的顶部和凹型竖曲线的底部不得插入小半径平曲线。如果在凹型竖曲线的顶部有小半径的平曲线，则不仅不能引导视线，而且需要急转方向盘，致使行车危险。在凹型竖曲线的底部有小半径的平曲线，便会出现汽车加速时急转弯的情形，同样可能发生危险。

②凸型竖曲线的顶部或凹型竖曲线的底部，不得与反向平曲线的拐点重合。

③直线上的纵面线形应避免出现"驼峰"、"暗凹"（见图 5-3-6）、"跳跃"等使驾驶员视线中断的线形。

纵断面

图 5-3-6 公路"暗凹"

④直线段内不宜插入短的竖曲线。
⑤小半径竖曲线不宜与缓和曲线相互重叠。
⑥避免在长直线上设置陡坡及长度短、半径小的凹型竖曲线。

四、公路线形与景观的配合

在高速公路出现以后,人们越来越感到应将公路作为景观来考虑。也就是说,公路设计在满足汽车运动学和力学要求的同时,必须重视视觉方面的要求。对于在公路上行车的驾驶员来说,具有滑顺的、优美的线形和景观的公路,才称得上是舒适和安全的公路。

公路景观工程包括内部协调和外部协调两方面。内部协调主要涉及平纵面线形方面视觉的连续性和立体协调性;外部协调则主要涉及公路两侧坡面、路肩、中央分隔带的协调设置,以及宏观的路线位置。

五、公路与周围景物的关系

人们经过多年来的摸索与总结,对公路与周围景物的关系有了一些较为成熟的看法。

(1) 公路设线时,应能提供视野的多样性,利用最佳的风景特征引人入胜,避免单调。

(2) 公路路线在满足《规范》的前提下,应当"适应地形",不要大挖大填,力求尽量与周围风景自然地融为一体,而不要露出施工痕迹,不可避免时应迅速恢复其自然外观。

(3) 公路应具有优美的三维空间外观,应当是顺畅连续和可以预知的,而且还应与周围环境保持适当的比例。

(4) 为适应公路外观和结构整体性的需要,在公路用地范围内应当进行综合绿化处理,既美化路容又防止冲刷。

六、案例

××公路路线纵断面纵坡和坡长计算与分析评价。

①基本资料:某山岭重丘区四级公路,设计速度为 20 km/h,其纵坡竖曲线表见表 5-3-2。

(2) 任务。

①根据表 5-3-2 中各边坡点的里程桩号和高程,计算各直坡段的纵坡与坡长,提供相应的计算书。

②根据表 5-3-2 中各边坡点处竖曲线的半径以及计算的纵坡与坡长,计算竖曲线要素。

③根据计算的纵坡、坡长、竖曲线要素分析该路段纵断面纵坡、坡长、竖曲线的设计是否满足《规范》要求。

(3) 要求。

①根据班级人数分成若干组,一般为 6~8 人/组。

②以组为单位,各组成员完成(2)中任务①、②,组长负责检查各成员的计算或分析结果,做好记录供集体讨论。

③全组共同完成(2)中任务③,组长负责成果的记录与整理,按任务目标的要求上交"××公路路线纵断面纵坡和坡长计算与分析评价报告",供教师批阅。

表 5-3-2 纵坡竖曲线表

序号	桩号	高程/m	曲线半径/m 凸型	曲线半径/m 凹型	竖曲线 切线长 T/m	外距 E/m	起点桩号	终点桩号	纵坡 +	纵坡 −	坡长/m	直坡段长/m
60	K12+868	670.3		1200								
61	K12+953	671.8	2500									
62	K12+220	670		3000								
63	K12+412	672.3	2000									
64	K12+590	669.2		2000								
65	K12+740	671.72	1300									
66	K12+820	669.4		1000								
67	K12+930	671.8	1800									

任务 5.4　公路纵断面综合设计与成果

任务引入

科罗拉多大峡谷,是一条"U"形公路,路面很窄,在远处看似乎就是一条直的公路,根本看不到中间的"U"形弯度,这是视觉出现了重叠。

学习引导

任务布置—课堂教学(教师引导—小组讨论—动手实践)—课后拓展与总结—分组讨论并整理,完成任务工单。

任务工单　公路纵断面综合设计与成果

模块名称		项目名称		
任务名称		学生姓名和学号		
学习目标	1. 识读工程实际图纸,能结合前面所学纵断面设计知识点,进行路线纵断面设计。 2. 会依据合同文件、图纸、《规范》和《标准》科学、合理地进行纵断面设计和路基设计计算			
	学习资源/方式	学生任务		要求
课前自主探究	1. 在线课程任务点学习。 2. 教材预习。 3. 工程图纸	1. 根据提供的工程实际图纸,结合《规范》和《标准》分析路线纵断面设计的方法与步骤。 2. 路线纵断面图如何绘制? 3. 结合图纸、《规范》和《标准》进行路基设计计算		完成任务工单
课中合作共研	研讨	师生讨论,完成以下任务。 1. 简述各种地形高程控制位置选择。 2. 简述路线纵断面设计的方法与步骤。 3. 简述路线纵断面图的绘制。 4. 简述路基设计表的计算		完成任务工单

续表

	学习资源/方式	学生任务				要求
课中合作共研	规范学习	学习工程实际图纸,完成下列表格。 纵断面设计成果： ｜成果｜内容｜备注｜ ｜纵断面设计方法与步骤｜ ｜ ｜ ｜纵断面图绘制｜ ｜ ｜ ｜路基设计表的计算｜ ｜ ｜ ｜ ｜ ｜ ｜				完成任务工单
课中合作共研	工程案例图纸	学习×××一级公路的路线图(已提供的图纸),结合《规范》,进行路线纵断面成果分析,完成以下任务。 ｜问题｜答案｜问题｜答案｜ ｜纵断面图包括的内容｜ ｜ ｜ ｜ ｜路基设计表包括的内容与计算｜ ｜ ｜ ｜ ｜ ｜ ｜ ｜ ｜ ｜ ｜ ｜ ｜ ｜				完成任务工单
评分	学生1 小组1	学生2 小组2	学生3 小组3	学生4 小组4	学生5 小组5	学生6 小组6	平均分	总分
组内评分（30分）								
组间评分（30分）								
教师评分（40分）								
课后知识拓展	结合工程实际路线图中的数据,学习分析纵断面成果内容,总结设计步骤与计算过程							拓展能力
反思与收获								

注：1. 任务工单要求同学们认真完成,字迹清楚、整洁并认真保存。
2. 任务工单将作为学期末成果上交资料,其完成质量和数量将计入技能考核成绩。

相关知识

一、各种地形条件下的高程控制

(1) 平原区。该地区地形平坦,河沟纵横交错,地面水源多,地下水位较高。因此,路线设计高程主要由保证路基稳定的最小填土高度来控制。

(2) 丘陵区。该地区地面有一定的高差,除局部地段外,路线在纵断面上易于克服高差。因此,设计高程主要由土石方平衡和降低工程造价来控制。

(3) 山岭区。该地区地形变化频繁,地面自然坡度大,布线有一定的困难。因此,设计高程主要由纵坡和坡长控制,但也要考虑土石方填挖平衡、路基防护工程经济性等方面,力求降低工程造价。

(4) 沿溪(河)路段。为保证路基安全稳定,路基一般应高出规定洪水频率的计算水位加壅水高、波浪侵袭高和 0.5 m 安全高度。其他场合的纵断面设计高程的控制,还应考虑公路的起点、终点、交叉口、垭口、隧道、桥梁、涵洞及地质不良地段等方面的要求。这些地物和构造物对设计高程控制往往起着决定性的作用。

二、公路纵断面设计的方法和步骤

公路纵断面设计主要是指纵坡设计和竖曲线设计。由于公路路线是一条空间带状曲线,路的平面、纵断面和横断面相互影响,因而在纵断面设计之前的选(定)线阶段,设计人员实际上已对纵坡设计的部分内容进行过考虑。在室内进行纵断面设计时,设计人员一般要根据实地选(定)线时的意图,以及桥涵、地质等方面对路线纵断面设计的要求,综合考虑工程技术与工程经济因素,定出公路的纵坡,再选择合适的竖曲线半径,最后才计算出各桩号的设计标高和填挖值。具体方法和步骤可归纳为以下几点。

(1) 拉坡前的准备工作。内业设计人员在熟悉有关设计标准的基础上,首先在纵断面图上点绘出每个中桩的位置、平曲线示意图(弯道起点位置、终点位置和平曲线半径等),写出每个中桩的地面标高并绘出地面线。

(2) 标注控制点位置。所谓控制点,是指影响路线纵坡设计的高程控制点,如路线起点、终点的接线标高,越岭垭口、大中桥涵、地质不良地段的最小填土高度和最大挖方深度,沿溪线的洪水位,隧道进、出口,路线交叉点,重要城镇通过点,以及其他路线高程必须通过的控制点位等,都应作为纵断面设计的控制依据。此外,对于山区公路,还有根据路基填挖平衡要求来选择控制路中心处填挖值的高程点,称为经济性控制点,如图 5-4-1 所示。经济性控制点的含义是:如果纵坡设计线刚好通过该点,则在相应的横断面上将形成填挖面积大致相等的纵坡设计,此时最为经济。

经济性控制点通常可用路基断面透明模板在绘有地面线的横断面图上确定出来。这种自制路基断面透明模板的样式如图 5-4-2 所示。模板可用透明描图纸或透明胶片制成,其上按横断面测图的比例绘出路基宽度 B(挖方地段还要包括两侧边沟所占宽度)和各种不同坡

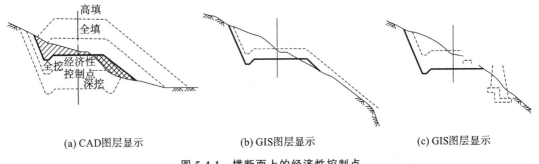

图 5-4-1 横断面上的经济性控制点

度的边坡线。使用时将模板扣在有关中桩的横断面上,使两者的中线重合,然后上、下移动模板,直到能使填、挖面积大致相等时停止移动。此时模板上的路基顶面与该中桩的地面高程之间的差值就是经济填挖值,再将此差值的大小按比例点绘到纵断面图的相应中桩位置上,即为该断面经济性控制点的位置。

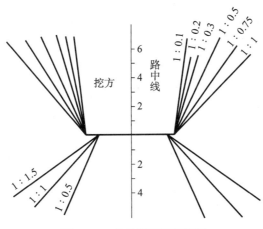

图 5-4-2 路基断面透明模板

(3)试坡。试坡主要是在已标出控制性控制点和经济性控制点的纵断面图上,根据技术标准、选线意图,结合地面起伏情况,本着以控制点为依据、照顾多数经济性控制点的原则,在这些点位间进行穿插和裁弯取直,试定出若干坡度线。经过对各种可能的坡度线方案进行反复比较,最后选出既符合技术标准,又能满足控制点要求,而且土石方数量较省的设计线作为初定坡度线,再将前后坡度线延长交会,即可定出各变坡点的初步位置。

(4)调整。试定纵坡后,首先将所定的坡度与选定线时考虑的坡度进行比较,两者应基本符合。若有较大差异,则应全面分析,找出原因,然后对照《规范》检查设计的最大纵坡、合成坡度、坡长限值等是否超过规定限值,以及平面线形与纵面线形的配合是否适宜等。若发现有问题,应立即调整。调整时应以少脱离控制点、少变动填挖值为原则,以使调整后的纵坡与试定纵坡变化不太大。

(5)核对。根据调整后的坡度线,选择有控制意义的重点横断面,如高填深挖路段路基、陡峭山坡路段路基、挡土墙、重要桥涵等断面,在纵断面图上直接读出对应中桩的填(挖)高度,然后按该填(挖)值用模板在横断面图上"戴帽子"。检查是否有填挖过大、坡脚落空或挡土墙工程过大等情况。若有问题,应及时调整纵坡。

(6)定坡。纵坡设计在经调整核对无误后即可定坡。所谓定坡,就是逐段把坡度线的坡度值、变坡点位置(桩号)和高程确定下来。变坡点一般要调整到 10 m 整桩位上,变坡点的高程则是根据坡度、坡长依次计算确定的。设计纵坡时还应注意以下几点。

①在回头曲线路段,路线纵坡有特殊规定,因此应先定出回头曲线部分的纵坡,然后再从两端接坡,同时应注意在回头曲线地段不宜设竖曲线。

②大、中桥上一般不宜设置竖曲线,桥头两端在不得已设置竖曲线时,其起点、终点应设在距桥头 10 m 以外,如图 5-4-3 所示。

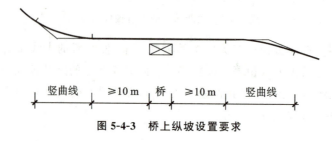

图 5-4-3　桥上纵坡设置要求

③小桥涵允许设在斜坡路段或竖曲线上,但为保证路线的平顺性,应尽量避免在小桥涵处出现急变的"驼峰式"纵坡,如图 5-4-4 所示。

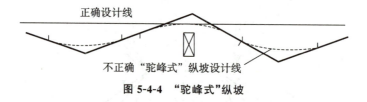

图 5-4-4　"驼峰式"纵坡

④纵坡设计应注意交叉口处的纵坡衔接。公路与公路平面交叉,一般宜设在水平坡段,坡度最小长度应不小于《规范》中的规定,紧接水平坡段的纵坡应不大于 3%,山区工程艰巨地段应不大于 5%。

(7)设置竖曲线。设计坡线已定,可按竖曲线设计方法确定各转坡点的竖曲线半径 R 并计算曲线要素,按要求绘于纵断面图上。

(8)标高计算。

①设计标高计算。坡线标高和不在竖曲线内的坡线的设计标高可按下式计算:

$$\text{坡线标高} = \text{变坡点标高} \pm Di \tag{5-4-1}$$

式中:D——计算点到变坡点的距离,mm;

i——坡线的纵坡,%(升坡段取正,降坡段取负)。

②竖曲线设计标高计算。

三、路基纵断面设计成果

纵断面设计成果

1. 路基纵断面图

路基纵断面图是公路设计的重要文件之一,反映路线所经范围的中心地面起伏情况与设计纵坡之间的关系。把纵面线形与平面线形组合起来,就能反映出公路线形在空间的位置,如图 5-4-5 所示。

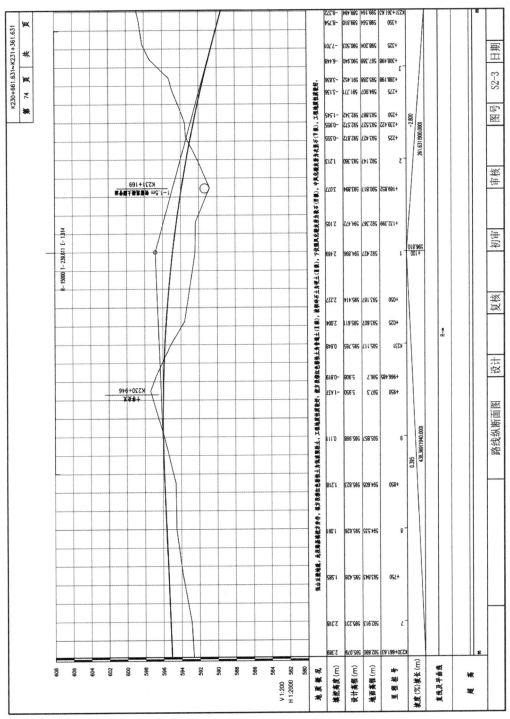

图 5-4-5 纵断面图

路基纵断面图采用直角坐标,以横坐标表示里程桩号、纵坐标表示高程。为清楚地反映道路中线上地面起伏情况,通常横坐标的比例采用1∶2000,纵坐标采用1∶200。

(1)纵断面图的内容。纵断面图由上、下两部分内容组成,如图5-4-5所示。图的上半部分主要包括:地面线和纵坡设计线,同时根据需要标注竖曲线的位置及其要素;沿线桥涵及人工构造物的位置、结构类型、孔径与孔数;与公路、铁路交叉的桩号及路名;沿线跨越河流名称、桩号、现有水位及最高洪水位;水准点位置、编号和高程;断链桩位置、桩号及长短链关系等。图的下半部分主要用来填写有关数据,自下而上分别填写直线与平曲线、里程桩号、地面高程、设计高程、填挖高度、纵坡坡长、土的地质说明与超高方式等,填写次序及内容视设计的不同要求而异。

(2)纵断面图绘制的步骤。

①在坐标纸上,横坐标方向按1∶2000标出百米桩,纵坐标方向按1∶200标出整10 m高程。

②在图的下半部分自下而上分别填写直线与平曲线、桩号、地面标高、设计标高、填挖高度、坡度、坡长、土壤地质说明。

③在桩号一栏填写各桩号,在地面标高一栏填写各桩号的地面标高并在图的上半部分绘地面线。

④在图的上半部分标注标高控制点。

⑤确定纵断面设计线,计算坡度、坡长、竖曲线要素并将坡度与坡长填写在图的下半部分。

⑥计算各桩号设计标高、填挖高度并填写在图的下半部分。

⑦在图的上半部分标注:竖曲线位置及其要素;沿线桥涵及人工构造物的位置、结构类型、孔径与孔数;与公路、铁路交叉的桩号及路名;沿线跨越河流名称、桩号、现有水位及最高洪水位;水准点位置、编号和高程;断链桩位置、桩号及长短链关系等。

2. 路基设计表

路基设计表是公路设计文件的组成内容之一。表中填写路线平、纵面等主要测设与设计资料,里程桩号,填、挖宽度(包括加宽),超高值等有关内容,为公路横断面设计提供基本数据,同时也可作为路基施工的依据之一。样表见表5-4-1。

路基设计表的填写方法如下。

(1)第1栏为桩号,第3、4栏为坡度及竖曲线,第5栏为地面高程,第6栏为设计高程,第7、8栏为填挖高度,都从纵断面图中抄录。

(2)第2、3栏都从直线、曲线及转角一览表中抄录。

(3)第9、10栏为路肩、行车道宽度,当$R \leqslant 250$ m时,应考虑平曲线内侧加宽。

(4)第11、12、13栏为路基两边缘及中桩与设计高程的高差,当圆曲线半径小于不设超高最小半径时,应考虑平曲线超高。

(5)第14栏为第7栏与第12栏之和,第15栏为第8栏与第12栏之差。

表 5-4-1 路基设计表

桩号	平曲线	变坡点高程、桩号及纵坡坡度和坡长	竖曲线	地面高程/m	设计高程/m	填挖高度/m 填	填挖高度/m 挖	路基宽/m 左	路基宽/m 右	路基两边缘及中桩与设计高程之高差/m 左	路基两边缘及中桩与设计高程之高差/m 中桩	路基两边缘及中桩与设计高程之高差/m 右	施工时中桩/m 填	施工时中桩/m 挖
1	2	3	4	5	6	7	8	9	10	11	12	13	14	15
K2+240				163.87	158.87		5.00	7.50	7.50	0.00	0.15	0.00		4.85
+260				165.69	158.74		6.95	7.50	7.50	0.00	0.15	0.00		6.80
+280			+243.5	166.31	158.61		7.70	7.50	7.50	0.00	0.15	0.00		7.55
+300			+404.6	166.36	158.48		7.88	7.50	7.50	0.00	0.15	0.00		7.73
ZH+315	JD₅ 右转 78°53′21″			166.30	158.37		7.93	7.50	7.50	0.00	0.15	0.00		7.78
+340	R—200 m			166.06	158.22		7.84	7.50	7.71	0.59	0.29	−0.04		7.55
HY+360	L_{h1}—45 m		R_凹=18000 m	166.06	158.08		7.98	7.50	7.90	1.11	0.51	−0.12		7.47
+380	L_{h2}—45 m		T=95.4 m	166.20	157.96		8.24	7.50	7.92	1.11	0.51	−0.12		7.73
+420	T₁—187.38 m			165.95	157.70		8.25	7.50	7.90	1.11	0.51	−0.12		7.74
+440	T₂—187.38 m			165.61	157.60		8.01	7.50	7.90	1.11	0.51	−0.12		7.50
+460	L—320.375 m			165.63	157.52		8.11	7.50	7.90	1.11	0.51	−0.12		7.60
QZ+476.08	E—59.533 m	K2+500		166.02	157.47		8.55	7.50	7.90	1.11	0.51	−0.12		8.04
+500		i—−0.41%		166.05	157.43		8.62	7.50	7.90	1.11	0.51	−0.12		8.11
+520		L—400 m		166.02	157.41		8.61	7.50	7.90	1.11	0.51	−0.12		8.10

项目实战

教师提供真实电子版地形图或者纸质版地形图,学生结合平面设计成果进行纵断面设计。

(1) 设计手段。

① 手绘法纵断面图。

② 计算机辅助软件绘制纵断面图。

(2) 所需资源。

① 数字地形图(纸质版和电子版)。

② 手绘法(绘图工具+米格纸)。

③ 计算机辅助绘图(计算机、绘图软件)。

④ 外业测量数据。

(3) 提交材料。

① 路线的纵断面图。

② 路基设计表。

道路纵断面
外业勘测

项目测试
及参考答案

项目 6　力求经济平衡，优化横断设计

学习目标

【知识目标】

1. 掌握横断面组成相关内容。
2. 掌握路基典型横断面的概念及基本组成。
3. 掌握路基横断面地面线的绘制方法。
4. 了解路基横断面设计的基本要求并掌握路基横断面设计的方法和步骤。
5. 掌握路基设计表基本构成及填写方法。
6. 掌握路基横断面面积及填挖方体积计算方法并掌握土石方调配原则。

【能力目标】

1. 能认知路基横断面基本组成及特殊组成。
2. 能认知路基典型横断面组成。
3. 能绘制路基横断面地面线及设计线。
4. 能编制路基设计表及路基土石方数量计算表。

【素质目标】

1. 使学生具备严谨的科学态度和精益求精的工匠精神。
2. 使学生具备安全、法治、环保、创新意识。

3. 使学生具备良好的团队合作意识。

思维导图

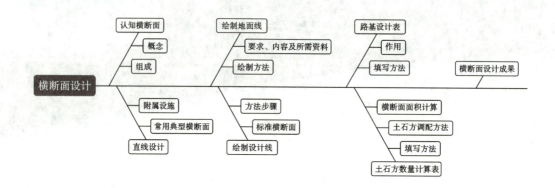

任务驱动

教师准备任务资料，包括平面地形图、《标准》和《规范》、直曲表、相关设计要素。学生分组（5至7人一组），各组在接到任务后，认真学习《标准》及《规范》的相关要求，结合教师讲课并搜集其他相关信息，每组各成员单独准备分析材料，然后分组讨论，最终以组为单位上交路基横断面设计成果。

思政故事

"二十四道拐"抗战公路

"二十四道拐"抗战公路，为第六批全国重点文物保护单位，位于贵州省晴隆县城南郊约1 km处，从上至下依山势呈弯道盘旋，计有24个弧形拐弯，全长4 km，蜿蜒于高达1799 m的晴隆山西南坡，是320国道中的一段，也是世界"史迪威公路"中极其重要的一段。"二十四道拐"抗战公路依山而建，工程艰险，虽山势陡峭，弯道频繁，但其设计之精巧，匠心独具，弯道的上下堡坎、挡土墙都由大石砌成，经半个多世纪的风雨侵蚀，如今仍保持完好。

"二十四道拐"抗战公路所在的贵州省晴隆县作为抗战后方战略物资的集散地，在抗战中总计将 45×10^4 t 国际援华物资运抵抗日前线，尤其是在抗战中后期，平均每天均有3000多辆运送抗战物资的汽车经过晴隆。

任务 6.1　认知路基横断面

任务引入

我们通过之前的学习已经基本掌握路基平纵断面知识,对于路基的横断面,我们究竟了解多少呢?学习路基横断面在整体的公路勘测设计中具有什么重要的意义呢?

学习引导

任务布置—课堂教学(教师引导—小组讨论—动手实践)—课后拓展与总结—分组讨论并整理,完成任务工单。

任务工单　认知路基横断面

模块名称		项目名称		
任务名称		学生姓名和学号		
学习目标	1. 认知路基横断面基本组成及特殊组成。 2. 熟悉公路用地范围和建筑限界相关知识			
	学习资源/方式	学生任务		要求
课前自主探究	1. 在线课程任务点学习。 2. 教材预习。 3. 工程图纸	1. 简述路基横断面各部分的概念。 2.《规范》中对各组成部分的宽度要求有哪些?		完成任务工单
课中合作共研	研讨	师生讨论,完成以下任务。 1. 路基横断面一般组成是否是关键组成? 2. 路基横断面的 5 个特殊组成是在哪 5 种情况下设置的?		完成任务工单
课中合作共研	规范学习	根据公路等级不同,路基横断面宽度是如何规定的?		完成任务工单
课中合作共研	工程图纸	通过学习,认知挖方路基横断面组成,并分析各组成部分宽度是否合理		完成任务工单

续表

评分	学生1 小组1	学生2 小组2	学生3 小组3	学生4 小组4	学生5 小组5	学生6 小组6	平均分	总分
组内评分 （30分）								
组间评分 （30分）								
教师评分 （40分）								
课后知识拓展	结合图纸中相关信息,说明公路横断面里包含哪些一般组成和特殊组成（举例说明）						拓展 能力	
反思 与收获								

注:1. 任务工单要求同学们认真完成,字迹清楚、整洁并认真保存。
2. 任务工单将作为学期末成果上交资料,其完成质量和数量将计入技能考核成绩。

相关知识

公路路线是由平面线形、纵断面线形和横断面线形共同构成的空间线形,当平纵面线形确定后,横断面线形才能随之确定。公路横断面线形主要反映了公路的形状和尺寸。所以,我们必须用科学的方法合理地进行横断面上各个组成部分的设计,才能保证公路具备足够的尺寸、强度和稳定性,在保证安全的同时,使之经济合理。

公路中线上任意一点的法线方向的剖面图即为公路的横断面图。它是由横断面设计线与横断面地面线所围成的图形。在横断面上主要能反映出路基的组成和几何尺寸,以及路基形成之前的原地面线。

公路的标准横断面上包括行车道、中间带、路肩、碎落台、填方边坡、挖方边坡、边沟、排水沟、护坡道以及防护工程（如挡土墙）、安全设施与公路绿化设施等。

路基横断面组成如图6-1-1所示。

公路等级不同,横断面组成也不尽相同。二级公路的横断面主要由行车道、路肩、爬坡车道等部分组成。三级、四级公路的横断面由行车道、路肩及错车道等部分组成。高速公路和一级公路上还有加（减）速车道和爬坡车道等部分。

公路横断面应根据公路等级、设计速度,并结合地形、气候、水文、土壤、地质等条件,充分考虑并得出正确设计,以保证路基的强度与稳定性。

横断面组成

一、组成部分、作用及宽度要求

1. 行车道

行车道是指在公路上供各种车辆行驶部分的总称。行车道有单车道、双车道及多车道

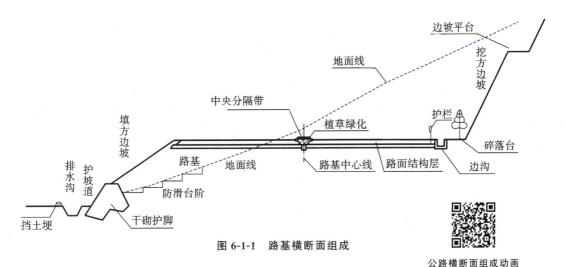

图 6-1-1　路基横断面组成

公路横断面组成动画

三种形式。

高速公路、一级公路最少为四车道,四车道以上要按照双数增加,如六车道、八车道。高速公路、一级公路一般整体式横断面形式如图 6-1-2 所示。

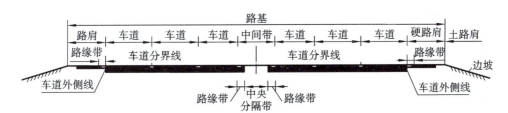

图 6-1-2　高速公路、一级公路一般整体式横断面形式

二级公路、三级公路一般设置双车道。二级公路一般横断面形式如图 6-1-3 所示。

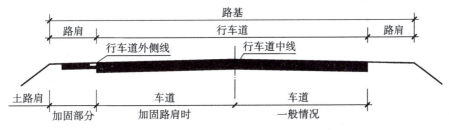

图 6-1-3　二级公路一般横断面形式

四级公路为双车道或者单车道公路。

行车道宽度在设计时应符合表 6-1-1 的规定。

表 6-1-1　车道宽度

设计速度/(km/h)	120	100	80	60	40	30	20
车道宽度/m	3.75	3.75	3.75	3.50	3.50	3.25	3.00

注:1. 八车道及以上公路在内侧车道(内侧第 1、2 车道)仅限小客车通行时,其车道宽度可采用 3.5 m。
2. 以通行中、小型客运车辆为主且设计速度为 80 km/h 及以上的公路,经论证车道宽度可采用 3.5 m。
3. 四级公路采用单车道时,车道宽度应采用 3.5 m。
4. 设置慢车道的二级公路,慢车道宽度应采用 3.5 m。
5. 需要设置非机动车道和人行道的公路,非机动车道和人行道等的宽度宜视实际情况确定。

2. 路肩

（1）定义：位于行车道两侧外缘至路基边缘，具有一定宽度的带状结构。

（2）组成：通常由路缘带、土路肩和硬路肩三部分组成。路缘带是路肩或者中间带的组成部分，与行车道相接，为行车道外标线或不同颜色的路面所用。它的主要作用是引导驾驶员的视线和分担侧向余宽，以利于行车安全。硬路肩是指路肩中靠近行车道的部分，用与行车道相同的铺装材料施工，具备一定的强度，可以承受偶然的车辆荷载，也具有一定的支撑路面的作用，可供临时停放车辆、临时行车或慢行使用。土路肩为不铺装任何材料的土质路肩，可以提供侧向余宽，起保护和支承路基和路面的作用。

（3）作用。

①增加路幅的富余宽度，供临时停车、错车或堆放养护材料之用。

②为填方路段通车后的路基提供宽度损失。据调查，路堤通车后，由于受自然力的破坏，一般路基边缘形成约0.2 m的圆角，使路基实际宽度减少，路肩宽度可使这部分的宽度损失得以补偿，同时也可以保护路面，作为路面横向支撑之用。

③有利于引导驾驶员的视线，开阔视野，增加行车的安全感和舒适感。

④为公路的其他设施提供设置的场地，如护墙、护栏、电杆和地下管线等。

⑤为公路养护操作及避车提供一定的空间。

各级公路右侧路肩宽度应符合表6-1-2的规定，高速公路、一级公路分离式路基的左侧路肩宽度应符合表6-1-3的规定。

表6-1-2　右侧路肩宽度

公路技术等级（功能）		高速公路			一级公路（干线功能）	
设计速度/(km/h)		120	100	80	100	80
右侧硬路肩宽度/m	一般值	3.00(2.50)	3.00(2.50)	3.00(2.50)	3.00(2.50)	3.00(2.50)
	最小值	1.50	1.50	1.50	1.50	1.50
右侧土路肩宽度/m	一般值	0.75	0.75	0.75	0.75	0.75
	最小值	0.75	0.75	0.75	0.75	0.75
公路技术等级（功能）		一级公路（集散功能）和二级公路		三级公路、四级公路		
设计速度/(km/h)		80	60	40	30	20
右侧硬路肩宽度/m	一般值	1.50	0.75	—		
	最小值	0.75	0.75			
右侧土路肩宽度/m	一般值	0.75	0.75	0.75	0.50	0.25（双车道）0.50（单车道）
	最小值	0.50	0.50			

注：1. 高速公路、一级公路应在右侧硬路肩宽度内设右侧路缘带，其宽度为0.50 m。
2. 二级公路的硬路肩可供非汽车交通使用。非汽车交通量较大的路段，可采用全铺的方式，以充分利用。
3. 二级公路、三级公路、四级公路在路肩上设置的标志、防护设施等不得侵入公路建筑限界，必要时应加宽路肩。

表6-1-3　高速公路、一级公路分离式路基的左侧路肩宽度

设计速度/(km/h)	120	100	80	60
左侧硬路肩宽度/m	1.25	1.00	0.75	0.75

续表

设计速度/(km/h)	120	100	80	60
左侧土路肩宽度/m	0.75	0.75	0.75	0.50

(4)路拱坡度及路肩横坡度。

为了利于路面横向的排水,将路面做成由中间向两侧倾斜的拱形,称为路拱。常用的路拱形式有直线型、折线型和抛物线型三类。在公路横断面设计时,路拱坡度及路肩横坡度应根据行车道的宽度、路面的结构类型、排水及当地的自然条件等要求而定。通常,路拱坡度取值见表 6-1-4。

表 6-1-4 路拱坡度取值

路面类型	路拱坡度/(%)	路面类型	路拱坡度/(%)
沥青混凝土、水泥混凝土	1~2	碎、砾石等粒料路面	2.5~3.5
其他沥青路面	1.5~2.5	低级路面	3~4
平整齐块石	2~3		

硬路肩、土路肩横坡的设计应符合下列规定。

(1)直线路段的硬路肩应设置向外倾斜的横坡,其坡度值应与车道横坡值相同。路线纵坡平缓,且设置拦水带时,其横坡值宜采用3%~4%。

(2)曲线路段内、外侧硬路肩横坡的横坡值及其方向:当曲线超高小于或等于5%时,其横坡值和方向应与相邻车道相同;当曲线超高大于5%时,其横坡值应不大于5%,且方向相同。

(3)硬路肩的横坡应随邻近车道的横坡一同过渡,其过渡段的纵向渐变率应控制在1/330~1/150 之间。

(4)土路肩的横坡:位于直线路段或曲线路段内侧,且车道或硬路肩的横坡值大于或等于3%时,土路肩的横坡值应与车道或硬路肩横坡值相同;小于3%时,土路肩的横坡值应比车道或硬路肩的横坡值大1%或2%。位于曲线路段外侧的土路肩横坡,应采用3%或4%的反向横坡值。

(5)中型以上桥梁及隧道区段的硬路肩横坡值,应与车道相同。

3. 中间带

高速公路、一级公路用于分隔对向车流的组成部分,一般设置于车道中间,称为中间带。

中间带的作用是:分离不同方向的车流,减少车辆的对向干扰,以防止无序的交叉运行和转弯运行;在不妨碍公路限界的前提下作为公路设置公路路牌的场地;在交叉路口为左转车辆提供避让区域;引导驾驶员的视线,同时为失控车辆提供救险区域;提供绿化带,以遮挡对向车灯的眩光;提供埋设管线的场地。

高速公路、一级公路整体式路基断面必须设置中间带,中间带由两条左侧路缘带和中央分隔带组成,并应符合相关规定。

(1)高速公路和作为干线公路的一级公路,中央分隔带宽度应根据公路项目中央分隔带功能确定。

(2)作为集散公路的一级公路,中央分隔带宽度应根据中间隔离设施的宽度确定。

(3)左侧路缘带宽度不应小于表 6-1-5 的规定。

表 6-1-5　左侧路缘带宽度

设计速度/(km/h)		120	100	80	60
左侧路缘带宽度/m	一般值	0.75	0.75	0.50	0.50
	最小值	0.50	0.50	0.50	0.50

4. 边坡及边沟

边坡是指为保证路基的稳定性，将路基的两侧设置成具有一定坡度的坡面。

边沟是指为汇集和排除路面、路肩及边坡的流水，在挖方路段或低填方路段两侧设置的纵向排水沟。

5. 紧急停车带

紧急停车带是指高速公路、一级公路上，供车辆临时发生故障或其他原因紧急停车使用的临时停车地带。高速公路和作为干线公路的一级公路的右侧硬路肩宽度小于 2.50 m 时，应设紧急停车带。紧急停车带宽度应不小于 3.5 m，有效长度不应小于 40 m，间距不宜大于 500 m，并应在其前后设置不短于 70 m 的过渡段。高速公路、一级公路的特大桥、特长隧道，根据需要可设置紧急停车带，其间距不宜大于 750 m。二级公路根据需要可设置紧急停车带，其间距宜按实际情况确定。

6. 加(减)速车道

加(减)速车道是指供车辆驶入(驶离)高速车流之前(之后)加(减)速用的车道。当车辆从低等级公路进入高速公路或一级公路时，行驶速度发生变化，加速合流与减速分流，造成行车的不利。为保证其他车辆能正常驶入或驶出，在高速公路、一级公路的立体交叉、服务区、停车区或公共汽车停靠站及管理和养护设施等与主线连接处，应设置加(减)车道，加(减)速车道宽度应为 3.5 m。

7. 爬坡车道

爬坡车道供货车慢速爬坡之用，通常设置在高速公路、一级公路、二级公路的上坡路段。高速公路、一级公路以及二级公路在连续上坡路段设置爬坡车道时，其宽度不应小于 3.5 m，且不大于 4.0 m。六车道及以上的高速公路、一级公路可不设爬坡车道。高速公路、一级公路的爬坡车道应紧靠车道的外侧设置。条件受限时，爬坡车道路段右侧硬路肩宽度应不小于 0.75 m。

二级公路的爬坡车道应紧靠车道的外侧设置，可利用硬路肩宽度。当需保留原来供非汽车交通行驶的硬路肩时，该部分应移至爬坡车道的外侧。

8. 错车道

错车道是指当汽车在单车道行车时，在可通视的一定距离里，供车辆避让交错时用的一段加宽车道。当四级公路路基宽度采用 4.5 m 时，应在相距不大于 300 m 的范围内设置错车道。设错车道的目的是解决双向行车的错车问题。错车道应设在有利地点，使驾驶员能够看清相邻两错车道间的车辆。因此，错车路段的路基宽度应不小于 6.5 m，有效长度不小于 20 m。

9. 避险车道

避险车道是指在长陡下坡路段行车道外侧增设的供速度失控车辆驶离正线安全减速的专用车道。连续长陡下坡路段应结合交通安全性评价论证设置避险车道。避险车道应设置在长陡下坡路段的右侧视距良好的适当位置，其宽度不应小于 4.50 m。有条件时，宜在避险车道右侧平行设置救援车道。

10. 护坡道

护坡道是指当路堤较高时,为保证路基边坡的稳定性,在取土坑与坡脚之间,沿原地面纵向保留的一定宽度的平台。

11. 碎落台和截水沟

在路堑边坡坡脚与边沟外侧边缘之间或边坡上,为防止碎落物落入边沟而设置的具有一定宽度的纵向平台称为碎落台(见图 6-1-4)。

截水沟(见图 6-1-5)是在地面线较陡的挖方路段,为拦截山坡上流向路基的水,在路堑坡顶以外设置的水沟。

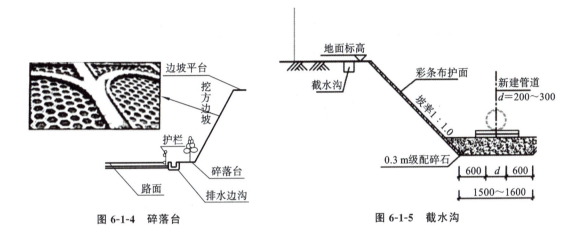

图 6-1-4　碎落台　　　　　　　图 6-1-5　截水沟

知识贴吧

行车道、路肩、边坡、边沟、中间带是公路横断面的一般组成部分。紧急停车带、爬坡车道、加(减)速车道、错车道、护坡道、碎落台、截水沟等是为满足特殊的地质地形需要而设置的。

二、公路用地范围与公路建筑限界

1. 公路直接用地

公路用地范围是为修建、养护公路及其沿线设施,依照国家规定所征用的地幅。

公路直接用地是公路通过的地域,其范围依据公路的等级和断面特征的不同而有所区别。

(1) 路堤:公路直接用地为两侧排水沟外边缘(无排水沟时为路堤或护坡道坡脚)以外不小于 1 m 的范围。

(2) 路堑:公路直接用地为边坡坡顶截水沟外边缘(无截水沟时为坡顶)以外不小于 1 m 的范围。

(3) 公路直接用地的变化范围是:对于高速公路和一级公路,在有条件的情况下,上述"不小于 1 m"改为"不小于 3 m",二级公路则改为"不小于 2 m";对高填深挖的路段,为保证路基稳定,应通过计算确定用地的范围;沿公路需种植多行林带的路段用地范围,可根据实际情况确定。

2. 道路辅助用地

道路辅助用地是指为满足保障公路安全、养护公路、管理公路等需要的用地,如供安装防砂或防雪栅栏用用地,公路沿线路用房屋、料场、苗圃、停车场等用地。道路辅助用地范围应在节约用地的原则下,根据实际需要确定。

公路用地必须严格按照《中华人民共和国土地管理法》的规定征用并办理相应手续,才能确认为公路用地。在此范围内,不得修建非路用房屋,不得开挖渠道,不得埋设管道、电缆、电杆等。

3. 公路建筑限界

为保证车辆、行人通行的安全,对公路和桥面上及隧道中规定的高度和宽度范围内不允许有任何障碍物的空间界限称为公路建筑限界,又称净空,如图 6-1-6 所示。

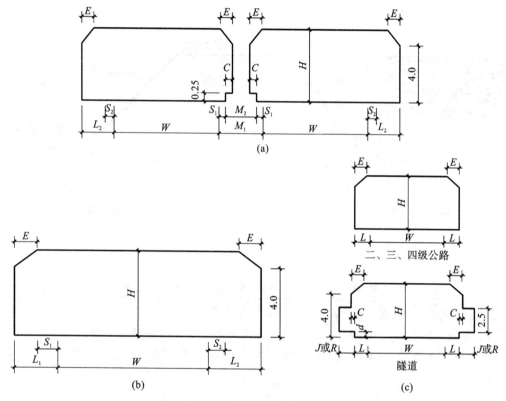

图 6-1-6 建筑限界(单位:m)

W—行车道宽度;L_1—左侧硬路肩宽度;L_2—右侧硬路肩宽度;S_1—左侧路缘带宽度;S_2—右侧路缘带宽度;L—侧向宽度[高速公路、一级公路的侧向宽度为硬路肩宽度(L_1 或 L_2);二级、三级、四级公路的侧向宽度为路肩宽度减去 0.25 m;隧道内侧向宽度应符合相关标准隧道最小侧向宽度的规定,时速 100 km/s 所对应的左侧侧向宽度由原标准的 0.5 m 调整为 0.75 m,四车道高速公路、一级公路上的短隧道,城市出入口公路的中、短隧道,经技术经济论证后可与路基同宽];C—当设计速度大于 100 km/h 时为 0.5 m,小于或等于 100 km/h 时为 0.25 m;M_1—中间带宽度;M_2—中央分隔带宽度;J—隧道内检修道宽度;R—隧道内人行道宽度;d—隧道内检修道或人行道高度;E—建筑限界顶角宽度;H—净空高速,规定桥梁、隧道设置检修道、人行道时,建筑限界应包括相应部分的宽度

公路建筑限界是一个空间概念,不同等级的公路的建筑限界的大小不同,如四车道的公路比两车道的公路建筑限界大,但它们都应能满足正常车辆运输的需求,在这个空间范围内不允许设置公路标志牌、护栏、照明等各种设施,甚至树枝及矮林也不得伸入建筑限界内,以确保行车空间的畅通。

任务 6.2　认知路基典型横断面

任务引入

公路路基一般是用土或石料修筑而成的线形结构物。路基横断面的典型形式可归纳为路堤、路堑和半填半挖路基三种。你了解这三种类型的区别吗?

学习引导

任务布置—课堂教学(教师引导—小组讨论—动手实践)—课后拓展与总结—分组讨论并整理,完成任务工单。

任务工单　认知路基典型横断面

模块名称			项目名称		
任务名称			学生姓名和学号		
学习目标	1. 了解路基典型横断面的组成。 2. 能对某路基典型横断面进行分析				
	学习资源/方式		学生任务		要求
课前自主探究	1. 在线课程任务点学习。 2. 教材预习。 3. 工程图纸		1. 路基典型横断面的一般组成有哪些? 2. 路基典型横断面的特殊组成有哪些?		完成任务工单
课中合作共研	研讨		师生讨论,完成以下任务。 指出此典型横断面的基本构成及适用环境。		完成任务工单

续表

课中合作共研	学习资源/方式	学生任务						要求
	规范学习	观察路基典型横断面,分组解读横断面信息						完成任务工单
课中合作共研	工程图纸	路基典型横断面图是一系列横断环境的展现,在选择横断面形式的过程中要根据实际地质、工程等情况选择最合理的						完成任务工单
评分	学生1小组1	学生2小组2	学生3小组3	学生4小组4	学生5小组5	学生6小组6	平均分	总分
组内评分(30分)								
组间评分(30分)								
教师评分(40分)								
课后知识拓展	工程图纸	各种典型路基横断面要结合实际地形选用,且应以路基稳定、行车安全、工程量小和经济适用为前提						拓展能力
反思与收获								

注:1. 任务工单要求同学们认真完成,字迹清楚、整洁并认真保存。

2. 任务工单将作为学期末成果上交资料,其完成质量和数量将计入技能考核成绩。

相关知识

在公路几何线形设计中,经常采用的具有代表性的公路路基横断面被称为典型横断面。典型横断面有路堤、路堑和半填半挖路基。由于自然地形、地质条件的多样性,可派生出一系列类似的断面形式,它们在公路设计中经常被采用。此外,为保证路基稳定和行车安全,根据实际需要设置取土坑、弃土堆、护坡道、碎落台、堆料坪等,这些都是路基主体工程不可缺少的部分。

一、常用的典型横断面

1. 路堤

路堤是指填筑在地面线以上的路基形式,也称填方路基。路堤包括一般路堤、矮墙路堤、陡坡路堤、高路堤、浸水路堤(沿河路堤)、护脚路堤、挖沟填筑路堤、吹(填)砂(粉煤灰)路堤等。填土高度小于18 m(土质)或20 m(石质)的路堤为一般路堤,如图6-2-1(a)所示。填土高度小于1.0 m的路堤称为矮墙路堤。在填土高度小于0.5 m时,为保证路基最小填土高度及能顺利地排除路面、路肩和边坡表面水,应设置边沟。平原区公路为满足填土需要,将路基两侧或一侧的边沟断面扩大成取土坑的路基称为挖沟填筑路堤,如图6-2-1(j)所示,但此时为保证边坡稳定,应在坡脚与取土坑之间设宽度不小于1 m的护坡道。填土高度大于18 m(土质)或20 m(石质)的路堤称为高路堤,为保证边坡稳定,应采用折线形边坡。在山区陡坡路段上填筑的路基称为陡坡路堤。当填方坡脚太远,为避免多占用耕地,或拆迁其他建筑时,可采用如图6-2-1(i)所示的护脚路基。沿河路堤是指桥头引道和河滩路堤,如图6-2-1(d)所示。路堤浸水部分边坡,除应采用较缓和的坡度外,尚应视水流情况采用相应的加固防护措施。吹(填)砂(粉煤灰)路基用于保护边坡的稳定和植物的生长,边坡表层1～2 m应用黏土填筑,路床顶面可采用粗粒土封闭,厚0.3～0.5 m,如图6-2-1(k)所示。

2. 路堑

路堑是指全部在原地面开挖而成的路基,也称挖方路基,如图6-2-1(b)所示。路堑路段均应设置边沟;为拦截和排除上侧地面水以保证边坡稳定,应在坡顶5 m外设置截水沟。挖路堑所废弃的土石方,应弃置于下侧坡顶外至少3 m并做成规则形状的弃土堆;挖方高度较大或土质变化处,边坡应随之做成折线形或台阶式边坡,以保证稳定。路堑还包括台口式路堑和半山洞式路堑。其中,台口式路堑是指山体的自然坡面为路堑的下边坡,如图6-2-1(l)所示,适用于地质状况良好的地段。图6-2-1(m)为半山洞路堑,适用于整体坚硬的岩石层,是为了节省工程量采用的一种形式,应用时注意公路的安全性和建筑限界的要求。

3. 半填半挖路基

如图6-2-1(c)所示,当原地面横坡大且路基较宽,需一侧开挖、另一侧填筑时,为半填半挖路基,也称挖填结合路基。在丘陵或山区公路上,挖填结合是路基横断面的主要形式。当地面横坡大于1∶5时(包括一般路堤在内),为保证填土的稳定,应将原地面挖成台阶,台阶的高度应视填料性质和施工方法而定,挖方部分与一般路堑相同。

在陡坡路段,虽然路基的填土高度不大,但地面横坡较陡,坡脚太远且不易填筑时,可采用图6-2-1(h)所示的护肩路基;填土高度较大难以填筑,或地面横坡太陡以致坡脚落空不能填筑时,可采用图6-2-1(g)所示的砌石路基或图6-2-1(f)所示的挡土墙路基,前者是干砌或浆砌片石,能支持填土的稳定,片石与路基为一个整体,而挡土墙是不依靠路基也能独立稳定地支挡结构物;当挖方边坡土质松软易碎落时,可采用图6-2-1(e)所示的矮墙路基;当挖方地质不良可能产生滑坡时,可采用图6-2-1(f)所示的挡土墙路基。

以上三种为路基横断面的基本形式,由于自然地形、地质条件的多样性,因此可以派生出一系列类似的横断面形式,这些横断面形式适用于不同的地面类型,它们在公路设计中经常被采用,故称为典型横断面。各种典型路基横断面要结合实际地形选用,且应以路基稳定、行车安全、工程量小和经济适用为前提。

二、路基附属设施

为保证路基稳定和行车安全,根据实际需要设置取土坑、弃土堆、护坡道、碎落台、堆料坪等路基附属设施,这些都应视为路基主体工程不可缺少的部分。

(1)取土坑与弃土堆。取土坑分为路侧取土和路外集中取土两种。地面坡度不大于1∶10的平坦地区,可在路基两侧设置取土坑。取土坑一般设置在地势较高的一侧,其深度和宽度应视土方数量、施工方法及用地许可条件而定。平原区一般深度为1.0 m。为防止坑内积水,当堤顶与坑底高差超过2 m时,路基坡脚与坑之间需设宽度为1.0 m的护坡道,坑底设纵横排水坡及相应设施,如图6-2-2(a)所示。

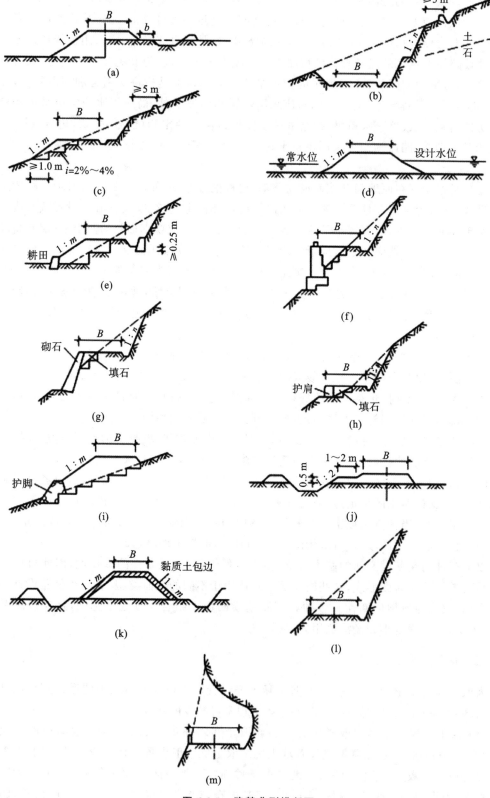

图 6-2-1 路基典型横断面

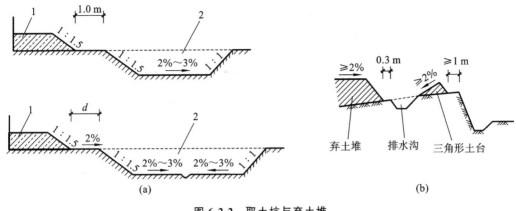

图 6-2-2 取土坑与弃土堆

1—路堤；2—取土坑

河流淹没地段的桥头引道两侧一般不设取土坑。河滩上的取土坑应与调治构造物的位置相适应，一般距河流水位界 10 m 以外，并不得长期积水危害路基或构造物的稳定。

开挖路基的废方应妥善处理，充分利用。如用于公路、农田水利、基建等，做到变废为宝，弃而不乱。对无法加以利用的弃土，应防止乱弃而造成水土流失，进而危害路基及农田水利、淤塞河道。

废方一般选择在沿线附近低洼荒地或路堑下坡一侧堆放。沿河路基的废石方，条件允许时，可以部分占用河道，但不能造成河道上游塞水、危及路基及附近农田。如需在路堑上侧弃土，要求堆弃平整，顶面具有适当横坡并设置平台三角形土台及排水沟渠，如图 6-2-2(b) 所示。积砂或积雪地段的弃土堆，为有利防砂、防雪，一般设在迎风一侧。路堑深度大于 1.5 m 时，弃土堆距坡顶至少 20 m。浅而开阔的路堑两旁不得设弃土堆。

(2) 护坡道与碎落台、堆料坪。护坡道的作用是减缓路堤边坡的平均坡度，护坡道是保证路堤稳定的技术措施之一。一般情况下，当路堤填土高度（路基边缘与取土坑内侧底面的高差）小于或等于 3 m 时，可不设护坡道，取土坑内侧坡顶可与路堤坡脚径向衔接并采用路堤边坡坡度。当高差大于 2 m 时，应设置宽度为 1 m 的护坡道。当高差大于 6 m 时，应设置宽度为 2 m 的护坡道。为利于排水，护坡道表面应做成向外侧倾斜 2% 的横坡。

在地质和排水条件良好的路段或通过经济作物、高产田的路段，采取一定措施可以保证路堤稳定时，护坡道可另行设计。

碎落台示意图如图 6-2-3 所示。它通常设置在路堑边坡坡脚与边沟外侧边缘之间，有时也设在边坡中部。

碎落台的作用是防止零星土石碎落物落入边沟。碎落台宽度一般为 1.0～1.5 m，对于风化严重的岩石边坡或不良土质边坡，一般为 1.0～1.5 m，其顶部宽度大于 0.5 m，墙高 1～2 m。

为避免在路肩上堆放路面养护用料，在用地条件许可时，可在路肩外缘或边沟外缘设置堆料坪，且一般每隔 50～100 m 设置一个，长度为 5～8 m，宽度为 2 m 左右。堆料坪示意图如图 6-2-4 所示。

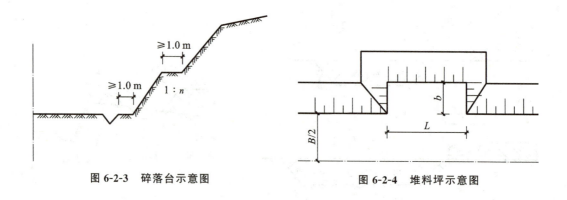

图 6-2-3 碎落台示意图　　　　图 6-2-4 堆料坪示意图

任务 6.3　绘制路基横断面地面线

任务引入

原始地面线的高低起伏情况与横断面设计息息相关,你知道横断面地面线的设计数据如何获得吗?

学习引导

任务布置—课堂教学(教师引导—小组讨论—动手实践)—课后拓展与总结—分组讨论并整理,完成任务工单。

任务工单　路基横断面设计——绘制横断面地面线

模块名称		项目名称	
任务名称		学生姓名和学号	
学习目标	1. 掌握绘制路基横断面地面线时采用的测量方法。 2. 能在计算纸上完成 100 m 横断面地面线的绘制		
	学习资源/方式	学生任务	要求
课前自主探究	1. 在线课程任务点学习。 2. 教材预习。 3. 工程图纸	1. 横断面地面线绘制时,可利用的测量手段有哪些? 2. 简述横断面地面线的绘制步骤	完成任务工单

续表

	学习资源/方式	学生任务												要求
课中合作共研	研讨	下表为已完成的横断面地面线数据表,请按照以下数据完成该路段地面线的绘制工作。												完成任务工单

桩号	填挖值	位置	距离	高差	距离	高差	距离	高差	距离	高差	距离	高差
K2+300	+1.26	左侧	4.0	1.70	4.0	1.65	4.0	2.35	4.0	2.86	4.0	3.00
		右侧	4.0	−1.60	4.0	−1.68	4.0	−1.77	4.0	−0.46	4.0	−0.33
K2+350	+1.15	左侧	4.0	0.80	4.0	1.75	4.0	1.15	4.0	1.15	4.0	1.10
		右侧	4.0	−0.35	4.0	−0.37	4.0	−0.51	4.0	−0.21	4.0	−0.56
K2+400	+0.30	左侧	4.0	1.46	4.0	1.67	4.0	1.35	4.0	1.02	4.0	1.10
		右侧	4.0	−0.73	4.0	−0.64	4.0	−0.75	4.0	−0.32	4.0	−0.05
K2+450	−1.58	左侧	4.0	0.24	4.0	0.26	4.0	0.54	4.0	0.76	4.0	0.87
		右侧	4.0	−0.75	4.0	−0.68	4.0	−0.86	4.0	−0.32	4.0	−0.21

	学习资源/方式	学生任务	要求
课中合作共研	规范学习	绘制横断面图,分组解读横断面信息	完成任务工单
课中合作共研	工程图纸	路基横断面设计成果由一系列横断面图组成,由于各横断面地面线高低不同,横断面不同,设计高程不同,每个横断面呈现的数据也不尽相同	完成任务工单

评分	学生1小组1	学生2小组2	学生3小组3	学生4小组4	学生5小组5	学生6小组6	平均分	总分
组内评分(30分)								
组间评分(30分)								
教师评分(40分)								

课后知识拓展	工程图纸	结合图纸中相关信息,说明路基横断面的大小对工程的质量、进度、费用三方面中哪个部分起到决定性作用	拓展能力
反思与收获			

注:1. 任务工单要求同学们认真完成,字迹清楚、整洁并认真保存。
2. 任务工单将作为学期末成果上交资料,其完成质量和数量将计入技能考核成绩。

相关知识

一、横断面的结构设计组成

(1) 路幅组成:如行车道、分隔带、路缘带(左、右)、硬路肩、土路肩、紧急停车带、爬坡车道、加(减)速车道等。

(2) 路基组成:如边坡、排水设施、防护设施、取土坑、弃土堆等。

(3) 环保设施。

二、横断面设计基本要求

横断面由横断面设计线和横断面地面线构成。横断面地面线是自然的真实情况,是客观存在的;横断面设计线是设计的结果,是主观表达,它应满足如下要求。

(1) 满足稳定性要求:在荷载、自然因素的共同作用下,不倾覆、滑动、沉陷、塌方。

(2) 满足经济性要求:工程量小,节约资金。

(3) 满足规范性要求:横断面的某些尺寸(如路基宽)必须符合公路规范和设计标准的要求。

(4) 满足兼顾性要求:要兼顾农田基本建设的需要,在取土和弃土以及挡土墙设置等方面应与农田改造、水利灌溉相配合。

三、横断面设计内容

(1) 确定路幅横断面尺寸(宽度及横坡度)。

(2) 确定路基高度,完成纵断面设计。

(3) 路基横断面形状设计,选择直线式边坡、折线式边坡或台阶式边坡。

(4) 边坡坡度确定,针对路堤及路堑边坡、土质与岩石边坡分别进行设计。

四、横断面设计所需要的设计资料

(1) 平曲线资料,包括半径、缓和曲线、偏角、曲线位置(交点桩号)等。

(2) 每个中桩的填、挖高度。

(3) 路基宽度、路面宽度(分别确定左、右侧宽度)。

(4) 路基标准横断面图式。

(5) 各中桩的超高值。

(6) 路基边坡坡度值。

(7) 边沟、截水沟的形式及尺寸。

(8) 视距设计(弯道上视距是否得到保证)。

在具体设计每个横断面之前,先确定路基的标准横断面(或典型横断面)。标准横断面图一般要包括路堤、路堑、半填半挖路基、护肩路基、挡土墙路基、砌石路基等,横断面中的边坡坡度、边沟尺寸、挡土墙横断面等必须按《规范》的规定执行,对于高填深挖、特殊地质、浸水路堤等,应单独进行设计。

五、横断面地面线的绘制

路基横断面地面线的绘制是公路工程设计和施工中重要的一个环节。它直接影响公路的几何设计和后续施工的合理性。横断面地面线绘制从本质上讲就是在实地逐桩测量每个中桩在路线横向(法线方向)的地表起伏变化情况,画出横断面的地面线。具体方法如下。

1. 确定横断面方向

要进行横断面测量,必须首先确定横断面的方向。在直线路段,横断面的方向与路线垂直;而在曲线路段,横断面的方向与该处曲线的切线相垂直,即法线方向。

直线上的横断面方向用方向架或经纬仪作垂线确定;曲线上的横断面方向要根据计算的弦偏角,用弯道球心方向架或经纬仪来确定。具体方法详见相关教材。

2. 横断面测量

横断面测量以中线地面线即中桩位置为直角坐标原点,分别沿横断面方向向两侧施测地面各地形变化特征点间的相对平距和高差,由此点绘出横断面的地面线。横断面测量常用的方法有以下几种。

(1) 标杆皮尺法。

标杆皮尺法是指利用标杆直接测得平距和高差,如图 6-3-1 所示。此方法简便易行,所以被经常采用。它适用于横向变化较多、较大的地段,但由于车站较多,测量和累积误差较大。

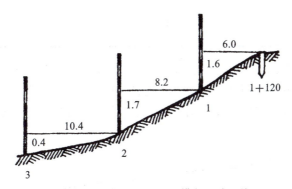

图 6-3-1 标杆皮尺法测定横断面地面线

(2) 水准仪法。

此方法适用于施测横断面较宽的平坦地区,如图 6-3-2 所示,安置水准仪以后,以中线桩地面高程点为后视,以中线桩两侧横断面方向的地形特征点为前视,标尺读数读至厘米,用皮尺分别量出各特征点到中线桩的水平距离(也可用视距测量),由后视读数与前视读数求差得到高差。

(3) 全站仪法。

安置全站仪于中桩上,直接用全站仪定出横断面方向,而后量出至中桩地面的仪器高,直接测出各特征象限点与中桩间的平距和高差。此法适用于一般地形,必须通视条件好。

3. 横断面地面线的绘制

横断面地面线的点绘,一般采用现场一边测量一边点绘的方法。其优点是:外业不做记录,点绘出的横断面地面线得以及时核对,消除差错。点绘的方法是:以中桩点为中心,分左右两侧,按测得的各侧相邻地形特征点之间的平距和高差或倾角与斜距等逐一将各个特征点点绘在横断面图上,各点连线即构成横断面地面线。当现场无绘图条件时,也可采用现场

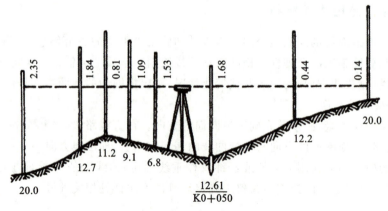

图 6-3-2　水准仪法测定横断面地面线

记录、室内整理绘图的方法,按路线前进方向分左右两侧桩号,由下向上开始记录,如表 6-3-1 所示。表中左侧和右侧记录平距和高差,以分数形式记录,分子表示高差,分母表示平距,高差为正表示上坡,为负表示下坡。

表 6-3-1　横断面测量记录格式

左侧	中桩号	右侧
$\dfrac{+2.1}{12.0},\cdots,\dfrac{-1.9}{8.7},\cdots,\dfrac{+2.6}{18.5}$	DK4+111	$\dfrac{-1.4}{14.5},\cdots,\dfrac{+1.8}{10.5},\cdots,\dfrac{-1.4}{16.0}$

横断面地面线应点绘在透明坐标纸上,点绘时应根据桩号的大小,根据从图下方到上方,再从左侧到右侧的原则安排横断面位置。绘图的比例一般为 1∶200,对有特殊需要的横断面可以采用 1∶100。每个横断面的地物情况应用文字在适当位置进行简要说明,成果如图 6-3-3 所示。

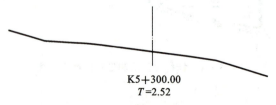

图 6-3-3　横断面地面线

横断面的检测应用高精度方法进行,限差规定如下(单位:m)。

高速公路、一级公路:　　高程　　$\pm\left(\dfrac{h}{100}+\dfrac{l}{200}+0.1\right)$

　　　　　　　　　　　　水平距离　$\pm\left(\dfrac{l}{100}+0.1\right)$

二级及二级以下公路:　　高程　　$\pm\left(\dfrac{h}{50}+\dfrac{l}{100}+0.1\right)$

　　　　　　　　　　　　水平距离　$\pm\left(\dfrac{l}{50}+0.1\right)$

式中:h——检测点与路线中桩的高差,m;

l——检测点到路线中桩的水平距离,m。

知识贴吧

在测绘工程中,测量精度的意义尤为显著。地理信息系统中数据的准确性和可靠性依赖于高精度的测量数据,这对于土地管理、城市规划、环境保护等领域至关重要。随着数字测图技术的发展,对测量精度的要求越来越高,因为数字地图的质量直接受到测量精度的影响。此外,在海洋测绘和国土资源测绘中,测量精度的提高对于资源的勘探和管理具有决定性作用,对于海底地形的准确呈现以及国土规划、土地利用和自然资源管理具有重要的指导意义。

任务6.4 绘制路基横断面设计线

任务引入

横断面设计为什么俗称"戴帽子"?你知道什么是戴帽子法吗?

学习引导

任务布置—课堂教学(教师引导—小组讨论—动手实践)—课后拓展与总结—分组讨论并整理,完成任务工单。

任务工单 绘制路基横断面设计线

模块名称		项目名称	
任务名称		学生姓名和学号	
学习目标	1. 掌握绘制路基横断面设计线的方法。 2. 能在计算纸上完成 100 m 横断面设计线的绘制		
课前自主探究	学习资源/方式	学生任务	要求
	1. 在线课程任务点学习。 2. 教材预习。 3. 工程图纸	1. 横断面设计前,我们都需要进行哪些设计要求的学习? 2. 何为"戴帽子"?如何"戴帽子"?	完成任务工单

续表

学习资源/方式		学生任务												要求
课中合作共研	研讨	横断面地面线资料如下表所示。												完成任务工单
		桩号	填挖值	位置	距离	高差	距离	高差	距离	高差	距离	高差	距离	高差
		K2+300	+1.26	左侧	4.0	1.70	4.0	1.65	4.0	2.35	4.0	2.86	4.0	3.00
				右侧	4.0	-1.60	4.0	-1.68	4.0	-1.77	4.0	-0.46	4.0	-0.33
		K2+350	+1.15	左侧	4.0	0.80	4.0	1.75	4.0	1.15	4.0	1.15	4.0	1.10
				右侧	4.0	-0.35	4.0	-0.37	4.0	-0.51	4.0	-0.21	4.0	-0.56
		K2+400	+0.30	左侧	4.0	1.46	4.0	1.67	4.0	1.35	4.0	1.02	4.0	1.10
				右侧	4.0	-0.73	4.0	-0.64	4.0	-0.75	4.0	-0.32	4.0	-0.05
		K2+450	-1.58	左侧	4.0	0.24	4.0	0.26	4.0	0.54	4.0	0.76	4.0	0.87
				右侧	4.0	-0.75	4.0	-0.68	4.0	-0.86	4.0	-0.32	4.0	-0.21

学习资源/方式		学生任务	要求
课中合作共研	规范学习	在完成上一任务横断面地面线绘制的基地上绘制设计线,完成此路段横断面图	完成任务工单
课中合作共研	横断面地面线资料	分析表格中数据之间的关系	完成任务工单

评分	学生1 小组1	学生2 小组2	学生3 小组3	学生4 小组4	学生5 小组5	学生6 小组6	平均分	总分
组内评分(30分)								
组间评分(30分)								
教师评分(40分)								

课后知识拓展	横断面设计图纸	对同一桩号不同的设计结果如何进行取舍、取舍选择的关键在于哪些因素是我们在后期学习的重点	拓展能力
反思与收获			

注:1. 任务工单要求同学们认真完成,字迹清楚、整洁并认真保存。
2. 任务工单将作为学期末成果上交资料,其完成质量和数量将计入技能考核成绩。

相关知识

横断面是由地面线与设计线所围成的图形。路基横断面设计应充分考虑当地的气候、地形、土壤、地质、水文环境、土地利用、材料供应等自然条件和社会条件,本着"节约用地、少占耕地"的原则,选用合理的横断面,以满足行车顺适、工程经济、路基稳定、防水畅通且便于施工和养护的要求,设计出适合路基稳定、经济的横断面。在前两节任务中分别介绍了横断面的组成和横断面地面线的绘制方法,下面具体介绍路基横断面设计线的相关内容。

一、横断面设计的基本要求

路基是支承路面、形成连续行车道的带状土、石结构物。它既要承受路面传来的车辆荷载,又要承受自然因素的作用,因此路基横断面设计必须满足以下基本要求。

(1) 为使路基具备足够的强度和稳定性且经济合理,路基的结构应根据使用要求和当地自然条件,并结合施工条件进行综合设计。

在地形陡峻和不良地质地段,不宜破坏天然植被和山体平衡。山岭重丘区的路基设计应根据当地自然条件,特别是地形及工程地质条件,选择适当的路基横断面形式和边坡坡度。在狭窄的河谷地段,不宜侵占河床,可视具体情况设置其他结构物和防护工程。对于陡坡上的半填半挖路基,可根据地形地质条件采用护肩砌石或挡土墙。当山坡高陡或稳定性差,不宜多挖时,可采用旱桥、悬出露台等构造物。在悬崖陡壁地段,如山体岩石整体性好,可采用半山洞式路基。这里所讲到的路基形式在上一节任务中,我们都有所讲述。

(2) 路基的横断面形式和尺寸。在设计过程当中要充分考虑公路的等级、设计标准和设计任务书当中的要求,结合公路的使用要求,根据具体情况和条件确定路基的横断面形式和尺寸。一般路基横断面形式可参照之前我们所讲过的典型横断面设计;对于一些特殊路基的横断面,我们要进行单独设计。

(3) 在路基横断面设计过程当中,我们一定要充分考虑与当地农田的基本建设要求相关。尤其是在取土、弃土过程中,以及取土坑的设置和排水设计中,必须与农田改水、农田水利灌溉沟渠相互配合,从而做到尽量减少废土占地,防止水土流失和淤塞河道。

二、横断面设计的方法和步骤

横断面设计俗称"戴帽子",即按照纵断面设计中确定的填挖高度和平面设计中确定的路基宽度、超高、加宽,结合当地的地形和地质条件,按照路基典型横断面图示,用三角板(也可用"帽子板")逐桩绘出路基横断面设计线。

横断面设计图
的绘制动画

知识贴吧

横断面设计必须结合地形、地质、水文等条件,本着节约用地的原则,选用合理的横断面形式,以满足行车顺势、工程经济、路基稳定且便于施工和养护的要求。

方法与步骤如下。

(1) 逐桩绘出路基横断面设计线,通常用左右路肩边缘的连线代替路面的路拱横坡线,然后再按边坡坡度绘出边坡线,与地面线相交得坡脚点(路堤)或坡顶点(路堑)。

(2) 有超高时,应按旋转方式绘出有超高横坡度的路肩边缘连线;有加宽时,按加宽后的路基宽度绘出左右路肩边缘的连线;两者都存在时,按上述方法同时考虑超高、加宽绘出横断面设计线。

(3) 根据需要绘制护坡道、边沟、取土坑、截水沟、挡土墙等横断面设计内容。

(4) 分别计算各桩号断面的填方面积(A_t)和挖方面积(A_w)并标注于图上。

在进行以上横断面设计时,尽管在横断面图上按比例绘出了边沟、截水沟、护脚、挡土墙等设施,但一般不标注详细尺寸,仅注明其起止桩号,其设计的详细尺寸可见该设计路段的标准横断面图。此外,对于取土坑、弃土堆、绿化等,也尽可能画出。对于分离式公路的横断面和具有变速车道、爬坡车道、紧急停车道的横断面,可参照上述步骤绘制。

一条道路的横断面图数量比较大,为提高手工绘制的工作效率,可事先制作若干透明模板,但根本的解决办法是"路线CAD",它不但能准确自动绘制横断面图,而且能自动计算横断面面积。上面所介绍的横断面设计方法,仅限于在"标准横断面图"范围以内的那些横断面,其操作比较机械,所以形象化地称为"戴帽子"。对特殊情况下的横断面,必须按照路基课程中所讲述的原理和方法进行特殊设计,绘图比例尺也应按需要采用。

路基横断面图绘制成果示例如图 6-4-1 所示。

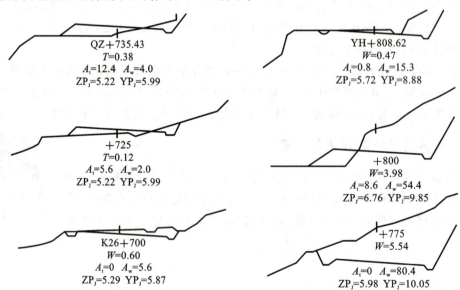

图 6-4-1 路基横断面图绘制成果示例

任务 6.5　编制路基设计表

任务引入

公路横断面设计应最大限度地降低路堤高度,减小对沿线生态的影响,保护环境,使公路融入自然。条件受限制,不得已而出现高填、深挖时,应同桥梁、隧道、分离式路基等方案进行论证比选。

学习引导

任务布置—课堂教学(教师引导—小组讨论—动手实践)—课后拓展与总结—分组讨论并整理,完成任务工单。

任务工单　填写路基设计表

模块名称			项目名称	
任务名称			学生姓名和学号	
学习目标	掌握路基设计表基本构成及填写方法			
	学习资源/方式	学生任务		要求
课前自主探究	1. 在线课程任务点学习。 2. 教材预习。 3. 工程图纸	1. 路基设计表有何作用? 2. 简述路基设计表填写方法		完成任务工单
课中合作共研	研讨	师生讨论,完成以下任务。 1. 路基设计表各栏目的关系是怎样的? 2. 路基设计表填写难度为什么在第(11)~(13)栏?		完成任务工单
课中合作共研	规范学习	合理填写路基设计表各栏目内容		完成任务工单
课中合作共研	工程图纸	了解图纸与表格的对应关系		完成任务工单

续表

评分	学生1 小组1	学生2 小组2	学生3 小组3	学生4 小组4	学生5 小组5	学生6 小组6	平均分	总分
组内评分 （30分）								
组间评分 （30分）								
教师评分 （40分）								
课后知识拓展	工程图纸	路基设计表不仅展现出路基横断面设计成果，还反映出平、纵、横等方面主要测设的设计成果，汇集了路线三方面的设计成果						拓展能力
反思与收获								

注：1. 任务工单要求同学们认真完成，字迹清楚、整洁并认真保存。
2. 任务工单将作为学期末成果上交资料，其完成质量和数量将计入技能考核成绩。

相关知识

严格地说，路基设计表不只是横断面设计的成果，它是路线平、纵、横等主要测设资料设计成果的一个汇总。表中所列整桩、加桩及填挖高度、路基宽度（包括加宽）、超高等有关资料，是路基横断面设计的基本数据，是施工依据。

路基设计表的识读及填写规则如下。

（1）第1栏桩号从外业勘测的中桩记录本中抄录。

（2）第2栏平曲线中，可用横线分别标出平曲线和ZH点至HZ点的桩号位置。在两直线间可列出交点编号、转角大小和平曲线半径供计算加宽和超高用。

（3）第3栏变坡点高程、桩号及纵坡坡度、坡长是从纵断面设计图中抄录的，可列出变坡点的桩号、设计高程，表示方法可以借助分数表示法。

（4）第4栏竖曲线是从纵断面设计图上抄录的，该栏中可用横线分别标出竖曲线起点桩号和终点桩号的桩号位置，在两直线间可列出竖曲线的起终点桩号、竖曲线半径、切线长及外距。

（5）第5栏中地面高程从外业勘测的中平测量记录表中抄录。

（6）第7、8栏的填、挖是第6栏与第5栏之差。"+"为填,"−"为挖。

（7）第9、10栏为左、右路基宽度,当圆曲线半径小于或等于250 m时,应考虑平曲线内侧的加宽。

（8）第11、12、13栏为路基两侧边缘及中桩与设计标高的差值。当圆曲线半径小于不设超高最小半径时,应考虑平曲线段的超高。

（9）第14栏"填"为第7栏与第12栏之和,第15栏"挖"为第8栏与第12栏之差。

特别注意:当横断面设计完成后,再将边坡、边沟等栏目填上,其中边沟一栏的坡度,如不填写,表明沟底坡度与道路纵坡一致;如果不一致,则需要填写。

公路路基设计表示例如图6-5-1所示。

公路路基设计表

序号	桩号	平曲线	变坡点高程、桩号及纵坡坡度、坡长	竖曲线	地面高程/m	设计高程/m	填挖高度/m		路基宽度/m		路基边缘、路中心桩与设计高程之高差/m			施工时中桩填挖高/m		备注
							填	挖	左	右	左	中	右	填	挖	
1	2		3	4	5	6	7	8	9	10	11	12	13	14	15	16
1	K2+580				102.56	102.5		0.06	5.00		0	0.12	0		0.06	
2	K2+600				102.72	103.03	0.31		5.00	5.00	0	0.12	0	0.43		
3	K2+620				103.26	103.57	0.31		5.00	5.00	0	0.12	0	0.43		
4	K2+640				103.62	104.11	0.49		5.00	5.00	0	0.12	0	0.61		
5	K2+660				104.28	104.64	0.36		5.00	5.00	0	0.12	0	0.48		
6	K2+680				105.16	105.18	0.02		5.00	5.00	0	0.12	0	0.14		
7	K2+700		+2.679% 280(640)		105.35	105.71	0.36		5.00	5.00	0	0.12	0	0.48		
8	K2+720				105.06	106.25	1.19		5.00	5.00	0	0.12	0	1.31		
9	ZH K2+738.363				104.84	106.74	1.90		5.02	5.00	0.02	0.12	0.02	2.02		
10	K2+740				105.25	106.79	2.54		5.25	5.00	0.01	0.12	0.01	2.66		
11	K2+760			K2+800 110.000	104.76	107.32	2.56		5.48	5.00	0.01	0.12	0.20	2.68		
12	K2+780	JD, K2+865.421			105.06	107.79	2.73		5.70	5.00	−0.04	0.19	0.38	2.92		
13	K2+800	R=220 m			105.64	108.14	2.50		5.80	5.00	−0.09	0.26	0.56	2.76		
14	HY K2+808.363	L$_s$=270 m	−3.455% 220(850)		105.98	108.24	2.26		5.80	5.00	−0.12	0.29	0.64	2.55		
15	K2+820	α=45°15′18″			106.28	108.36	2.11		5.80	5.00	−0.12	0.29	0.64	2.40		
16	K2+840				108.76	108.46		0.30	5.80	5.00	−0.12	0.29	0.64		0.01	
17	QZ K2+860.246				110.65	108.45		2.20	5.80	5.00	−0.12	0.29	0.64	1.91		
18	K2+880				111.09	108.31		2.78	5.80	5.00	−0.12	0.29	0.64		2.49	
19	K2+900				110.36	108.05		2.31	5.80	5.00	−0.12	0.29	0.64		2.02	
20	YH K2+912.130				108.39	107.83		0.56	5.80	5.00	−0.12	0.29	0.64		0.27	

图6-5-1 公路路基设计表示例

任务6.6 编制路基土石方数量计算表

任务引入

随着我国经济的迅速发展,公路的建设标准越来越高,投资规模越来越大,工程造价确定的程序和方法也相应更复杂,相同设计标准的公路因其他条件的不同,单价可以相差数倍;路基土石方工程不同的施工方案,利用方、弃方与借方的分配,土方超运的计算等许多复杂因素,对工程造价的影响更是不容忽视。

学习引导

任务布置—课堂教学(教师引导—小组讨论—动手实践)—课后拓展与总结—分组讨论并整理,完成任务工单。

任务工单　道路线形设计指标参数规范要求

模块名称			项目名称				
任务名称			学生姓名和学号				
学习目标	1. 掌握路基横断面面积及填挖方体积计算方法,并掌握土石方调配原则。 2. 能对一段公路进行路基土石方调配						
课前自主探究	学习资源/方式		学生任务				要求
	1. 在线课程任务点学习。 2. 教材预习。 3. 工程图纸		1. 简述路基横断面面积计算方法坐标法和积距法的优缺点。 2. 简述经济运距的计算方法。 3. 简述路基土石方数量计算表填写步骤				完成任务工单
课中合作共研	研讨		简述路基横断面面积四种计算方法的优缺点及使用环境				完成任务工单
	规范学习		合理填写路基土石方数量计算表各栏内容				完成任务工单
	工程图纸		结合工程图纸,讨论研究土石方调配法对工程造价的影响				完成任务工单
评分	学生1 小组1	学生2 小组2	学生3 小组3	学生4 小组4	学生5 小组5	学生6 小组6	平均分	总分
组内评分 (30分)								
组间评分 (30分)								
教师评分 (40分)								

续表

课后知识拓展	工程图纸	完成某公路路基土石方数据计算与调配	拓展能力
反思与收获			

注：1. 任务工单要求同学们认真完成，字迹清楚、整洁并认真保存。
2. 任务工单将作为学期末成果上交资料，其完成质量和数量将计入技能考核成绩。

相关知识

路基土石方是公路工程的一项主要工程量，在公路设计和路线方案比较中，路基土石方数量是评价公路测设质量的主要技术经济指标之一。在编制公路施工组织计划和工程概预算时，还需要确定分段和全线的路基土石方数量。

由于地面形状复杂，填、挖方不是简单的几何体，因此土石方数量的计算只能是近似的，计算的精确度取决于中桩间距、测绘横断面时采点的密度和计算公式与实际情况的接近程度等。计算时一般应按工程的要求，在保证使用精度的前提下力求简化。一般情况下，横断面的面积以 m^2 为单位，取小数点后一位；土石方的体积以 m^3 为单位，取至整数。

一、横断面面积计算

土石方数量计算

路基的填、挖横断面面积，是指横断面图中原地面线与路基设计线所包围的面积。高于地面线为填，低于地面线为挖，两者应分别计算。横断面面积计算方法有积距法、坐标法、几何图形法、混合法，通常采用积距法和坐标法。

1. 积距法

如图 6-6-1 所示，将横断面按单位横宽划分为若干个梯形和三角形，每个小条块的面积近似按每个小条块中心高度与单位宽度的乘积计算：

$$A_i = bh_i$$

则横断面面积为

$$A = bh_1 + bh_2 + bh_3 + \cdots + bh_n = b\sum_{i=1}^{n} h_i$$

当 $b = 1$ m 时，A 在数值上等于各小条块平均高度之和 $\sum_{i=1}^{n} h_i$。

2. 坐标法

如图 6-6-2 所示，已知横断面图上各转折点坐标为 (x_i, y_i)，则横断面面积为

$$A = \frac{1}{2}\sum(x_i y_{i+1} - x_{i+1} y_i)$$

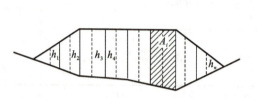
图 6-6-1 横断面面积计算(积距法)

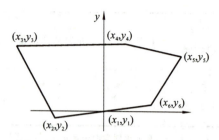
图 6-6-2 横断面面积计算(坐标法)

知识贴吧

坐标法的计算精度较高,适合用计算机进行。

3. 几何图形法

当横断面的地面线较规则且横断面面积较大时,可将路基横断面分为几个规则的几何图形,分别计算各图形面积后相加得到总面积。

4. 混合法

在一个较大的横断面中,几何图形法和积距法混合使用,以加快计算速度。在横断面面积计算中应注意以下几个问题:①填方和挖方的面积应分别计算;②填方或挖方中的土、石方也应分别计算,因为其工程造价不同;③有些情况下横断面上的某一部分面积可能既是挖方面积,又要算作填方面积(不良地质换填),如既要挖除又要回填其他材料。

二、填挖方体积计算

路基土石方计算工作量较大,加之路基填、挖变化的不规则性,要精确计算土石方体积是十分困难的。在工程上通常近似计算,即假定相邻断面间为一棱柱体,则其体积为

$$V = \frac{1}{2}(A_1 + A_2) \times L$$

式中:V——体积,m^3,即土石方数量;

A_1、A_2——相邻两断面的面积,m^2;

L——相邻断面之间的距离,m。

这种方法称为平均断面法,如图 6-6-3 所示。用平均断面法计算土石方体积简便,是公路工程中常采用的方法。但这种方法精度较差,只有当 A_1、A_2 相差不大时才较准确。当 A_1、A_2 相差较大时,按棱台体公式计算更为准确,其公式为

$$V = \frac{1}{3}(A_1 + A_2) \times L \times \left(1 + \frac{\sqrt{m}}{1+m}\right)$$

式中:m——A_1/A_2,其中 $A_1 < A_2$。

第二种方法精度较高,应尽量采用,特别适合用计算机进行计算。

用上述方法计算的土石方体积中包含了路面体积。若所设计的纵断面有填有挖基本平

衡,则填方断面中多计算的路面面积与挖方断面中少计算的路面面积相互抵消,其总体积与实施体积相差不大。但若路基是以填方为主或以挖方为主,则最好在计算断面面积时将路面部分计入,也就是填方要扣除、挖方要增加路面所占的那一部分面积,特别是路面厚度较大时更不能忽略。

计算路基土石方数量时,应扣除大、中桥及隧道所占路线长度的体积;桥头引道的土石方可视需要全部或部分列入桥梁工程项目中,但应注意不要遗漏或重复;小桥涵所占的体积一般可不扣除。

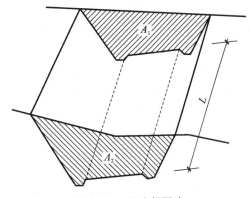

图 6-6-3　平均断面法

路基工程中的挖方按天然密实方体积计算,填方按压实后的体积计算,各级公路各类土石方与天然密实方换算系数见表 6-6-1,土石方调配时注意换算。

表 6-6-1　路基土石方换算系数

公路等级	土石类别				
	土方				石方
	松土	普通土	硬土	运输	
二级及二级以上公路	1.23	1.16	1.09	1.19	0.92
三级、四级公路	1.1	1.05	1.00	1.08	0.84

三、路基土石方调配

路基土石方量调配动画

路基土石方调配的目的是确定填方用土的来源、挖方土的去向,以及计价土石方的数量和运量等。通过调配合理地解决各路段土石方平衡与利用问题,从路堑中挖出的土石方,在经济合理的调运条件下移挖作填,尽量减少路外借土和弃土,少占用耕地,以求降低公路的造价。在路基的施工过程中,就某一断面的土石方而言,会发生以下三种情况:一是挖去多余的土形成路基,或者本桩有填有挖,利用本桩的土后,还有多余,需要调走(挖余);二是借其他地方的土形成路基,或者本桩有填有挖,利用本桩的土后,还不够,需要借土(填缺);三是本桩有填有挖,利用本桩的土填、挖平衡(本桩利用)。这些情况,"挖余"有两种处理方法,即调运至其他断面利用和弃土废方;"填缺"也有两种解决办法,即从其他断面调土和从路外借土。土方调配就是要解决以上问题。

1. 土石方调配计算

(1)平均运距。土方调配的运距是从挖方体积的重心到填方体积的重心之间的距离。在路线工程中,为简化计算,这个距离可简单地按挖方断面间距中心至填方断面间距中心的距离计算,称为平均距离。

(2)免费运距。土、石方作业包括挖、装、运、卸等工序,在某一特定距离内,只按土、石方数量计价而不计运费,这一特定的距离称为免费运距。施工方法不同,其免费运距也不同,如人工运输的免费运距为 20 m,铲运机运输的免费运距为 100 m。在纵向调配时,当其平均运距超过定额规定的免费运距时,应按其超运运距计算土石方运量。

(3) 经济运距。填方用土的来源,一是路上纵向调运,二是就近路外借土。一般情况下,将路堑挖方调去填筑距离较近的路堤还是比较经济的。但如调运的距离过长,以致运价超过了在填方附近借土所需的费用,移挖作填就不如在路堤附近就地借土经济。因此,采用"借"还是"调",有一个限度距离问题,这个限度距离即所谓的"经济运距",其值按下式计算:

$$L = \frac{B}{T} + L_{免}$$

式中:B——借土单价,元/m³;

T——远运运费单价,元/(m³·km);

$L_{免}$——免费运距,km。

经济运距是确定借土或调运的界限,当调运距离小于经济运距时,采取纵向调运是经济的;反之,则可考虑就近借土。

(4) 运量。土石方运量为平均超运运距单位与土石方调配数量的乘积。例如,在生产中,如工程定额是将人工运输免费运距 20 m,平均每增运距 10 m 划为一个运输单位,称为"级",当实际的平均运距为 40 m、超远运距 20 m 时,则为两个运输单位,称为二级;在路基土石方数量计算表中记作②。总运量按下式计算:

$$W = Qn$$

$$n = \frac{L - L_{免}}{A}$$

式中:n——平均超运运距单位(四舍五入取整数);

L——土石方调配平均运距,m;

$L_{免}$——免费运距,m;

A——超运运距单位,m,人工运输时 $A=10$ m,铲运机运输时 $A=50$ m。

(5) 计价土石方数量。在土石方计算与调配中,所有挖方均应予以计价,但填方应按土的来源决定是否计价。若是路外就近借土就应计价;若是移"挖"作"填"的纵向调配利用方,则不应再计价,否则形成双重计价。计价土石方数量为

$$V_{计} = V_{挖} + V_{借}$$

式中:$V_{计}$——计价土石方数量,m³;

$V_{挖}$——挖方数量,m³;

$V_{借}$——借方数量,m³。

2. 土石方调配原则

(1) 在半填半挖的断面中,应首先考虑在本路段内移挖作填进行横向平衡,多余的土石方再作纵向调配,以减少总的运量。

(2) 土石方调配应考虑桥涵位置对施工运输的影响,一般大沟不作跨越运输,同时应注意施工的可能与方便,尽可能避免和减少上坡运土。

(3) 为使调配合理,必须根据地形情况和施工条件,选用适当的运输方式,确定合理的经济运距,用以分析工程用土是调运还是外借。

(4) 土方调配"移挖作填"固然要考虑经济运距问题,但这不是唯一的指标,还要综合考虑弃方和借方的占地,赔偿青苗损失及对农业生产的影响等。有时路堑的挖方纵调作路堤

的填方,虽然运距超出一些,运输费用可能高一些,但若能少占地、少影响农业生产,从环境保护方面考虑则对整体来说未必是不经济的。

(5) 不同的土方和石方应根据工程需要分别进行调配,以保证路基稳定和人工构造物的材料供应。

(6) 位于山坡上的回头曲线路段,要优先考虑上、下线的土方竖向调运。

(7) 对于借土和弃土,事先同地方商量,妥善处理。借土应结合地形、农田规划等选择借土地点并综合考虑借土还田、整地造田等措施。弃土应不占或少占耕地,在可能条件下宜将弃土平整为可耕地,防止乱弃乱堆或堵塞河流、损害农田。

3. 土石方调配方法

土石方调配目前生产上采用土石方数量计算表调配法,直接在土石方数量计算表中进行调配。这种方法的优点是方法简单,调配清晰,精度符合要求。土石方数量计算表也可由计算机自动生成。具体调配步骤如下。

(1) 土石方调配是在土石方数量计算与复核结束的基础上进行的,调配前应将可能影响运输调配的桥涵位置、陡坡、大沟等注在表旁,供调配时参考。

(2) 计算并填写表中的"本桩利用""填缺""挖余"各栏。当以石作填土时,石方数应填入"本桩利用"的"土"一栏并以符号区别,然后按填挖方分别进行闭合核算,其核算式为

$$填方=本桩利用+填缺$$
$$挖方=本桩利用+挖余$$

(3) 在作纵向调配前,根据"填缺""挖余"的分布情况,选择适当的施工方法及可采用的运输方式定出合理的经济运距,供土方调配时参考。

(4) 根据填缺、挖余分布情况,结合路线纵坡和自然条件,本着技术经济、少占用农田的原则,具体拟定调配方案。将相邻路段的挖余就近纵向调配到填缺内加以利用,并把具体调运方向和数量用箭头标明在纵向调配栏中。

(5) 经过纵向调配,如果仍有填缺或挖余,则应会同当地政府协商确定借土或弃土地点,然后将借土或弃土的数量和运距分别填注到借方或废方栏内。

(6) 调配完成后,应分页进行闭合核算,核算式为

$$填缺=远运利用+借方$$
$$挖余=远运利用+废方$$

(7) 本千米调配完毕,应进行本千米合计,总闭合核算除上述外,尚有:

$$(跨千米调入方)+挖方+借方=(跨千米调出方)+填方+废方$$

(8) 土石方调配一般在本千米内进行,必要时也可跨千米调,但需将调配的方向及数量分别注明,以免混淆。

(9) 每千米土石方数量计算与调配完成后,按下式分页核算:

$$填缺=远运利用+借方$$
$$挖余=远运利用+废方$$

每千米核算:

$$(跨千米调入方)+挖方+借方=(跨千米调出方)+填方+废方$$

每千米土石方数量计算与调配完成后,填写"路基每千米土石方数量表"并进行全线总计和复核,至此完成全部土石方计算与调配工作。

【例 6-6-1】 某路段两相邻桩号分别为 K1+253 和 K1+300,计算出横断面面积分别为

$A_{t1}=38.2 \text{ m}^2, A_{w1}=12.1 \text{ m}^2; A_{t2}=3.2 \text{ m}^2, A_{w2}=47.5 \text{ m}^2$。求此路段的土石方体积。

解：$V_t = (A_{t1}+A_{t2}) \div 2 \times L = [(38.2+3.2) \div 2 \times 47] \text{ m}^3 = 972.9 \text{ m}^3$

$V_w = (A_{w1}+A_{w2}) \div 2 \times L = [(12.1+47.5) \div 2 \times 47] \text{ m} = 1400.6 \text{ m}^3$

【**例 6-6-2**】 某路段填方重心桩号为 K0+487,挖方重心桩号为 K0+650,用人工挑抬移挖作填时,查《预算定额》知,每 100 m³ 每增运 10 m 需 4.1 个工日。如路旁取土填筑,量得取土坑中心到填方重心距离为 35 m,由《预算定额》知,第一个 20 m 挖运 100 m³ 需 35.7 个工日,每增运 10 m 需 4.1 个工日。按每工日 2.7 元计,试确定调配方式。

解：借方单价 $B = \{[35.7+4.1\times(4-2)] \div 100\} \times 2.7 \text{ 元/m}^3 = 1.19 \text{ 元/m}^3$

超运运费单价 $T = [(2.7\times 4.1)/100]/10 \text{ 元}/(\text{m}^3 \cdot \text{m}) = 0.01 \text{ 元}/(\text{m}^3 \cdot \text{m})$

$$L_{经} = \frac{B}{T} + L_{免} = 1.19/0.01 \text{ m} + 20 \text{ m} = 139 \text{ m}$$

调运运距 $L = 650 \text{ m} - 487 \text{ m} = 163 \text{ m} > 139 \text{ m}$

远运运距大于经济运距,应考虑路旁借土填筑路堤。

4. 路基土石方数量计算表的填写步骤

路基土石方数量计算表见表 6-6-2。

(1) 桩号:由"路基设计表"抄入(填入第 1 栏)。

(2) 横断面面积:即路基的填挖断面面积,是指断面图中原地面线与路基设计线所包围的面积,高于地面线者为填,低于地面线者为挖,两者应分别计算。通常采用积距法和坐标法(挖方:填入第 2 栏。填方:土方填入第 3 栏,石方填入第 4 栏)。

(3) 平均面积:相邻桩号间挖填方面积的平均值(挖方:填入第 5 栏。填方:土方填入第 6 栏,石方填入第 7 栏)。

(4) 距离:相邻桩号间里程之差(填入第 8 栏)。

(5) 挖方分类及数量。

① 总数量(第 9 栏) = 平均面积(第 5 栏) × 距离(第 8 栏)。

② 土、石方数量:根据地质调查情况,按各类土、石所占总量比例计算(分别填入第 10~21 栏)。

(6) 填方数量。

土填方数量(第 22 栏) = 填土平均面积(第 6 栏) × 距离(第 8 栏)

石填方数量(第 23 栏) = 填石平均面积(第 7 栏) × 距离(第 8 栏)

(7) 利用方数量及调配。

① 本桩利用:本路段挖方直接用于本路段填方。

本桩利用土方(第 24 栏) = 松土数量(第 11 栏) + 普通土数量(第 13 栏)
+ 硬土数量(第 15 栏)

或 本桩利用土方(第 24 栏) = 土填方数量(第 22 栏)(取两式中较小值)

本桩利用石方(第 25 栏) = 软石数量(第 17 栏) + 次坚石数量(第 19 栏)
+ 坚石数量(第 21 栏)

或 本桩利用石方(第 25 栏) = 石填方数量(第 23 栏)(取两式中较小值)

注:本桩利用中可以石作填土,石方数就填入本桩利用土方(第 24 栏)并加以括号区别。

② 填缺:本桩利用完后所欠缺的填方。

表 6-6-2 路基土石方数量计算表

工程名称：   第 1 页 共 9 页 S-11

桩号	横断面面积/m²		平均面积/m²		距离/m	挖方分类及数量/m³											填方数量/m³		利用方数量及调配/m³						远运利用及纵向调配示意/m³	借方数量/m³及运距/km		废方数量/m³及运距/km		总运量	备注
	挖方	填方	挖方	填方 石方		总数量	土						石					本桩利用		填缺		挖余							
							Ⅰ		Ⅱ		Ⅲ		Ⅳ		Ⅴ		Ⅵ		土	石	土	石	土	石	土	石		土	石	土	石		
							%	数量	%	数量	%	数量	%	数量	%	数量	%	数量															
1	2	3	4	5	6	7	8	9	10	11	12	13	14	15	16	17	18	19	20	21	22	23	24	25	26	27	28	29	30	31	32	33	34	35	36
K1+001.000							1.000	0						100		0					0	0	0	0	0	0	0	0							
K1+002.000			0	0			1.000	0						101		0					0	0	0	0	0	0	0	0							
K1+003.000			0	0			1.000	0						102		0					0	0	0	0	0	0	0	0							
K1+004.000			0	0			1.000	0						101		0					0	0	0	0	0	0	0	0							
K1+005.000			0	0			1.000	0						104		0					0	0	0	0	0	0	0	0							
K1+006.000			0	0			1.000	0						105		0					0	0	0	0	0	0	0	0							
K1+007.000			0	0			1.000	0						106		0					0	0	0	0	0	0	0	0							
K1+008.000			0	0			1.000	0						107		0					0	0	0	0	0	0	0	0							
K1+009.000			0	0			1.000	0						108		0					0	0	0	0	0	0	0	0							
K1+010.000			0	0			1.000	0						109		0					0	0	0	0	0	0	0	0							
K1+011.000			0	0			1.000	0						110		0					0	0	0	0	0	0	0	0							
K1+012.000			0	0			1.000	0						111		0					0	0	0	0	0	0	0	0							
K1+013.000			0	0			1.000	0						112		0					0	0	0	0	0	0	0	0							
K1+014.000			0	0			1.000	0						113		0					0	0	0	0	0	0	0	0							
K1+015000			0	0			34.000	0						114		0					0	0	0	0	0	0	0	0							
K1+049000			0	0			1.000	0						115		0					0	0	0	0	0	0	0	0							
K1+050.000			0	0			1.000	0						116		0					0	0	0	0	0	0	0	0							
K1+051.000			0	0			371.453	0						117		0					0	0	0	0	0	0	0	0							
K2+422.453			0	0			3.006	0						118		0					0	0	0	0	0	0	0	0							
K2+425.458			0	0			20.037	0						119		0					0	0	0	0	0	0	0	0							
K2+445.495			0	0			20.045	0						120		0					0	0	0	0	0	0	0	0							
K2+465.540			0	0			20.049	0						121		0					0	0	0	0	0	0	0	0							
K2+485.589			0	0			20.046	0						122		0					0	0	0	0	0	0	0	0							
K2+505.635			0	0			20.040	0						123		0					0	0	0	0	0	0	0	0							
K2+525.675			0	0																															
K2+545.708																																		

土填缺(第 26 栏)＝土填方数量(第 22 栏)－本桩利用土方(第 24 栏)
石填缺(第 27 栏)＝石填方数量(第 23 栏)－本桩利用石方(第 25 栏)

③挖余：本桩利用完后所剩余的挖方。

土挖余(第 28 栏)＝土挖方总量[(第 11 栏)＋(第 13 栏)＋(第 15 栏)]
　　　　　　　＝土填方数量(第 22 栏)

石挖余(第 29 栏)＝石挖方总量[(第 17 栏)＋(第 19 栏)＋(第 21 栏)]
　　　　　　　＝石填方数量(第 23 栏)

④远运利用及纵向调配示意：根据填缺、挖余分布情况，结合路线纵坡和自然条件，本着技术经济、少占用农田的原则，具体拟定调配方案。将相邻路段的挖余就近纵向调配到填缺内加以利用，并把具体调运方向和数量用箭头标明在纵向调配栏(第 30 栏)中。

(8) 借方数量。

土借方数量(第 31 栏)＝土填缺(第 26 栏)－本路段土方远运利用
　　　　　　　　　　(由第 30 栏调配数量抄入)

石借方数量(第 32 栏)＝石填缺(第 27 栏)－本路段石方远运利用
　　　　　　　　　　(由第 30 栏调配数量抄入)

(9) 废方数量。

土废方数量(第 33 栏)＝土挖余(第 28 栏)－本路段土方远运利用
　　　　　　　　　　(由第 30 栏调配数量抄入)

石废方数量(第 34 栏)＝石挖余(第 29 栏)－本路段石方远运利用
　　　　　　　　　　(由第 30 栏调配数量抄入)

(10) 总运量。

总运量(第 35 或 36 栏)＝平均超运运距单位×土(石)方调配数量
超运运距单位 n＝(土石方调配平均运距－免费运距)/超远运距单位

项目实战

(1) 任务布置。

完成某公路路基土石方数量计算表。

(2) 基本资料。

某二级公路，设计速度为 60 km/h，试完成 K4+240～K4+460 段路基土石方数量计算及调配工作。

(3) 任务。

完成路基土石方数量计算及调配工作，并记录在路基土石方数量计算表中。

(4) 要求。

① 根据班级人数分成若干组，每组 5～7 人。

② 以组为单位，组长分配任务，独立完成任务。

③ 组长负责成果的记录与整理，按照任务要求上交任务工单及路基土石方数量计算表，供老师批阅。

项目测试及参考答案

模块四
数字化应用模块

项目 7　公路工程设计 BIM 系统应用

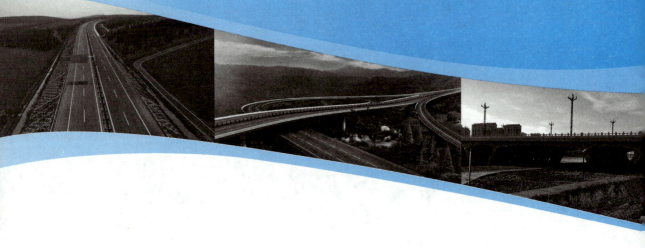

学习目标

【知识目标】

1. 熟悉公路工程设计 BIM 系统的安装和功能。
2. 掌握公路工程设计 BIM 系统的基本操作。
3. 明确公路工程设计 BIM 系统在公路工程设计中的应用。

【能力目标】

1. 能够熟练掌握公路工程设计 BIM 系统的操作技能。
2. 能够利用公路工程设计 BIM 系统进行公路初步设计。

【素质目标】

1. 使学生具备严谨的科学态度和精益求精的工匠精神。
2. 使学生具备安全、法治、环保、创新意识。
3. 使学生具备良好的团队合作意识。
4. 提高学生的数字素养。

思维导图

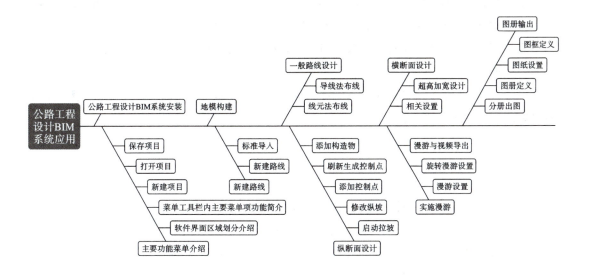

任务驱动

《交通运输部关于推进公路数字化转型加快智慧公路建设发展的意见》提出：推进公路数字化设计，鼓励设计单位建立基于 BIM 的正向设计流程和协同设计平台，实现三维协同设计、自动生成工程量清单、参数化设计和复杂工程三维模拟分析，通过精细化、智能化设计提高设计效率、降低工程造价。

思政故事

《交通运输部关于推进公路数字化转型加快智慧公路建设发展的意见》提出：自 2024 年 6 月起，新开工国家高速公路项目原则上应提交 BIM 设计成果，鼓励其他项目应用 BIM 设计技术。

公路工程行业定制化的设计软件公路工程设计 BIM 系统，采用了全三维的设计环境，系统集成了经验库的设计思想，各种规范取值已经集成到系统经验库，设计过程随用户定义的技术标准自动匹配规范值,各个子系统能实现专业间数据联动刷新、工程量实时输出,并能按照编办要求编制的分阶段图册完成一键出图,大大提高设计效率。

本系统采用自主研发平台,融合 GIS、BIM 和互联网等技术,真正实现 BIM 技术在生产过程中的应用落地。

系统特色:系统以"全、快、细、炫"的方式为工程设计与管理提供了集成式解决方案,并为 BIM 技术在公路工程全生命期的应用提供平台和数据支撑。

系统实现目标:以设计效率为核心,以专业标准化为基础,以 BIM 技术为手段,全专业参与高效协同。

设计环境:二维与三维设计环境无缝衔接,将点、线、面与空间相结合,设计过程更加直观,图纸分册,出图效率更高。

任务 7.1　公路工程设计 BIM 系统安装

在官网下载安装包及补丁,按照流程提示安装即可。

(1)软件安装前确保计算机显卡为英伟达系列 GTX/RTX,目前不支持 AMD 显卡。安装路径一般会自动弹出,如图 7-1-1 所示,直接更改盘符即可,无须做其他更改,以免引起程序错误,按提示步骤完成安装。

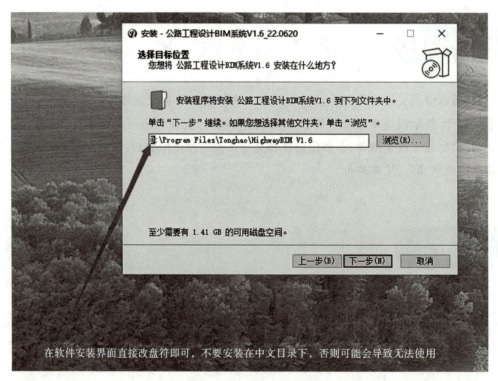

图 7-1-1　软件安装示意图

（2）软件安装完成之后，运行安装最新补丁即可，安装完重启计算机。

（3）软件安装完成后设置独立显卡，桌面右键单击"NVIDIA 控制面板"，弹出"NVIDIA 控制面板"对话框，在该对话框完成设置，如图 7-1-2 所示。

图 7-1-2　软件安装显卡设置示意图

任务 7.2　主要功能菜单介绍

公路工程设计 BIM
系统基本功能
认知和地模构建

一、软件界面区域划分介绍

（1）主界面功能区域划分如图 7-2-1 所示。

（2）左侧项目树窗口如图 7-2-2 所示。

二、菜单工具栏内主要菜单项功能简介

（1）项目资料：主要包括地模、影像、地质信息数据、地形图等，设计前将相关基础资料导入，以便后续路线设计。另外，无地模时还可导入地形图，进而生成所需要的地模，以便于路线设计。

（2）平面设计：基本上包含了所有的路线设计工具。公路线形基本都通过此菜单项设计，如各类线形工具、各类路口会交连接方式以及各种线形属性的显示信息等都在此菜单项里。

（3）纵断面设计：利用此菜单进行路线纵断面拉坡、调节、查询等设计，包含桥梁、隧道、涵洞等构造物标高点控制信息数据等。

（4）构造物设计：场坪、公交站、收费广场、桥梁、涵洞、隧道、边坡、挡墙、排水等构造物都通过此菜单项进行插入设计。

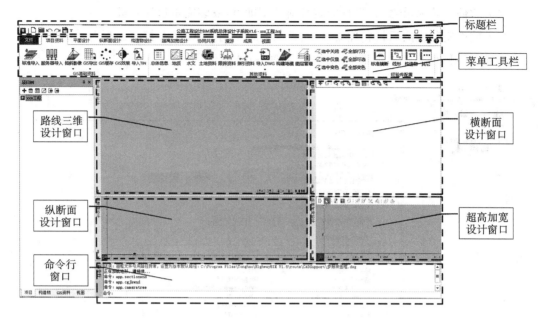

图 7-2-1 软件主界面功能区域划分图

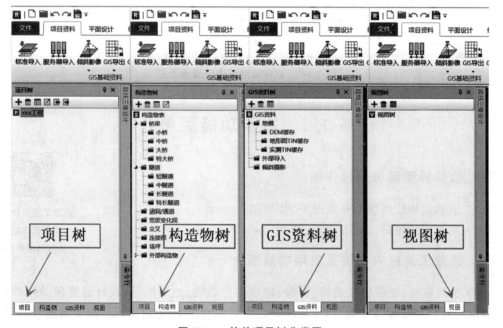

图 7-2-2 软件项目树分类图

(5)超高加宽设计：此菜单项中默认经验数据库中自带国家规范的相关设计取值数据，如有调整，可根据实际情况按规范调整数值进行超高加宽设计。

(6)协同共享：可以将自己设计的相关模型、数据导出共享，也可以将其他数据模型导入合并到自己的设计当中，实现专业之间数据联动刷新等功能。

(7)漫游：就是将设计好的路线通过漫游设置以三维动态方式展现出来，使人能更清晰明了地观察所设计路线的整体效果以及与周边环境的契合度等。

(8) 成果：主要是设计完成后图纸输出模块，实现由虚拟软件设计到图纸平面成果输出，再到现实当中的实物建成，实现虚实转换。

(9) 视图：主要控制左侧项目树平、纵、横等设计窗口的开关。

三、新建项目

方式1：启动页"新建"→填写项目名称→选择文件保存路径→保存。

方式2：菜单栏中"文件"→"新建"→填写项目名称→选择文件保存路径→保存。

新建工程操作示意图如图7-2-3所示。

图 7-2-3　新建工程操作示意图

四、打开项目

方式1：启动页"打开"→找到相应的文件夹内文件→打开项目。

方式2：最近列表中项目名称→打开项目。

方式3：菜单栏中"文件"→找到相应的文件→打开项目。

打开工程操作示意图如图7-2-4所示。

图 7-2-4　打开工程操作示意图

五、保存项目

方式1：标题栏中"保存"按钮→保存项目。

方式2：菜单栏中"文件"→"保存"/"另存"→保存项目。

方式3：系统带"自动保存"功能，通过菜单工具栏→平面设计→选项设置→系统显示→系统设置下的自动保存选项设置自动保存。

保存工程操作示意图如图7-2-5所示。

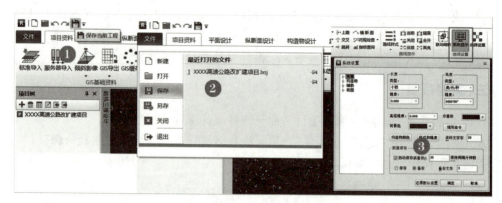

图 7-2-5 保存工程操作示意图

任务 7.3 地 模 构 建

一、用公路 BIM 制作 DEM 文件

需要提前准备包含高程点、等高线信息的地形图。如果已经有做好的地模文件,可跳过此步,直接导入进行设计。

1. 导入地形图(CAD 版地形图)

地形图导入示意图如图 7-3-1 所示。

图 7-3-1 地形图导入示意图

(1)菜单工具栏→"导入 DWG"→弹出对话框,选择相应的 DWG 文件→点击"确定"按钮导入地形图。再次点击"导入地形图",弹出对话框,进行地形图卸载、加载、删除等操作。

(2)地形图导入后,可通过"图层管理"及相关按钮,控制图形是否可选中、隐藏、显示、变色等。

2. 构建地模

构建地模示意图如图 7-3-2 所示。

菜单工具栏→"构建地模"→弹出对话框,导入相应图层或设置数据。这里要对等高线/约束线、高程点、轮廓边界等逐个拾取导入。

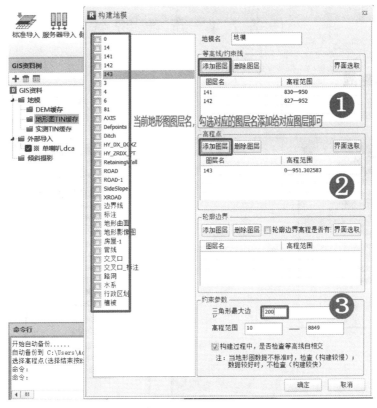

图 7-3-2 构建地模示意图

(1) 等高线/约束线导入。

方式 1:勾选对话框左侧等高线图层,再点击"添加图层"导入。

方式 2:点击对话框中"界面选取"按钮,进入三维设计窗口,直接选取等高线(选中呈现隐藏状态)。

选中导入的等高线,点击"删除图层"按钮,可删除已选图层。

(2) 高程点、轮廓边界的导入和删除方法同等高线一样。

(3) 无轮廓边界时,可在约束参数中输入三角形最大边长,对地形图建模范围进行约束、修正。

(4) 各信息导入完成后,点击"确定",等待地模构建完成。

3. 导出 DEM 文件

地模导出示意图如图 7-3-3 所示。

地模构建完成后,可按 F4 键进行 2D/3D 查看,无误后即可导出地模。

导出方法为:GIS 资料树→地模→右击地形图 TIN 缓存→导出当前 DEM。

注:地模生成后,可以直接在地模上进行线路设计,只是后续会因为缓存过大而导致计算机缓慢或卡机,故导出地模,删除其他,只保存地模备用。

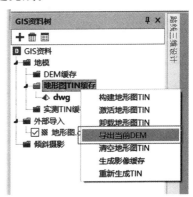

图 7-3-3 地模导出示意图

任务 7.4 新建路线

一、新建路线

新建路线示意图如图 7-4-1 所示。

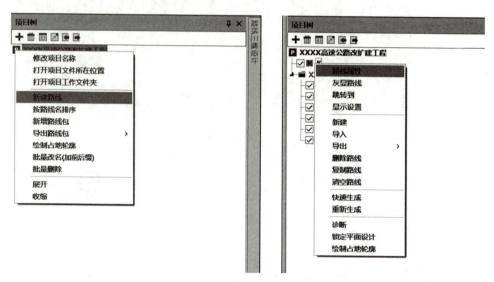

图 7-4-1 新建路线示意图

选择"新建路线",在弹出的对话框内填写相应信息,然后点击"确定"按钮,即可新建路线。

选择道路等级、设计速度以及所需标准横断面,双击新建路线呈选中状态后,右击选择路线属性,点选技术指标。

右击模板库,可从系统标注库里复制参考模板。右击新增模板后,可对其名称进行修改。

在标准横断面示意窗口点击横断面属性,可查看当前路线属性与参数,如图 7-4-2 所示。点击修改相关设置。修改完毕后,点击"确定"按钮,可以看到示意模型发生变化。或者直接点击模型上的数字进行修改。点击"添加元素",点选添加位置,可添加选择其他路面类型。

下面的窗口可以进行超高与加宽的参数编辑与设置。

设置完成之后,可将自定义设置的标准横断面复制到系统标准经验库,供其他路线使用。

二、标准导入

地模标准导入示意图如图 7-4-3 所示。

(1) 标准导入→高程/影像文件→导入"地模和相应的影像文件"。如有其他项目信息,亦可逐项点击导入,没有亦可不导入。

(2) 如果已经有缓存好的地模影像文件,可直接点击缓存导入相应文件。

(3) 对于导入错误文件或想重新导入,可点取 GIS 效果中 GIS 清空,或者使用重新指定重新导入相应文件即可。

项目 7 公路工程设计 BIM 系统应用 / 227

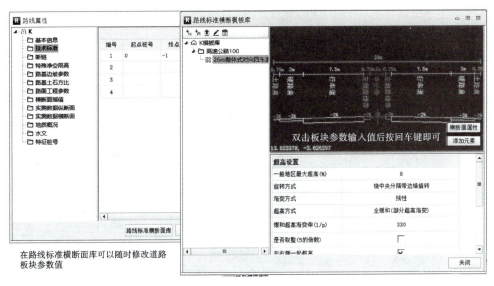

图 7-4-2 路线属性技术参数查询示意图

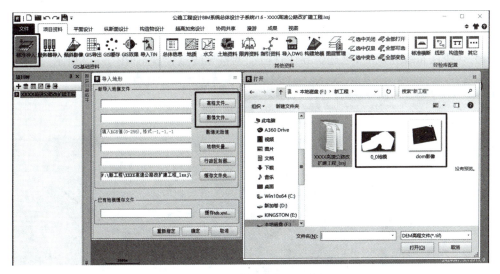

图 7-4-3 地模标准导入示意图

任务 7.5 一般路线设计

数字智能
平面智能设计

一、导线法布线

(1) 平面设计。点取导线按钮即开始布线,按照命令行提示,鼠标点取界面指定起点,通常都在 2D 模式下选取点(亦可输入坐标值点取),按照命令行提示指定下一点,三个导线点选取完成后,拖动鼠标,界面上会实时显示鼠标移动点缓和曲线长度、A 值、圆曲线半径等平曲线相关信息。确定平曲线合适位置和参数,点击鼠标左键完成平曲线布设,指定下一导线点,循环操作,可完成完整布线。右击可结束导线法布线。

导线法布线示意图如图 7-5-1 所示。

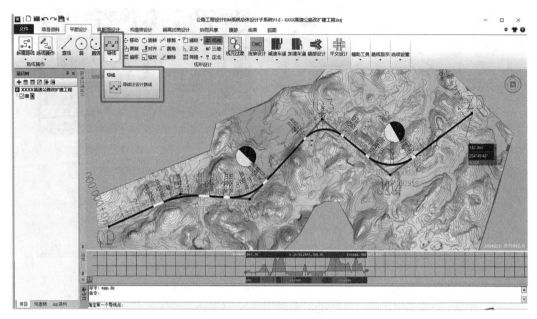

图 7-5-1　导线法布线示意图

（2）导线法布线完成后，可选中导线点拖动调整导线点位置，如图 7-5-2 所示。

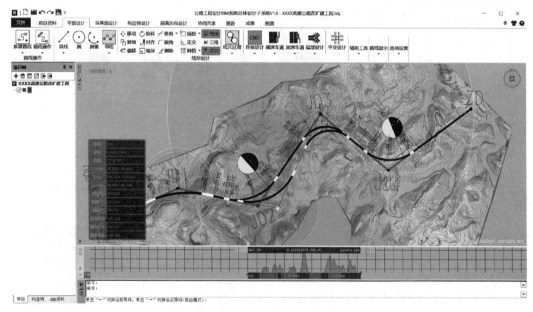

图 7-5-2　导线点拖动调整位置示意图

（3）平曲线要素调整。可以通过双击导线点（或平曲线单元），在平曲线要素设计窗口（见图 7-5-3）内调整相关参数。

选取导线下"拖拽设置"命令，在弹出的拖拽对话框内设置相关参数，选中圆弧的中间加点，拖动圆曲线，在左侧的属性框中可以看到圆曲线半径等参数变化情况。选中圆缓或者缓圆点并拖动，可以看到缓和曲线长度等参数变化，如图 7-5-4 所示。

项目 7　公路工程设计 BIM 系统应用 / 229

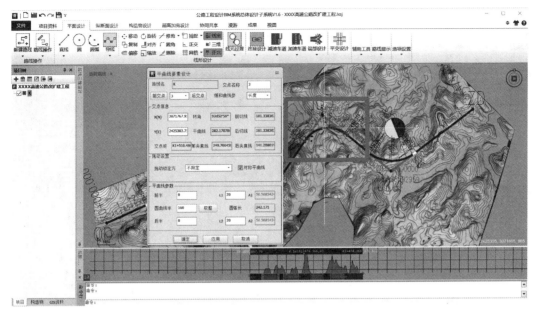

图 7-5-3　平曲线要素窗口调整参数图

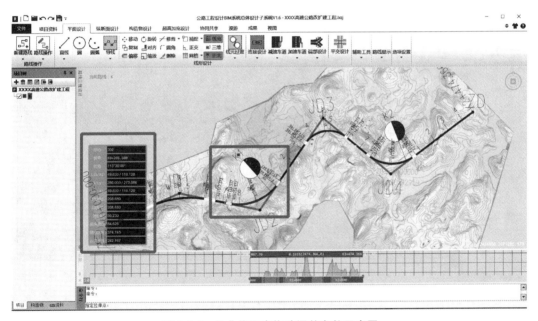

图 7-5-4　平曲线要素拖动调整参数示意图

（4）旋转导线。选中导线，右键选择"旋转"，指定基点，以垂直导线的路径进行移动，可看到导线在前后两条导线方向上旋转，位置合适左击确定新位置，如图 7-5-5 所示。

（5）平移导线。选中导线，右键选择"平移"，可沿导线垂直方向平移，位置合适左击确定新位置，如图 7-5-6 所示。

（6）插入导线点。选中导线，右键选择"插入导线点"，三维界面可直接点取导线点或者通过命令行输入导线点坐标，拖动鼠标确定平曲线位置及参数。重复操作，可继续增加，右击结束增加，如图 7-5-7 所示。

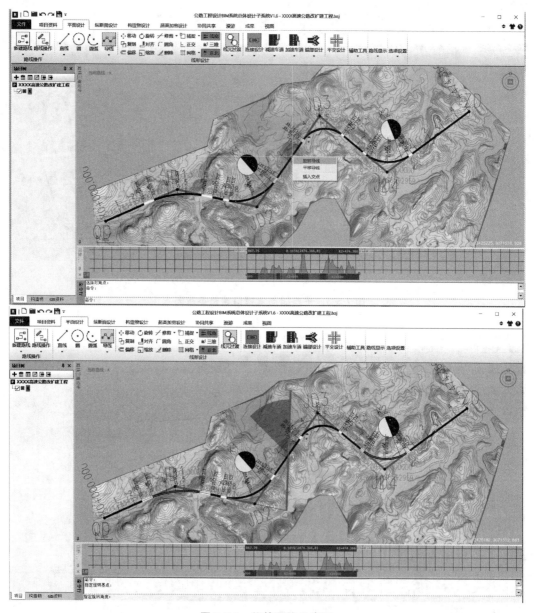

图 7-5-5 旋转导线示意图

(7) 合并虚交点。绘制回头曲线,点选导线下"合并虚交点"命令,选择要合并的第一个交点,再选择要合并的最后一个交点,合并完成,如图 7-5-8 所示。

(8) 合并路线。首先用导线法绘制两条路线,选择一条路线作为当前路线,点选导线下"合并路线"命令,选择当前路线的终点,再选择与之相连的路线的起点,合并完成,如图 7-5-9 所示。此法必须用于两线间终点和起始点合并连接,否则合并不成功。

(9) 导线法布设 S 型曲线,消除短直线的方法。

①不改变导线点坐标,通过平曲线要素设计窗口锁定缓和曲线长度或半径,拖动加点形成 S 型曲线。

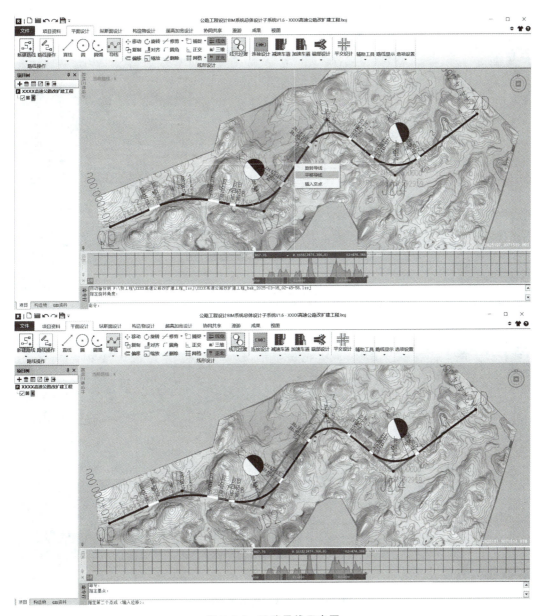

图 7-5-6 平移导线示意图

②不改变平曲线半径和缓和曲线长度,可通过导线的旋转或平移形成 S 型曲线。

二、线元法布线

(1) 使用线元法前,需要对线元连接的形式进行选择,默认计算模式"无",线元间缓和曲线直接连接取整,线元间缓和曲线按照四舍五入取整连接。在经验表推荐值模式下,根据用户设定的公路等级,结合圆曲线的实际半径,从经验库内取值,确定线元间所需缓和曲线长度,默认控制模式为 A 值或者 L 值,设置(见图 7-5-10)后再连接时会默认采用此值连接。

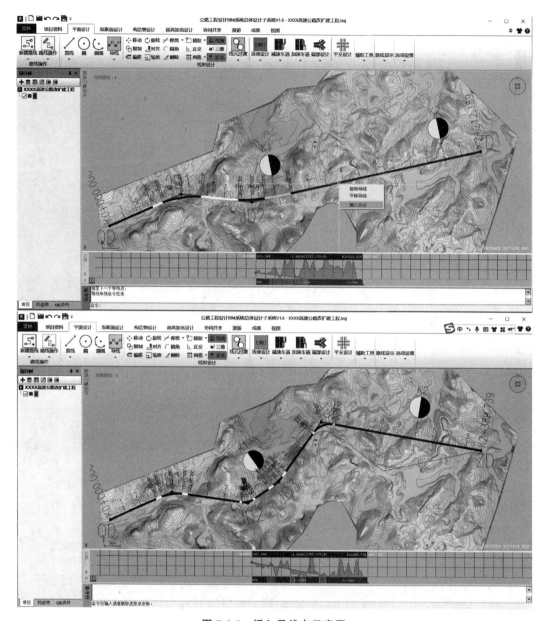

图 7-5-7　插入导线点示意图

(2) 选择好线元连接的形式,下面开始线元法布线,如图 7-5-11 所示。点击直线、圆和圆弧,在三维设计界面进行控制线元绘制。点击"线元过渡",选择直线或圆,将这些单个线元连接起来。连接后会发现连接单元上有小三角,它代表主从关系。一般情况下,三角底边对着的单元为主控制单元,参数调整的过程中,主控制单元不动。三角标志顶角指向的单元为从单元,在调整缓和曲线参数的过程中,从单元会根据缓和曲线的取值进行位置的调整,可双击进行主从关系切换,双击缓和曲线,在弹窗(见图 7-5-12)内修改连接模式及其他参数,参数修改也可双击圆曲线参数值或缓和曲线参数值,直接输入对应的参数,按回车键结束修改,如图 7-5-13 所示。

项目 7　公路工程设计 BIM 系统应用 / 233

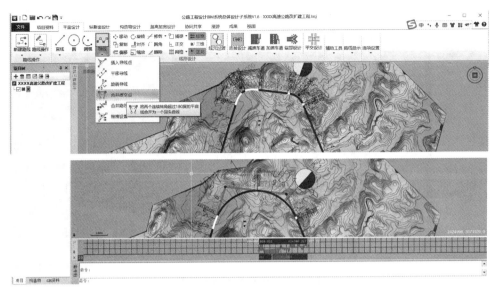

图 7-5-8　合并虚交点示意图

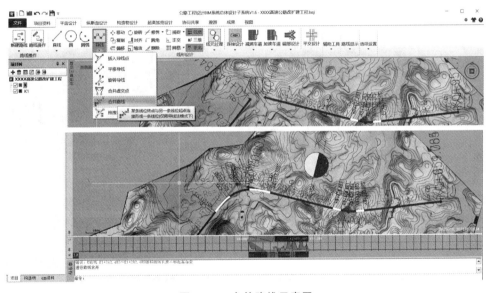

图 7-5-9　合并路线示意图

图 7-5-10　线元法参数设置图

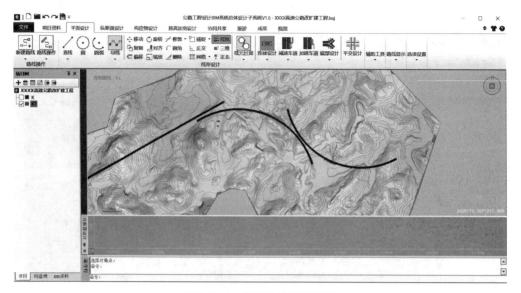

图 7-5-11　线元法绘制示意图

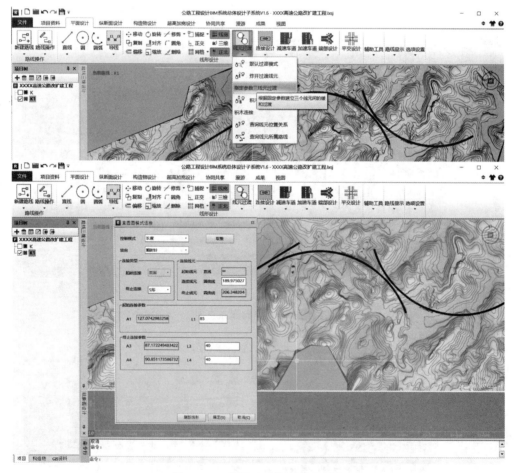

图 7-5-12　线元法连接参数设置图

项目7 公路工程设计BIM系统应用 / 235

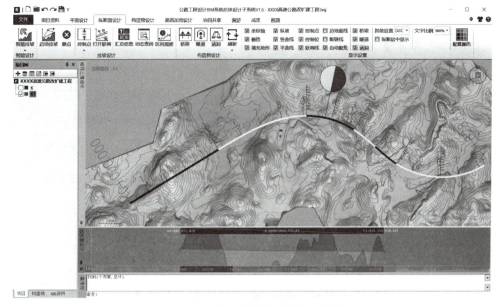

图 7-5-13 线元法连接后效果示意图

另外,指定参数的线元法做了调整。根据命令行提示可完成两单元、三单元连线,选取连接的线元之后,在弹出的连接设置窗口选择控制模式、转向类型以及连接类型,编辑相关连接参数。点击"刷新线性",确保无误后点击"确定"按钮。

任务 7.6 纵断面设计

纵断面视口右键菜单功能简介如图 7-6-1 所示。

数字智能
纵断面智能设计

图 7-6-1 纵断面视口右键菜单功能示意图

一、启动拉坡

拉坡前可对纵断面设计选项进行设置,双击纵断面设计窗口左下角"10"标识。弹出"纵断面设计选项"界面(见图 7-6-2),可对纵断面设计中的前坡、后坡、桩号、竖曲线、半径取整以及捕捉显示进行设置。右键选取"启动拉坡"(见图 7-6-3),根据地形起伏和控制点位置选择变坡点的位置。在拉坡设计过程中,随着变坡点的确定,平面线位会移动到相应位置,实现平纵实时联动,同时启动超规预警机制,当坡度、坡长、竖曲线长度、平包数等不满足规范要求时,会有红色提示。

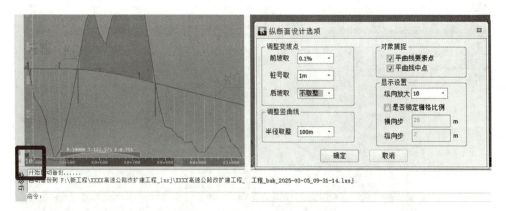

图 7-6-2　纵断面设计选项示意图

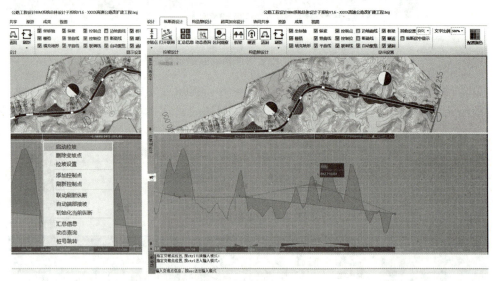

图 7-6-3　纵断面拉坡、调整示意图

二、修改纵坡

草坡绘制完成后,如不满意,选中变坡点,点击右键,可对变坡点进行删除操作。按 Ctrl 键并双击直坡段,可完成添加变坡点操作。选中变坡点并拖动,按 Ctrl 键切换拖拽模式,根据命令行提示选择需要的变坡点操作方式。

修改变坡点位置,选中竖曲线,拖动竖曲线加点,完成竖曲线参数的修改。双击变坡点或者竖曲线,程序即弹出"变坡点属性"对话框(见图 7-6-4),选择输入模式,填写变坡点、直线、竖曲线要素,实现纵断面设计参数的精确修改。

三、添加控制点

在纵断面设计窗口,右击选取"添加控制点"选项,选择控制点的位置(见图 7-6-5),选择位置的过程中,平面线位跟着移动到相应位置。单击左键添加控制点,单击右键结束控制点添加。双击控制点可对控制点类型、控制点位置和文字内容进行修改。

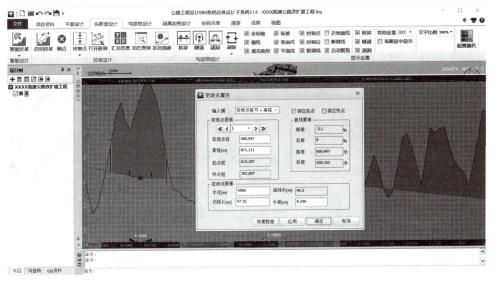

图 7-6-4　纵断面变坡点属性设置窗口图

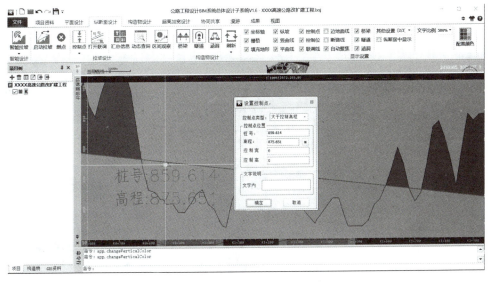

图 7-6-5　纵断面添加控制点设置窗口图

四、刷新生成控制点

对存在交叉关系的路线,通过控制点下拉三角中的"刷新/生成控制点"(见图 7-6-6),一键生成相关控制点,修改线位后点取刷新/生成控制点,对控制点进行刷新或重新生成。

五、添加构造物

(1)纵断面设计—构造物设计中,点取"桥梁"按钮,指定桥梁的中心桩号,在鼠标移动过程中可以看到对应的平面位置。在弹出的桥梁属性表中修改桥梁的名称、中心桩号、斜交角度、跨径、上部结构、桥墩等参数,确定后完成桥梁的添加,如图 7-6-7 所示。选中桥梁,拖动桥梁中心加点可以移动桥梁位置,如图 7-6-8 所示。

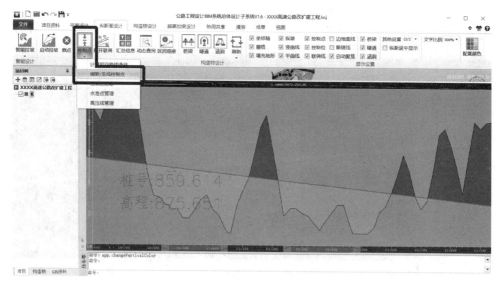

图 7-6-6 纵断面刷新生成控制点示意图

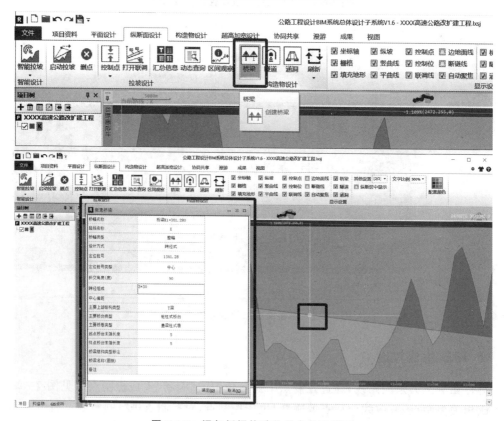

图 7-6-7 添加桥梁构造物及参数设置图

(2)纵断面设计—构造物设计中,点取"隧道"按钮(见图7-6-9),指定隧道的起点桩号,指定隧道的终点桩号,在鼠标移动过程中,可以看到对应的平面位置。在弹出的"隧道属性"对话框(见图7-6-9)中,修改隧道的名称、起终点、桩号、隧道形式等参数,确定后完成隧道的添加。选中隧道,拖动隧道中心加点,可以整体移动隧道位置,拖动隧道起终点加点,可以移动隧道的起终点位置,如图7-6-10所示。

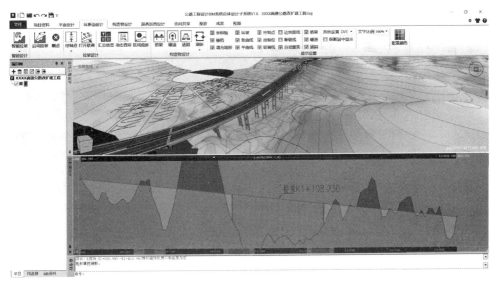

图 7-6-8 添加桥梁构造物效果示意图

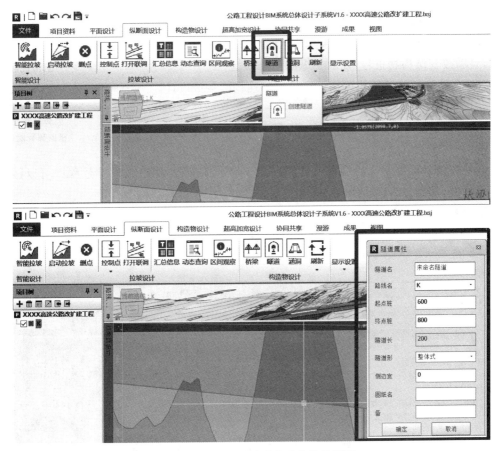

图 7-6-9 添加隧道构造物及参数设置图

(3) 纵断面设计—构造物设计中,点取"涵洞"按钮,指定涵洞的中心桩号,在鼠标移动过程中可以看到对应的平面位置。在弹出的涵洞属性表中修改涵洞的名称、中心桩号、涵洞形式、跨径组成、斜角角度、涵底标高、洞口类型等参数,确定后完成涵洞的添加。选中涵洞,

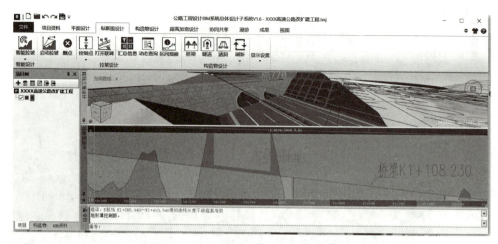

图 7-6-10　添加隧道构造物效果示意图

拖动涵洞加点,可以移动涵洞位置。

(4)"智能拉坡"下拉列表中的"对接设计",主要用于分离式路基的端部接坡设计。

(5)纵断面设计。窗口右击联动刷新纵断功能,用于平面线位调整。运行此命令,程序自动判断变化区间,并将纵断面未变化区间与平面区间匹配,结构物也会根据绝对位置不变原则,自动改变结构物桩号,以减少纵断面修改量。

(6)自动端部接坡功能可用于匝道端部连接的接坡设计。

任务 7.7　横断面设计

数字智能
横断面智能设计

软件在技术标准定义的过程即已经确定了标准横断面,用户在设计过程中可以随时更改技术标准,如图 7-7-1 所示。

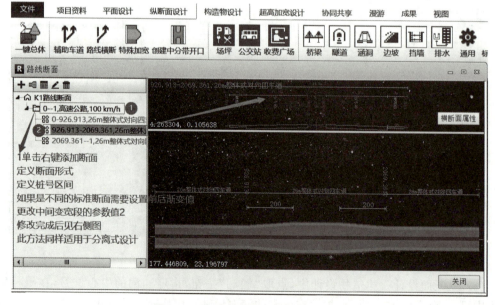

图 7-7-1　标准横断面技术参数设置图

一、超高加宽设计

系统是根据用户定义的技术标准自动完成计算的,如图 7-7-2 所示。当需要调整时,勾选"编辑"即可进行更改。"刷新重置"功能是指将用户更改的值恢复到系统自动计算值。加宽值采用同样的方法,需要勾选"编辑"。

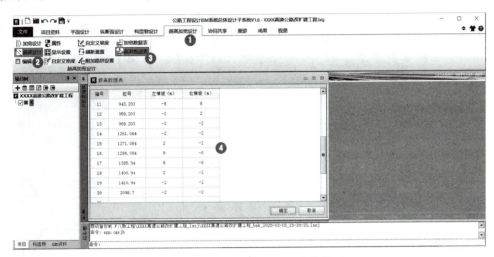

图 7-7-2　超高加宽设计数据表参数图

二、相关设置

(1) 自定义宽度:主要为导入了翻模数据后,超高加宽是否采用原来数据的值,勾选用户导入数据即可。

(2) 刷新重置:系统会重置超高加宽数据为系统自己计算的值。

任务 7.8　实 施 漫 游

一、漫游设置

点击"漫游设置",根据实际需要调整数值,力求达到最佳效果。点击"开始/结束"按钮,开始漫游,查看效果。如果效果不佳,可点击"停止"按钮,重新调整"漫游设置"相关数据,重新开始漫游,反复斟酌,确保达到最佳效果。漫游设置如图 7-8-1 所示。

漫游时,如果觉得路线、桩号等影响视觉效果,可以将其关闭显示,如图 7-8-2 所示。

二、旋转漫游设置

点击"旋转漫游"按钮,按命令提示行选定旋转中心即可,如图 7-8-3 所示。

三、漫游与视频导出

点击"开始/结束"按钮,漫游开始或停止。在漫游设置对话框中,勾选"是否导出漫游"选项,可以导出漫游视频。

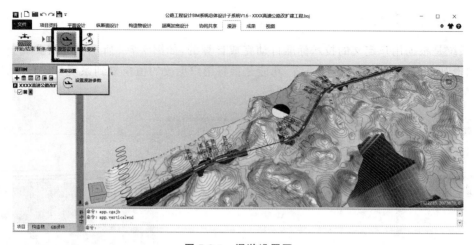

图 7-8-1 漫游设置图

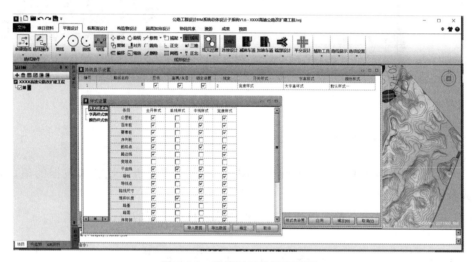

图 7-8-2 路线显示设置窗口图

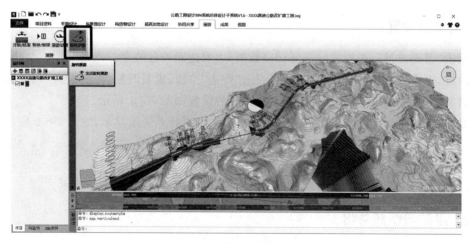

图 7-8-3 旋转漫游设置图

漫游视频导出位置如图 7-8-4 所示。

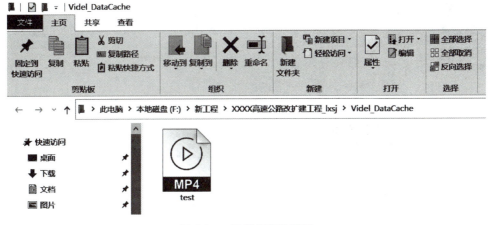

图 7-8-4　漫游视频位置图

任务 7.9　图 册 输 出

一、图框定义

打开软件子系统的默认图框 DWG,如图 7-9-1 所示,查看每个独立线或文字的图层属性,对应选取成自己的图框属性或者采用格式刷刷自己的图框,完成后保存即可。

图 7-9-1　绘图设置列表信息图

二、图纸设置

用户可以新增出图样式,比如每个阶段用不同的出图样式设置出图,如图 7-9-2 所示,双击为当前默认时,设置自动保存为当前,调整合理后导出,下次直接导入使用即可。

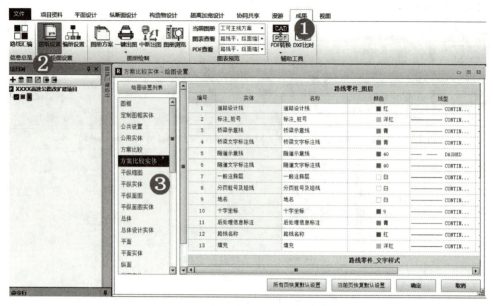

图 7-9-2　方案比较实体——绘图设置图

三、图册定义

出图前需要先定义编册,如图 7-9-3 所示。定义图册即定义此图册属于第几册、哪个阶段、包含哪些图纸等。

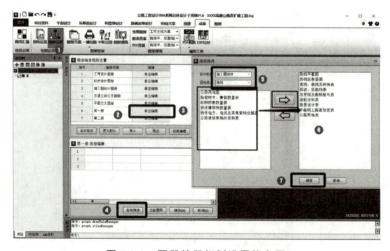

图 7-9-3　图册编册规划设置信息图

图册方案管理信息图如图 7-9-4 所示。
对图 7-9-4 做如下说明。
(1) 1:定义图册方案。
(2) 2:定义一个图册名。
(3) 3:选取编册。
(4) 4:如有自己的绘图样式,一定要选择。
(5) 5:当前图册包含的路线。

项目 7　公路工程设计 BIM 系统应用　/ 245

图 7-9-4　图册方案管理信息图

四、分册出图

分册出图参考设置如图 7-9-5 所示。

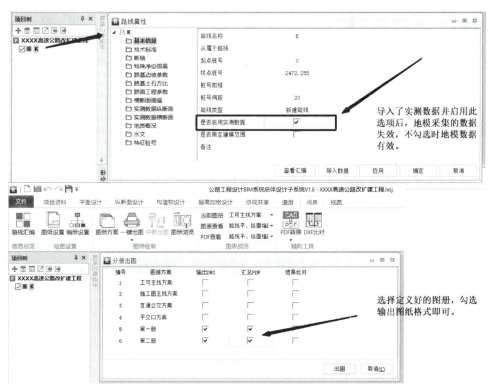

图 7-9-5　分册出图参考设置图

项目测试
及参考答案

参 考 文 献

[1] 中华人民共和国交通运输部.公路工程技术标准:JTG B01—2014[S].北京:人民交通出版社,2015.
[2] 中华人民共和国交通运输部.公路路线设计规范:JTG D20—2017[S].北京:人民交道出版社,2017.
[3] 中华人民共和国交通部.公路勘测规范:JTG C10—2007[S].北京:人民交通出版社,2007.
[4] 中华人民共和国交通部.公路工程基本建设项目设计文件编制办法[M].北京:人民交通出版社,1998.
[5] 王建军,东梅.道路勘测设计[M].北京:中国建材工业出版社,2015.
[6] 陈方晔,李绪梅.公路勘测设计[M].4版.北京:人民交通出版社,2018.
[7] 孙家驷.道路勘测设计[M].4版.北京:人民交通出版社,2019.
[8] 杨少伟,等.道路勘测设计[M].3版.北京:人民交通出版社,2009.
[9] 人力资源和社会保障部教材办公室.公路勘测及简单设计[M].北京:中国劳动社会保障出版社,2014.
[10] 谢晓莉,彭余华.道路勘测设计实习指导手册[M].北京:人民交通出版社,2016.
[11] 王建林.公路测设技术[M].北京:人民交通出版社,2011.
[12] 田文,唐杰军.工程测量技术[M].北京:人民交通出版社,2011.
[13] 梁启勇.公路工程测量[M].北京:人民交通出版社,2009.
[14] 陈久强,刘文生.土木工程测量[M].北京:北京大学出版社,2006.
[15] 才西月.道路勘测设计[M].沈阳:东北大学出版社,2006.
[16] 张雨化.道路勘测设计[M].北京:人民交通出版社,1997.
[17] 张廷楷,等.道路路线设计[M].上海:同济大学出版社,1990.
[18] 尤晓昁.现代道路勘测设计[M].北京:清华大学出版社;北京交通大学出版社,2004.
[19] 曾玲.公路勘测设计[M].北京:机械工业出版社,2013.
[20] 交通部公路司.新理念公路设计指南[M].北京:人民交通出版社,2005.
[21] 张保成.工程测量[M].北京:人民交通出版社,2002.